중국의 사상
中國思想

대원동서문화총서

중국의 사상

宇野哲人 지음
박회준 옮김

(ⓦ)대원사

역자 서문

중국의 역사는 언제부터 시작된 것으로 보아야 할까. 이 「중국의 사상 (中國思想)」에서는 중국의 사상사를 당우삼대(唐虞三代)에서부터 서술하고 있다. 당우삼대라고 하면 중국 역사에서는 요(堯, 姓은 陶唐씨)와 순(舜, 姓은 有虞씨) 시대와 하(夏)·은(殷)·주(周) 3대를 아울러서 지칭하는 말이다. 말하자면 이 시대에는 천하가 이상적으로 통치되었다. 그래서 중국사상사를 대체적으로 이 시대에서부터 시작하는 것이 학계의 통례처럼 되어 있다.

그러나 실제의 중국 역사의 시작은 사정이 좀 다르다. 역사학적으로는 은왕조부터 실재했던 왕조로 인정하고 하왕조와 그 이전은 전설로 여기고 실재성을 인정하기 주저하는 것이 그 동안 학계의 일반적인 입장이었다. 그러나 20세기 후반에 들어와서부터 고고학적으로 많은 발굴이 이루어졌기 때문에 중국 역사의 상한선을 자꾸 올려잡지 않을 수 없게 되었다. 하왕조도 실재했던 왕조라고 인정하는 학자들이 점차로 늘어났고 문화적으로 하왕조의 연대보다도 훨씬 더 거슬러 올라가서 상당히 발전된 문화가 있었다는 것을 인정하게 되었다.

중화인민공화국 수립 후인 1950년대부터 1980년대 초에 걸쳐서 대규모의 신석기문화유적지가 발견되었다. 그 대표적인 것은 다음과 같다.

1. 江蘇省 靑蓮崗文化 : 탄소측정치로 약 6000년 전.
2. 浙江省北部의 良渚文化 : 탄소측정치로 4730∼3870년 전.
3. 河南省淅川의 屈家嶺文化 : 탄소측정치로 5000∼4000년 전.

4. 山東省泰安縣大汶口鎭의 大汶口文化:이 문화유적지는 仰韶文化의 中·晚期와 병행하여 조영된 형적이 농후하며 山東省 독자적인 신석기문화로서 특히 주목되는데 탄소측정치로 6500~4500년 전으로 판정.

5. 四川省巫山縣의 大溪文化:채색도기의 문양이 仰韶文化와 흡사하다는 데에서 長江 유역에도 仰韶文化가 파급되어 신문화를 빚어낸 것이라고 판정되고 있다. 탄소측정치로 6000~4500년 전.

6. 浙江省嘉興縣馬家浜의 馬家浜文化:이 남방적 요소가 강한 문화는 북으로는 淮河南岸, 남으로는 太湖유역까지의 넓이를 갖는다는 사실이 판명되었다. 탄소측정치로 5600~4670년 전.

이 밖에도 7000년 전의 집락유적인 河姆渡遺跡이 1973년부터 1978년에 걸쳐서 발굴되어 학계를 놀라게 했다. 발굴 결과 벌써 7000년 전에 조립식 목조건축물이 집단적으로 있었음이 확인되었다. 이렇게 문화발전단계의 상한을 위로 올려잡게 되면 중국 고대사회의 형성시기도 자연히 올려잡지 않을 수가 없게 된다.

중국 최초의 본격적 역사서인 사마천(司馬遷)의 「사기」에는 중국 최초의 문명단계를 오제(五帝) 때부터 꼽고 있다. 오제본기(五帝本紀)에 의하면 오제란 하왕조 이전에 차례차례로 등장한 전승상(傳承上)의 황제인데 시대순으로 보면 황제(黃帝)·전욱(顓頊)·제곡(帝嚳)·요(堯)·순(舜)이 된다. 이들 오제가 실재했던 인물인지, 또 이런 순서대로 제위(帝位)를 계승했는지의 여부를 밝히는 일은 사마천 이래로 역사학계에 부과되어 온 과제이지만 사마천은 「사기」를 지을 때에 막연한 오제의 전설을 그대로 옮겨 적은 것은 아니었다. 사마천은 나름대로 오제에 관한 전설의 합리성을 인정했던 것이다. 오제본기 말미에 있는 사마천의 말은 이렇다.

많은 학자들이 오제를 칭양해 온 지 오래 되었으나 상서(尙書, 서경)는 요(堯)임금 이후의 일만을 싣고 있을 뿐이다. 여러 방면의 학자들이 황제에 관해서 전하고 있지만 그 문장이 전아(典雅)하지도 않고 이치에도 맞지 않기 때문에 고위관직에 있는 사람들이나 지식인들은 그것을 언급하기를 꺼려한다.

그러나 내가 전국의 방방곡곡을 두루 여행해 보니 그 지방의 노인들이 종종 황제, 요임금, 순임금의 옛 일을 이야기하는 것을 들을 수가 있었다. 그런 고장을 보면 풍속과 교화가 다른 지방과는 다르며 매우 훌륭했다.

이런 점을 종합해 보니 「고문(古文)」에 쓰여져 있는 것은 성인의 생각과 근접되어 있는 것이라는 것을 알 수가 있었다.

나는 모든 책들을 두루 논구하여 가장 이치에 합당한 것들을 추려 내었으며 그것을 「본기」의 첫머리에 싣는 바이다.

———이성규 편역 「사기」에서 인용

이것은 직접적으로는 「상서(尙書書經)」에 보이지 않는 오제의 전승을 취사선택하여 오제본기를 서술하게 된 이유를 사마천 자신이 해명한 말이다. 이로 미루어 보면 사마천은 오제의 실재성을 상당한 정도로까지 믿었음에 틀림없다. 오늘날에 본다면 오제의 실재성 여부는 차치하고라도 오제의 시대에 해당하는, 지금으로부터 5000년 전 전후에 거대한 사회조직이 형성되어 있었음을 암시하는 역사문화 유적은 앞에서도 보았듯이 속속 발견되고 있다.

순(舜)의 뒤를 이어서 제위에 올라 하왕조를 창건한 것으로 되어 있는 우(禹)임금의 실재성은 이제는 과거와는 달리 믿는 학자들이 많이 늘어났다. 사마천도 「사기」 하본기(夏本紀)를 쓸 때에는 매우 자신에 찬 어조를 띠고 있음을 우리는 본다.

이 「중국의 사상」은 중국 역사를 다루는 것이 목적이 아니고 중국 사상을 다루는 것이 목적이므로, 역사적 내용의 사실성 여부가 역사서에 비해서는 크게 문제가 되지는 않는다고 해도 사상사의 상한을 설정해야 하는 만큼 역사적 내용의 사실성 여부를 어느 정도까지는 따져 보지 않을 수가 없는 것이다. 이 책은 사상사의 상한을 당우(唐虞), 즉 요순에다 두고 있다. 이것은 매우 온건하며 타당성 있는 자세라고 생각된다. 구전이나 여타의 기록물을 통해서 전해지고 있는 요순의 언행이나 치적은 그들의 실재성 여부와는 상관없이 후세의 중국인들의 사상 형성에 심대한 영향을 끼쳐왔다는 것은 아무도 부정할 수 없는 사실이기 때문이다. 형식상으로는 후세에 사상적 영향을 끼치고 있는 인물들이 이들보다 더 거슬러 올라간 상대(上代)에 몇몇 있지만 그들은 실재성을 믿을 수 없는 신화적인 인물이거나 후세에 창작한 가공인물이기 때문이다.

우리는 중국 본토와의 단절 시대를 40년 이상이나 살아왔다. 중국의 문호개방정책이 활발해지면 우리와 중국 국민들과의 접촉의 기회도 대폭으로 확대될 것이다. 이에 비례하여 중국인들의 사상·행동을 역사적으로 심도 있게 이해할 필요성도 크게 늘어났다. 상대방을 옳게 이해하여야 올바른 접촉을 할 수 있다. 그러나 중국은 역사도 오래되었고 사상 내용도 방대하여서 어디서부터 어떻게 손을 대야 그들을 옳게 이해할 수 있을지 우리를 난감하게 만들어 주는 면이 있다. 그렇다고 방대한 참고자료들을 다 섭렵할 시간적 여유가 있는 것도 아니다. 그래서 중국사상의 맥을 잘 잡아서 쓴 한두 권의 책이 우리에게 필요하게 되었다. 이 책은 이와 같은 우리의 요청에 잘 응답하는 책이면서도 중국의 사상사를 신민(新民) 사상의 역사로 보고 정리한 독보적인 명저이다. 일반교양서로도 널리 읽혀지길 기대한다. 특히 한문을 많이 알지 못하는 청소년들이나 기타 독자들은 이 책을 거쳐서 더욱 어려운 전문서적으로 나아간다면 유익함이 많을 것이다.

1991년 10월
옮긴이 박희준(朴熙俊)

차례

역자 서문·4

서론 ··· 13

제1편 상고(上古)

제1장 당우삼대(唐虞三代) 개설 ······························· 22

제1절 당우(唐虞)의 정치·22/제2절 홍범(洪範)·24/제3절 주대(周代)의 개설·25/제4절 주말(周末)의 2대 사조(思潮)와 제자백가·26

제2장 주역(周易) ··· 28

제1절 역(易)의 명의·28/제2절 역의 원리·29/제3절 역의 발전·30/제4절 팔괘의 뜻과 방위·31/제5절 점서(占筮)·32/제6절 길흉회린(吉凶悔吝)·33/제7절 결론·35

제3장 공자(孔子) ··· 37

제1절 행적과 저서·37/제2절 인(仁)이란 무엇인가·41/제3절 박문약례(博文約禮)·48/제4절 교육주의·49/제5절 정치설·53/제6절 종교관·58/제7절 결론·61

제4장 공문(孔門)의 제자(諸子) ······························· 63

제1절 총설·63/제2절 증삼(曾參)·64/제3절 효경(孝經)·65/제4절 대학(大學)·66

제5장 중용(中庸) ··· 71

제1절 자사(子思)의 행적·71/제2절 천도(天道)·71/제3절 윤리설·73/제4절 결론·76

제6장 맹자(孟子) ··· 77

제1절 행적과 저서·77/제2절 윤리설·77/제3절 결론·87

제7장 순자(荀子) ··· 88

제1절 행적과 저서·88/제2절 성악론(性惡論)·88/제3절 적위론(積僞論)·91/제
4절 예론(禮論)·92/제5절 지정의(智情意) 삼분법·94/제6절 논리설·94/제7절
정치설·97/제8절 결론·98

제8장 노자(老子) ··· 100

제1절 행적과 저서·100/제2절 노자의 학계·100/제3절 본체론·103/제4절
윤리설·106/제5절 정치설·110/제6절 결론·112

제9장 열자(列子) ··· 113

제1절 행적과 저서·113/제2절 본체론·113/제3절 숙명설·114/제4절 사생관
(死生觀)·115/제5절 윤리설·115/제6절 결론·116

제10장 양주(楊朱) ··· 117

제1절 행적·117/제2절 숙명설·117/제3절 염세관·118/제4절 쾌락주의·118
/제5절 위아주의(爲我主義)·119/제6절 결론·120

제11장 장자(莊子) ··· 121

제1절 행적과 저서·121/제2절 본체론·122/제3절 인생관·123/제4절 윤리설·
127/제5절 처세론·131/제6절 결론·133

제12장 묵자(墨子) ··· 134

제1절 행적과 저서·134/제2절 논증법·135/제3절 천론(天論)·136/제4절 유신
론(有神論)·137/제5절 겸애설(兼愛說)·138/제6절 비전론(非戰論)·140/제7절
근검주의·142/제8절 비명론(非命論)·144/제9절 결론·145

제13장 명가(名家) ··· 146

제1절 등석(鄧析)·146/제2절 혜시(惠施)·147/제3절 공손룡(公孫龍)·149

제14장 관자(管子) ··· 152

제1절 행적과 저서·152/제2절 정치설·153

제15장 신불해(申不害) ··· 156

제1절 행적과 저서·156/제2절 통치술·156

제16장 상앙(商鞅) ··· 158

제1절 행적과 저서·158/제2절 부국법(富國法)·158/제3절 강병책·161/제4절

내치·162/제5절 형(刑)의 의의·163

제17장 한비자(韓非子) ·· 165

제1절 행적과 저서·165/제2절 한비의 위치·165/제3절 법치론의 입각점·167/제4절 법치지상설·169/제5절 중형론(重刑論)·170/제6절 인재등용술·172/제7절 주도(主道)·173/제8절 결론·176

제2편 중세(中世)

제1장 총론 ·· 178

제2장 양한(兩漢) 사상계 개설 ······························· 179

제1절 문예부흥과 훈고학(訓詁學)·179/제2절 황로(黃老)의 성행·180/제3절 염세관·181/제4절 음양오행설·183/제5절 결론·184

제3장 회남자(淮南子)·· 185

제1절 행적과 저서·185/제2절 본체론·185/제3절 인생관·186/제4절 윤리설·187/제5절 결론·188

제4장 동중서(董仲舒)·· 189

제1절 행적과 저서·189/제2절 하늘〔天〕·190/제3절 윤리설·191/제4절 성론(性論)·192/제5절 결론·193

제5장 양웅(揚雄) ·· 194

제1절 행적과 저서·194/제2절 양웅의 위치·194/제3절 「태현」의 조직·195/제4절 본체론·195/제5절 윤리설·196/제6절 결론·197

제6장 왕충(王充) ·· 198

제1절 행적과 저서·198/제2절 본체론·198/제3절 성론(性論)·199/제4절 윤리설·200/제5절 숙명론·200/제6절 미신(迷信)을 논박한다·201/제7절 결론·203

제7장 육조철학(六朝哲學)의 개설 ··························· 204

제1절 노장학파(老莊學派)·204/제2절 불교의 발흥·205/제3절 삼교합일론(三教合一論)·205

제8장 문중자(文中子)··207

　　제1절 행적과 저서·207/제2절 문중자의 목적·207/제3절 정치설·208/제4절
　　윤리설·208/제5절 결론·209

제9장 당조(唐朝)철학의 개설 ·· 210

　　제1절 당시의 종교·210/제2절 유교의 장려·210/제3절 신학(新學)의 서광·
　　211

제10장 한유(韓愈) ··· 213

　　제1절 행적과 저서·213/제2절 「원도(原道)」·213/제3절 불교배척론·215/제4
　　절 결론·216

제11장 이고(李翺) ··· 217

　　제1절 행적과 저서·217/제2절 복성멸정설(復性滅情說)·217/제3절 결론·218

제3편 근대(近代)

제1장 총론 ··· 222

제2장 근대철학 발흥의 원인··· 223

　　제1절 서설·223/제2절 유교의 혁신·223/제3절 유도(儒道)의 융화·224/제4
　　절 불교의 영향·224

제3장 주렴계(周濂溪)··226

　　제1절 행적과 저서·226/제2절 우주론·226/제3절 심리설·228/제4절 윤리설·
　　229/제5절 결론·229

제4장 소강절(邵康節)··231

　　제1절 행적과 저서·231/제2절 우주론·231/제3절 천지의 과정·232/제4절
　　경세론(經世論)·233/제5절 인생관·233/제6절 결론·234

제5장 장횡거(張橫渠)··235

　　제1절 행적과 저서·235/제2절 본체론·235/제3절 귀신론·236/제4절 인생관·
　　237/제5절 심리설·238/제6절 윤리설·239/제7절 결론·240

제6장 정명도(程明道) ···241

　제1절 행적과 저서·241/제2절 우주론·241/제3절 인생관·242/제4절 성론(性
　論)·243/제5절 수양론·243

제7장 정이천(程伊川) ···245

　제1절 행적과 저서·245/제2절 우주론·245/제3절 심리설·246/제4절 수양론·
　248/제5절 결론·249

제8장 정문(程門)의 제자(諸子) ··250

제9장 주자(朱子) ···252

　제1절 행적과 저서·252/제2절 우주론·253/제3절 심리설·254/제4절 윤리설·
　258/제5절 선지후행설(先知後行說)·260/제6절 명분론·261/제7절 결론·
　262

제10장 육상산(陸象山) ··263

　제1절 행적과 저서·263/제2절 심즉리(心即理)·264/제3절 수양론·265/제4절
　주륙(朱陸)의 이동(異同)·266/제5절 결론·268

제11장 명대(明代) 사상계 개설 ···269

제12장 진백사(陳白沙) ··271

　제1절 행적과 저서·271/제2절 수양론·271

제13장 왕양명(王陽明) ··273

　제1절 행적과 저서·273/제2절 왕양명의 위치·274/제3절 심즉리(心即理)·
　274/제4절 치량지(致良知)·275/제5절 지행합일·279/제6절 주자만년정론(朱
　子晚年定論)·281/제7절 천천증도문답(天泉證道問答)·281/제8절 결론·283

제14장 왕양명 이후의 학계 ···284

제15장 청조철학(清朝哲學) 개설 ··286

제16장 춘추공양학파(春秋公羊學派) ······································288

　제1절 공양학 발흥의 원인·288/제2절 공양학파의 제자(諸子)·289/제3절 공양
　학파의 주장·289/제4절 강유위(康有爲)·291/제5절 담사동(譚嗣同)·292

결론 ···294

서론

중국 민족(支那民族)은 인류의 요람지인 중앙아시아로부터 차츰 동쪽으로 이동·이주하면서 곤륜산을 지나고 신강(新疆)에서 감숙(甘肅)을 거쳐 요순시대에는 산서성(山西省)으로 들어왔다. 요(堯)는 평양(平陽) 부근에다 도읍을 정했다. 즉 산서성의 분하(汾河) 유역에서 황하 유역에 걸쳐서 근거지를 둔 것이다. 이 무렵에는 유목시대, 즉 물과 풀을 따라서 이주하는 시대는 지나고 이미 농업시대로 들어와 있었으며 오곡을 경작하는 일을 알고 있었다. 「주역」의 계사전(繫辭傳)에 의하면 복희(伏羲)씨가 가장 오랜 시조로 되어 있다. 이 복희씨가 그물을 만들어 어업을 가르쳤다는 것이다. 다음의 신농(神農)씨 때에는 가래와 보습(耒耜)을 만들어 오곡을 심는 법을 가르쳤으며 의약을 발명하고 시장을 개설하여 교역법이 시작되었다.

그 다음이 황제(黃帝)인데 황제는 중국에서는 문화를 일으킨 사람으로 일컬어지고 있다. 이 황제시대에는 인근의 부락을 정복하여 중앙의 권력이 차츰 강성하게 되어 갔다. 이 무렵에는 배를 만들고, 절구를 만들어 쌀을 찧는 방법을 고안하기도 하고, 혹은 활과 화살을 만들었다. 옛날에는 바위굴에서 살고 있었다. 오늘날에도 산서성에서 섬서성을 걸치는 지대에서는 실제로 바위굴에서 살고 있다. 황제시대에는 물론 바위굴에서 살고 있었지만 그때에 처음으로 집을 짓는 법이 생겨났다. 특별히 주의해야 할 것은 황제의 신하인 창힐(蒼頡)이라는 사람이 처음으로 문자를 만들어서 복희씨 이래 노끈을 맺어 의사를 전달하여 다스리던 방법을 문자로 갈음하게 하였다는 사실이다. 그 밖에도 의술·방술(方術, 신선의 술법)·노장(老莊)의 도덕설도 모두 황제에서 비롯되었다고 후세에는 말하지만 그것은 가탁(假託)에 지나지 않는다. 그러나 황제시대에는 상당히 문화가 발달되어 있었던 것은 사실이다. 그 후에 소호(少昊)·전욱(顓頊)·제곡(帝嚳)을 거쳐서 이름 높은 요·순이 나온 것이다. 석삼분(昔三墳)·오전(五典)·팔삭(八索)·구구(九丘)라는 책이 있었다는 사실이 「좌전」의 소공(昭公) 12년조에 보인다. 삼분은 삼황(三皇)의 일을 기록한 것이며, 오전은 오제(五帝)의 일을 기록한 것, 팔삭은 팔괘(八卦)를 이야기한 것, 구구는 구주(九州, 중국 전체를 아홉으로 나누어 구주라고 한다)에 관한 일을 쓴 것이라고 「상서(尚書)」의 위공전서(僞孔傳序)에 보이는데 확실한 것은 알 수 없다. 이 책들은 춘추말경에 모두 없어진 것이기 때문에 역시 옛날 일은 알 수가 없다. 요순시대 이후의 일은 「서경」을 통해서 알 수가 있는 것이다.

중국 민족이 처음으로 황하 부근의 분하 주변으로 왔을 때에 중국 사람들은 심심치 않게 홍수의 난을 당했었다. 도대체가 식량이라는 것은 인생에서 가장 요긴한 것이고, 식량이 없으면 인간은 잠시도 생명을 부지할 수가 없는 것이기 때문에 그들은 식량은 사람의 하늘이라고도 표현했다. 중국 민족은 당시에 벌써 농업시대로 진입했고 경작법도 알고 있었다. 그런지라 농사에서는 실패가 있어서는 안 될 일이었다. 그래서 모내기 때가 가장 중요한 절기이기 때문에 요임금이 제위에 오르고서 제일 첫번째로 착수한 것은 역(曆)을 바로잡는 일이었다. 나중에 순(舜)임금이 요임금의 자리를 이어받아서 제위에 오르자 먼저 신하의 의견을 들은 일이 있다. 그때의 군신들의 대답에는 식(食)은 시(時)이다. 즉 식량이 가장 중요하다는 말이 들어 있다. 그래서 역을 바로잡아 시절을 어기는 일이 없도록 해야 한다는 것이었다. 순임금은 그래서 천문관측용 기구를 정리하여 역을 바로잡았다. 그런데도 중국 민족은 황하 주변에 살고 있는지라 홍수를 자주 당하게 되니 참으로 난감한 일이었다. 그 가장 현저한 예는 요임금 때의 대홍수에 물이 넘쳐서 산 위에까지 찬 적이 있었다. 요임금은 곤(鯀)에게 명하여 홍수를 다스리게 하였지만 9년이나 걸려도 다스리지 못하였다. 그래서 곤을 폐하고 곤의 아들인 우(禹)에게 명을 내렸다. 우는 명을 받고서 3년 동안 피나는 노력을 한 결과 홍수를 다스리게 되었다는 이야기가 「서경」에 보인다. 그렇다고는 하지만 홍수전설이라는 것은 세계의 여러 민족에 전해지고 있다. 가장 유명한 것은 노아의 홍수이며 기타 다른 민족들에게도 비슷한 홍수전설이 있다. 중국의 것도 일종의 전설이며 역사적 사실은 아니라는 주장이 있는데 충분히 연구해 보지 않고서는 전설 여부를 단언하기는 어려운 일이라고 생각된다. 아무튼 중국이라는 나라에는 홍수가 자주 있었던 것은 사실이다. 은(殷)나라 때에는 홍수의 난을 피하기 위해서 도읍을 옮긴 일까지 있다. 중국 민족은 그토록이나 수해에 시달렸기 때문에 시종 안심하고서 자기의 생업을 영위하지를 못했다. 그래서 중국 사람들은 자연이라는 것을 관찰해 보고서 일종의 신앙을 갖지 않을 수가 없게 된 것이다. 홍수는 하느님이 노했기 때문에 일어난다. 하늘이 사람들을 훈계하는 것이라고 생각하여서 일종의 신앙이 일어났다.

　중국 사람들은 미개인이 그렇듯이 천지간의 모든 현상, 즉 명산·대천·풍우·번개 등에 대하여 신의 조화가 있는 것으로 보았던 것이다. 그리하여 최고의 신은 하늘이라고 여겼다. 하늘에 대한 신앙은 옛날부터 현재에 이르기까지 정치·도덕·종교 등의 근본사상이 되어 있다. 그래서 먼저 하늘의 의미를 말해야 하는 것이다. 하늘은 그저 유형(有形)의 청공(靑空)일 수도 있지만 저 높은 푸른 하늘 위에는 하느님이 계신 것이다. 그 하느님을 혹은 황천(皇天), 상제(上帝)라고도 하고, 이를 합쳐 황천상제라고도 한다. 이것을 체용(體用)으로 나누어서 말한다면 천(天)이라고 할 때에는 체(體)를 말하고, 제(帝)라고 할 때에는 용(用)을 말한다. 다시 말하면, 하늘 자체를 말할 때에는 천이라고 하고, 만물을 주제(主帝)한다는 것을 말할 때에는 제라고 한다는 말이다. 천이라고 할 때에는 인격관념이 확실해지지 않는 측면이 있지만, 제라고 할 때에는 인격관념이 뚜렷해진다. 그래서 황천상제가 하늘 위에 만물을 지배하고 계신 것이다. 아니 한걸음 더 나아가 하늘이 만물의 근본에 자리잡고 있으면서 세계 속의 온갖 만물을 만들었다고 생각하는 것이다. 「시경」의 대아증민(大雅烝民) 편에 "하늘이 모든 백성을 낳으시고 모든 사물에 법칙이 있게 하셨도다. 백성들도 일정한 도를 지니어 아름다운 덕을 좋아하도다(天生烝民 有物有則 民之秉彝 好是懿德)"라는 말이 보인다. 이런 생각은 「시경」·「서경」의 여러 곳에 보이는데 지금 여기서는 일일이 예로 들지는 않겠다. 즉 하늘은 만물의 어버이이며 인간도 물론 하늘이 낳은 것이다. 하늘과 만민은 어버이와 자식의 관계에 있는 것이다. 그렇기 때문에 예컨대 부모가 자식이 훌륭하게 성장하여서 훌륭한 사람이 되기를 기원하는 것처럼 하늘도 그 자식인 인간들이 모두 그 삶을 다하며 잘되기를 바란다. 이런 것이 하늘의 정이라고 생각한 것이다. 즉 인간사회의 일로부터 유추하여서 역시 하늘도 그럴 것이라고 생각한 것이다. 그런데 하늘, 즉 상제는 부지불식간에 존재한다고는 생각되지만 눈에는 보이지 않는 무형의 것이다. 직접 백성을 키울 수 있느냐 하면 그렇지는 않다. 백성을 가르치지도 못한다. 하늘은 인간으로 하여금 각기 그 삶을 다하게 하려면 무엇인가 적당한 방법이 있어야 한다. 그렇기 때문에 하늘은 만민 가운데에서 가장 뛰어난 총명예지한 사람을 찾아내고 그를 특별히 발탁하여서 만민의 군장(君長)으로 삼고 만민의 총수로서 하늘에 갈음하여 만민을 다스리게 하는 것이다. 그래서 군신(君臣)이라는 관계가 발생한다. 즉, 군(君)이라는 존재는 하늘에 의해 임명된 사람인 것이다. 그런 까닭에 군이 되는 자의 직분은 항상 하늘의 명을 어렵게 생각하여 받들고 하늘을 존경하며 하늘의 뜻에 따라 백성을 다스리는 일이다. 그런데 하늘은 적당하다고 인정한 사람을 군으로 삼은 이상은 그 사람이 과연 백성을 잘 다스리는지 못 다스리는지 시종 감독하지 않으면 안 된다. 그 감독방법의 하나로서 하늘은 끊임없이 백성의 의향을 살펴보는 것이다. 백성이 과연 기꺼이 군을 따르고 있는지, 아니면 불평을 말하고 있는 것인지, 그 백성의 의향에 따라서, 하늘은 자기가 임명한 군이 과연 그 임무를 다하고 있는가, 그렇지 않은가 하는 것을 살펴보는 것이다. 「맹자」에 인용되어 있는 태서(泰誓)에 "하늘은 백성이 보는 것을 가지고 보고 백성이 듣는 것을 가지고 듣느다"고 한 것은 이것을 말하는 것이다. 그래서 군이 직분을 다하고 있을 때에는 하늘이 상을 내린다. 봉황(鳳凰)이 내려왔다든가 여러 가지 상서로운 조짐이 생겼다고 하는 것은 하늘이 기꺼워하여 상을 내렸다는 말이다. 만약 군이 책임을 돌보지 않고 있을 때에는 나쁘다고 하여서 바로 교체하지는 않는다. 처음에는 천재지변을 내려서 군을 훈계한다. 그래서 천재지변이 있을 때에는 군이 하늘의 경고를 어려워하고 근신하기만 하면 된다. 하늘의 경고가 있음에도 불구하고 폭정을 계속하거나 근신하지 않으면 마침내 민심이 이반하고, 민심이 이반하면 이제는 어쩔 수 없다고 하여서 하늘이 벌을 내려 군을 폐하는데 그에 갈음할 훌륭한 사람이 있으면 새로이 천명이 그 사람에게로 내려간다. "천명은 항상됨이 없다. 그저 덕 있는 자를 도울 뿐이다" 하늘은 덕 있는 자를 돕되 언제나 같은 사람만을 돕는다는 법이 없다. 그래서 혁명이 일어난다. 중국에서의 혁명의 바람은 전적으로 천인(天人)의 관계에 대한 중국 민족의 이와 같은 사상에 바탕을 두고 있는 것이다.

군신의 관계는 앞에서 이야기한 것처럼 하늘의 뜻〔天意〕에 따라서 발생하는 것이기 때문에 하늘이 명하여 군으로 삼았으면 백성은 신하로서 그에게 복종해야 하는 것이다. 하지만 군신의 관계는 절대적인 것이 아니라 상대적인 것이다. 절대로 복종할 의무가 있는 것은 아니지만, 군이 하늘의 의사에 따라서 천덕을 받들고 있는 한에 있어서는 백성은 하늘을 섬기는 것처럼 충분히 복종을 해야 하는 것이다. 하지만 만약 군이 포학하여 천명이 그에게서 떠난다면 더 이상 그에게 복종할 의무가 없는 것이라고 생각하고 있다. 그렇기 때문에 군신의 관계는 매우 불확실한 관계인 것이다. 그래서 천하를 통치하는 데 있어 어려움이 많다고 하여서 하(夏)·은(殷) 무렵부터 주권자는 군신의 관계를 상대적인 것이 아니라 절대적인 것이라고 생각하여 여러 가지 방법을 강구하였으며, 주(周)나라에 이르러서는 크게 정돈되었다. 원래 천자뿐만 아니라 모든 백성은 다 하늘의 아들이니 그 사이에는 무슨 차별이 있을 턱이 없을 것이다. 그러나 일단 하늘로부터 특별한 총애를 받아 군이 된 이상은 군과 백성 사이에 차별이 생기지 않으면 안 된다. 이런 점에서 군은 하늘의 아들이고 만민은 서자(庶子)이다. 천자(天子)는 본가이고 만민은 분가라는 생각이 나왔다. 표기에 "천자만이 하늘의 명을 받는다"고 하고, 「백호통(白虎通)」에 우하(虞夏) 이상은 아직 천자라는 이름이 없었지만 은(殷)·주(周) 이래 비로소 왕자를 일컬어 천자라고 했다고 설명되어 있는 것은 이런 의미를 말한 것이다. 그래서 하늘에 제사 지내는 일도 군주의 특권이 되었다. 제후는 하늘에 제사 지낼 권리는 없지만 영지내에 있는 산천의 신들에 제사 지낼 권리는 있다. 백성은 산천의 신들에 제사 지낼 권리가 없고 조상에 제사 지낼 수 있을 뿐이다. 기타 여러 가지 방법을 가지고 군신 사이에는 사회적 계급의 차이를 세웠다. 이것은 현명한 방법이어서 주나라 시대에 이르러서는 군신의 관계가 더욱더 굳건하게 확립되었다. 천자는 백성의 부모이다. 백성은 군주의 자제이다. 자식으로서 어버이를 섬기는 것과 마찬가지로, 신하로서 군을 섬겨야 하는 것이다. 그래서 효자는 반드시 충신이라는 관념이 형성되어 왔다. 즉 "하늘 아래 두루 왕의 땅이 아닌 곳이 없으며, 그 땅끝까지 다 거느려 왕의 신하가 아닌 사람이 없다(普天之下 莫非王土 率土之濱 莫非王臣)"라는 생각으로 발전해 온 것이다. 그러나 중국에서는 자주 혁명이 일어났기 때문에 군신의 관계는 결국은 절대적인 관계가 되지를 못했으며, 예로부터 천인(天人)의 관계에 관한 생각이 시종 뿌리박고 있어서 "천하는 한 사람의 천하가 아니다"라고도 하고, 혹은 "왕후장상에 어찌 씨(종자)가 있을소냐"라고도 한 것이다.

그리고 중국을 연구하는 데 있어 반드시 알아두어야 할 것은 가족주의이다. 중국 민족은 옛날부터 하늘에 제사 지내는 제천(祭天)의 풍습을 가지고 있음과 동시에 조상에 제사 지내는 풍습을 가지고 있었다. 원래 가족의 바탕은 부부이다. 부부가 인륜의 대본이고, 그로부터 어버이·자식이라는 관계도, 형제라는 관계도 형성된다. 그러나 중국 고대의 풍습은 대다수의 다른 민족과 마찬가지로 모계제도였던 것 같다. 「상자(商子)」 개새(開塞) 편에 "천지가 마련하여 사람이 태어난다. 그때 사람은 그 어머니는 알되 그 아버지는 모른다"고 했고,「장자(莊子)」
도척(盜跖) 편에도 "신농시절에는 사람들은 그 어미는 알되 그 아비는
몰랐다(民知其母 不知其父)"고 나온다. 성(姓)이라는 글자는 여(女)변에
생(生)이라는 글자를 쓴다. 남(男)변에 쓰지 않고 여변에 쓰는 것은
어머니(母)를 가지고 그 집의 계통을 정했기 때문일 것이다. 그러나
순시대에 이르러서는 중국에서 현재 시행되고 있는 것과 마찬가지로
일부다처제가 되었다. 순은 요의 둘째 딸을 아내로 맞았다. 순이 효심
이 두터웠었다는 것은 널리 알려진 이야기이다.「효경」에도 "5단계로
분류된 형벌의 수는 3천이나 될 만큼 많지만 그 가운데에서도 불효보
다 큰 죄는 없다(五刑之屬三千 而罪莫大於不孝)"라고 했고「주례(周禮)」
의 팔형(八刑) 속에서도 불효의 형벌을 제일 앞에다 썼다. 그 다음에는
형제의 불화, 친척간의 불화에 대한 형벌을 열거한다. 그것을 보면
얼마나 가족주의를 중시했는가를 알 수가 있다.「주역」에 가인괘(家人
卦)라는 것이 있는데 그 괘에 "여자는 가내에서 바르게 그 지위를
지키고, 남자는 밖에서 바르게 그 지위를 지켜 자기의 역할을 다해야
한다. 남자는 남자로서, 여자는 여자로서 각자의 역할을 바르게 하며
서로 협력해 가는 것이 천지간의 가장 큰 도이다. 가정이 바르게 있고
서야 비로소 천하가 안정된다(女正位乎內 男正位乎外 男女正 天地之大義
也 正家而天下定矣)"라고 나온다. 조상을 중시하였으며, 후손이 없어
조상의 제사를 끊기게 하는 것은 불효라는 데에서 일부다처의 풍습이
부동의 풍습으로 자리잡게 되었다. 후세에 이르러서는 결혼하고서
아이를 낳지 못하면 쫓겨났다. 아이를 낳지 못하면 이혼을 하고서
다른 여자를 아내로 맞아들여도 무방하다고 하는 난폭한 행위조차
사회적 시인을 받게 되었다. 여성들의 지위는 이와 같아서 무척 낮은
것처럼 보이지만 한편으로는 아내는 제(齊, 아내를 대할 때에는 예의
범절을 바르게 하고 삼가야 한다는 뜻)라고도 하고, 부부일체(夫婦一體)
라고도 하고, 혹은 부처반합(夫妻半合)이라고도 하여서 부부를 일심동
체로 치는 것을 보면 반드시 여자의 지위가 낮았다고 하기도 어렵다고
생각된다. 그래서 처첩이 여럿이 살면 아무래도 가정불화를 일으키기

쉽다는 데에서 굳게 질투를 경계했고, 질투를 하지 않는 것을 부인의 으뜸가는 미덕으로 꼽았다. 「시경」의 주남(周南)·규목(樛木)·종사(螽斯)의 제편에서도 문왕(文王)의 아내[后]인 대사(大姒)가 질투를 하지 않았기 때문에 황족이 크게 번창해서 경사스러운 일이라고 노래한다. 정치·도덕·문학·종교에도 이런 가족주의 관념이 시종일관하고 있으니 이것은 반드시 알아두어야 할 사항이다.

이상 이야기한 천인의 관계와 가족주의는 경(經)이 되고 위(緯)가 되어서 시종 중국 민족의 사상을 지배하고 있으니, 중국의 사회적 현상은 모두 이 기초 위에서 이루어지고 있지 않은 것이 없다. 중국 문명을 연구하는 데에는 첫째로 이 점에 주목하지 않으면 안 되는 것이다.

다음으로, 중국철학을 연구하는 데 있어서는 역시 시대를 나눠서 연구하지 않을 수가 없다. 모든 역사라는 것은 계속 일관되고 있는 것이어서 언제부터 언제까지라고 끊을 수 있는 것은 아니지만, 한편으로 보면 획시대(劃時代)적인 대사변이나 대사상이 일어나서 시대를 구분하기 좋게 되어 있다. 중국철학사상에서는 상고(上古, 先秦時代)·중세(中世, 漢·唐時代)·근대(近代, 宋以後)로 나눈다.

상고는 요순시대부터 선진(先秦)시대, 즉 진시황제까지의 사이를 말한다. 중세는 진시황제 이후 한나라에서 당나라까지의 사이를 말하고, 근대는 송나라 이후를 말한다. 선진시대의 특색은 중국학의 연원이 되는 시대, 중국 민족의 사상이 점차로 발달하여 제자백가의 사상이 일어난 시대이다. 다음의 중세시대는 유교(儒敎) 쪽에서 보면 훈고학(訓詁學)이 일어난 시대인데, 사상상으로 괄목할 만한 일이 없을지라도 바로 그 무렵에 도교(道敎)가 형성되고, 또 불교도 들어왔기 때문에 이들 삼교(三敎)가 대립을 이루면서 공존하던 시대이다. 그로부터 송나라 이후, 근대철학은 유교가 발흥하던 시대이며, 불교와 도교의 자극에 의해 유교가 새로운 면을 연 시대이다.

제1편
상고(上古)

제1장 당우삼대(唐虞三大) 개설

제1절 당우(唐虞)의 정치

「서경」의 요전(堯典)에 요(堯)의 정치를 개설하여 "양심, 즉 준덕을 밝혀 구족을 화목하게 하였고, 구족을 화목하게 하니 백성이 잘 다스려졌고, 백성이 잘 다스려지니 온세상이 화평하게 되었다(克明俊德 以親九族 九族旣睦 平章百姓 百姓昭明 協和萬邦 黎民於變時雍)"고 서술했다. 요임금이 양심을 밝히는 수양을 쌓았기 때문에 하늘이 명하여 억조창생의 군사(君師)의 지위에 오르게 하였다.

그래서 요임금은 그와 같은 덕을 가지고 자기를 닦아 남들에게 도를 펼쳤는데, 우선 구족(九族:부모, 조부모, 증조부모, 고조부모, 자기, 자식, 손자, 증손자, 현손의 아홉. 즉 일가일족 전체라는 뜻)에서 시작하여 백성에 이르고 이어서 천하만민을 화목하게 만든 것이다. 즉 유교에서 말하는 수기치인(修己治人)의 큰 법은 바로 당요(唐堯)에다 뿌리를 두고 있는 것이다.

순(舜)이 임금 자리를 계승할 즈음에는 우(禹)를 사공(司空)에 임명하여 물과 흙을 다스리게 하였고, 기(棄)를 후직(后稷)에 임명하여 백성들에게 씨 뿌리는 법을 가르치게 하여 의식의 충족을 도모하게 하였고, 설(契)을 사도(司徒)에 임명하여 오교(五敎)를 천하에 두루 펴게 하였다. 오교란, "부(父)는 의(義), 모(母)는 자(慈), 형(兄)은 우(友), 제(弟)는 공(恭), 자(子)는 효(孝)"해야 한다는 다섯가지를 말하는데, 어느 것이나 가정적 도덕이다. 맹자는 이 오교를 해석하여 "부자유친(父子有親), 군신유의(君臣有義), 부부유별(夫婦有別), 장유유서

(長幼有序), 붕우유신(朋友有信)"의 오륜(五倫)을 말한다고 했지만 이것
은 잘못일 것이다.

이 오교가 중국 문헌에 나타난 최초의 교육덕목이다. 순은 또 기
(夔)를 전악(典樂)에 임명하여 태자나 경대부(귀족)의 자제들에게 사덕
(四德)을 가르치게 하였다. 사덕은 ① 곧되 온화함(直而溫), ② 너그럽
되 위엄이 있음(寬而栗), ③ 강하되 사납지 않음(剛而無虐), ④ 단순하
되 오만하지 않음(簡而無傲)이다. 당시에 음악을 교육에 이용한 일은
주목할 만한 점이다.

당시의 어진 신하인 고요(皐陶)는 우(禹)와 인재등용의 길을 논하고
사람의 성행에 구덕(九德)이 있다는 것을 말한다. 구덕은,

① 너그럽되 위엄이 있음(寬而栗)
② 부드러우면서도 꿋꿋함(柔而立)
③ 성실하면서도 공손함(愿而恭)
④ 다스리면서도 공경함(亂而敬)
⑤ 온순하면서도 굳셈(擾而毅)
⑥ 곧으면서도 온화함(直而溫)
⑦ 간략하면서도 세심함(簡而廉)
⑧ 억세면서도 착실함(剛而塞)
⑨ 날렵하면서도 올바름(彊而義)

의 아홉이다. 고요가 설명하는 것은 순의 사덕보다는 한층 더 상세하
고 치밀하지만 그 덕으로 치는 것은 어느 것이나 한쪽으로 치우치는
일 없이 그 중도(中道)를 취함을 귀히 여기는 점에서는 같다. 그의
설에 의하면 이 구덕 가운데에서 삼덕(三德)을 가진 사람은 대부(大
夫)로 임명하고, 육덕(六德)을 닦은 사람은 제후로 삼으며, 구덕을 다
갖춘 사람은 천하를 맡길 만하다는 것이다. 당시의 이상적 인물은
이런 구덕을 갖춘 사람이었다고 생각된다. 천자는 말할 것도 없이
이런 구덕을 갖추고 항상 조심하고 두려워하면서 하늘을 대신하여
아래 백성들을 다스릴 심적 자세가 되어 있지 않으면 안 되었다. 원래

인간의 도덕, 즉 오전(五典)이다 오체(五體)다 하는 것은 모두 하늘에서 부여받은 것이라고 설명하고 있다. 고요는 참으로 당시의 제일가는 학자였다. 송나라 때의 육상산(陸象山)이 요순시절에는 도(道)가 고요에게 있었다고 한 것은 결코 과찬은 아니라고 생각된다.

제2절 홍범(洪範)

우는 성덕(聖德)이 있어 당시에 십수년에 걸쳐서 다스리기 어렵다고 일컬어지던 대홍수를 다스리고 깊이 민심을 얻었기 때문에 순을 이어서 제위에 올랐는데 우는 치수 한 가지에서만 끝나지 않고 예로부터 전해진 정치도덕의 법칙을 생각하여서 홍범구주(洪範九疇)를 만들었다. 홍범은 대법(大法)이라는 의미인데 모두 9개조로 이루어져 있다. 하나라·은나라를 거쳐서 주(周)나라 초에 이르러 기자(箕子)는 이것을 무왕(武王)에게 전했다. 구주는 즉,

① 오행(五行):수(水)·화(火)·목(木)·금(金)·토(土)
② 오사(五事):모(貌)·언(言)·시(視)·청(聽)·사(思)
③ 팔정(八政):식(食)·화(貨)·사(祀)·사공(司空)·사도(司徒)·사구(司寇)·빈(賓)·사(師)
④ 오기(五紀):세(歲)·월(月)·일(日)·성신(星辰)·역수(曆數)
⑤ 황극(皇極):황건기유극(皇建其有極)
⑥ 삼덕(三德):정직(正直)·강극(剛克)·유극(柔克)
⑦ 계의(稽疑):복(卜)·서(筮)
⑧ 서징(庶徵):우(雨)·양(暘)·욱(燠)·한(寒)·풍(風)·시(時)
⑨ { 오복(五福):수(壽)·부(富)·강녕(康寧)·유호덕(攸好德)·고종명(考終命)
    육극(六極):흉단절(凶短折)·질(疾)·우(憂)·빈(貧)·악(惡)·약(弱)

이상 열거한 아홉이다. 홍범은 자기의 덕을 닦는 방법에서부터 천하를 다스려 편안하게 하는 방법까지를 조직적으로 서술한 것이다. 모언

시청사(貌言視聽思)의 오사를 가지고 자기의 덕을 길러야 한다. 천자는 오사를 가지고 자기를 닦고 중정(中正)의 길을 실천하며 몸소 백성의 모범이 되어야 한다. 풍속을 바꾸고 속됨을 문명화시키기 때문에 구주 가운데서도 가장 중시되는 것은 황극이다. 황극을 구주의 한가운데 둔 것은 이 때문이다. 천자는 백성들의 생활에 필수인 오행을 닦고 행정기관인 팔정을 정비하며 농사철을 놓치지 않게 하기 위해 오기를 다스려 백성으로 하여금 각각 소득을 얻게 한 연후에 오전을 가지고 그들을 교화하며, 혹은 순도하기도 하고 혹은 강하게 하기도 하고 혹은 부드럽게 하기도 하여서 한쪽으로 치우치지 않도록 바로잡는다. 이렇게 지선(至善)을 이루게 한 다음에는 점치기(卜筮)를 가지고 길흉 화복을 점쳐 보고 풍우 등의 조짐을 살펴보며, 음양(陰陽)을 다스려 천하를 태평하게 하는 것이다. 이렇게 하여서 하늘의 뜻에 순응하는 사람은 오복을 얻으며 하늘의 뜻에 거역하는 사람은 육극을 얻는다는 것이 이 구주의 핵심이다.

제3절 주대(周代)의 개설

무왕(武王)이 여러 세대의 위엄과 덕망에 의해 은나라를 멸망시키고 천하의 왕이 되자 하·은 2대를 거울삼아서 제도를 정비하여 문물을 크게 완비하게 되었다. 이런 경과를 거쳐서 그 대업을 완수한 사람은 주공(周公)이다. 그때 관제의 대요를 보면 총재[冢宰, 주나라 때의 육관 (六官)의 장]·사도(司徒)·종백(宗伯)·사마(司馬)·사구(司寇)·사공(司空) 의 육관(六官)이 있었다. 총재는 국무총리격이고, 사도는 문교부장관에 해당하며, 종백은 왕실의 비서실장 같은 것이고, 사마는 군사를 총괄하 는 국방부장관 같은 것이며, 사구는 형률을 관장하는 법무부장관 같은 자리이고, 사공은 토지에 관한 일을 관장하는 장관이었다. 이들은 서로 힘을 합하여 천하를 다스렸다. 특히 천자는 억조창생의 군사(君師)로서 교육을 가장 중시했기 때문에 하나라·은나라를 거쳐 주나라에 이르러서는 학교제도가 크게 정비되었다. 천자의 도읍, 제후의 도읍에서 농촌의 부락에 이르기까지 모두 학교가 설치되었는데, 부락에는 소학(小學)이 있고 제후의 도읍에는 반궁(頖宮), 즉 국학(國學)이 있으며 천자의 도읍에는 벽옹(辟雍), 즉 대학(大學)이 있었다. 사람이 태어나면 대체로 7, 8세경부터 소학에 들어가 쇄소(洒掃, 쓸고 닦는 청소)·응대(應對)·진퇴(進退, 행동거지)의 예절과 예(禮)·악(樂)·사(射, 궁술)·어(御, 말 다루기)·서(書)·수(數, 셈법)의 육예(六藝)를 배웠다. 이것이 즉 국민보통교육이다. 귀족의 자제와 백성의 준수한 자제는 15세가 되면 더 나아가서 대학교육을 받았다. 이렇게 하여서 천하의 인재가 양성되었고, 한때에는 태평성세를 극하여 형벌이 정해져 있으면서도 사용되는 일이 없었다. 주나라는 얼마 되지 않아 정령(政令)이 천하에 먹혀 들어가지 않게 되었지만 그 뿌리박힌 왕화(王化)는 점차로 사방을 풍미하게 되어서 중국은 물론이고 사방의 이적(夷狄, 중국 민족 이외의 모든 종족, 민족을 총칭한다) 가운데서도 훌륭한 현인(賢人)이 배출되었다. 제(齊)나라의 환공(桓公)·진(晉)나라의 문공(文公)이 패업(霸業)을 천하에 떨치던 무렵까지는 그래도 왕실을 존중하지 않으면 안 된다는 점을 알고 있었으나, 그 이후에 이르러서는 천하는 완전히 흙더미가 무너져 내리는 양상이 되었다.

제4절 주말(周末)의 2대 사조(思潮)와 제자백가

주나라 말기의 혼란한 시대를 당하여 도탄에 빠진 백성을 구제해야겠다는 생각은 뜻있는 사람들의 마음속에 강하게 일어났다. 그 가운데 주된 사람이 공자(孔子)와 노자(老子) 두 사람이다. 공자는 이 세상의 혼란이 극에 달해 있는 것은 주공의 예가 쇠퇴되고 요순의 도를 아는 사람이 없기 때문이라고 했다. 이에 반하여 노자는 천하가 서로 다투는 것은 세상 사람들이 욕심이 많기 때문이므로 청정무위(清淨無爲), 어린아이 같은 마음으로 돌아가면 천하는 진정될 것이라고 했다. 공자는 어떻게 해서라도 세상을 바로잡아 보겠노라고 생각했지만 노자는 안 된다고 생각해 아예 단념해 버렸다. 즉, 공자는 세간적(世間的)이고 노자는 출세간적(出世間的)이다. 공로 두 사람은 난세에는 당연히 일어날 만한 2대 사조의 대표자이다.

이들 공로 두 사람 외에 제자백가가 일어났다. 당시에는 군웅이 사방에 할거하면서 서로 다투어 인재를 초빙했기 때문에 인재등용의 길이 크게 열려 있었다는 점, 또 한 가지는 주나라의 제도가 시행되고 있을 때에는 조언(造言)의 형(刑)이라고 하여서 무슨 이상한 말을 지어서 하는 사람을 벌주고, 난민(亂民)의 형이라고 하여서 치안방해 행위를 하는 사람을 벌주었었지만, 주나라의 권위가 땅에 떨어져 그 제재가 허술하게 되었다는 점, 따라서 사회질서의 문란과 사상계의 표준이 없어졌다는 점, 이러한 일들이 원인이 되어서 제자백가가 각기 그 기호에 따라서 신기한 주장을 고취하고 있었기 때문에 한편으로 말하면 대단한 난세였던 것이지만 다른 한편으로 말하면 중국철학사상상 가장 자유로운 시대였고, 내용이 대단히 풍부한 시대였다. 그 주된 것은 유도(儒道) 이외에 묵가(墨家)·명가(名家)·법가(法家)·병가(兵家)·종횡가(縱橫家)와 음양가(陰陽家) 등이다.

제2장 주역(周易)

제1절 역(易)의 명의

　지금 공로(孔老) 2가와 제자(諸子)의 학설을 설명하기에 앞서서 「주역」에 관해 다소 언급해 두려고 한다. 「주역」은 상고시대에 복희씨가 괘(卦)를 만들고, 중고시대에 문왕·주공이 단(彖)과 효(爻)의 언사를 지었으며, 근고시대에는 공자가 십익(十翼)을 만들었다고 「한서」 예문지(藝文志)에 서술되어 있다. 이에 대하여는 여러 가지로 논의가 분분하지만, 「주역」은 주나라 초기에 만들어진 것이라는 사실을 의심할 여지가 없기 때문에 여기에 설명한다.

　역이라는 말에는 세 가지 뜻이 포함되어 있다고 말한다. 첫째는 간이(簡易)이고, 둘째는 변역(變易)이며, 셋째는 불역(不易)이다. 우주간의 현상과 사회의 제반백사는 천변만화하여 멈추는 일이 없다. 역은 이것을 묘사한 것이기 때문에 역은 변역이라고 하는 것이다. 그러나 자세히 관찰해 보면 변화되는 어간에 정연한 일정불변의 이법(理法)이 있는 것을 발견하게 될 것이다. 때문에 역은 불역이라고 한다. 그래서 그 이법은 간이명백(簡易明白)하다. 역이 간이하다고 하는 것은 이 때문이다. 「역」이란 책은 참으로 옛 성인이 우러러 천문을 살피고 굽혀서 지리를 관찰하여 우주 인생백사의 현상을 묘사한 것이다. 「역」이 천지를 근거로 삼았다는 것은 이 일을 말하는 것이다.

제2절 역의 원리

역은 음양이원론이다. 천지간에 있는 일정불역(一定不易)의 이법이란 이 음양이원을 말하는 것이다. 천지간에 있는 모든 현상은 모두 이 음양이원론을 가지고 설명이 된다. 아마도 인류에게 남녀라는 성(性)의 상위가 있다는 데에서 역의 작자는 이런 이원론을 생각해 낸 것일 것이다. 동정·강유·명암·고하·길흉 등은 음양을 구별하는 표준이다. 도표로 만들어 보면 다음과 같다.

	陽	陰
우주현상	천(天)·일(日)·명(明)	지(地)·월(月)·암(暗)
시(時)	춘(春)·하(夏)·주(晝)	추(秋)·동(冬)·야(夜)
장소	상(上)·전(前)·고(高)	하(下)·후(後)·저(低)
인륜(人倫)	부(父)·군(君)·부(夫)·남(男)	자(子)·신(臣)·부(婦)·녀(女)
인사(人事)	귀(貴)·존(尊)·길(吉)·복(福)	천(賤)·비(卑)·흉(凶)·화(禍)

이 밖의 것들도 유추하여 음양으로 나눌 수가 있을 것이다. 그리하여 음양이원은 다시 태극(太極)에서 나온다고 하는 것이다. 계사전(繫辭傳)에 "역에는 태극이 있고, 태극이 양의(兩義)를 낳는다"고 나온다. 양의는 즉, 음양이원을 말하는 것이다. 우주간의 일체현상은 음양이원을 가지고 설명을 하지만, 음양은 다시 태극에서 나온다고 하니 역은 포괄적 일원론이라고도 할 만한 것이다. 그리고 태극은 정지적이 아니라 활동적이다. 계사전에 "생생(生生), 이것을 역이라고 한다"고 했고, "천지(天地)의 대덕(大德)을 생이라고 한다"고도 했다. 만물 모두 태극에서 나온다고 하는 이상, 태극을 활동적이라고 보는 것은 지당하다고 해야 할 것이다.

제3절 역의 발전

　계사전에 "역에 태극이 있고 태극은 양의를 낳으며, 양의는 사상(四象)을 낳고 사상은 팔괘(八卦)를 낳는다"고 설명되어 있다. 태극에서 음양이원이 나오고 음양이 사상이 되며, 사상은 팔괘를 낳고 팔괘는 제곱이 되어서 64괘(卦)가 되어 역이 완성되는 것이다. 우주생성의 순서도 역시 이와 같다고 생각한 것이다. 사상은 춘하추동(春夏秋冬)이다. 팔괘는 건(乾)·태(兌)·이(離)·진(震)·손(巽)·감(坎)·간(艮)·곤(坤)이다. 우주의 현상에 배당하여 이것을 천(天)·택(澤)·화(火)·뇌(雷)·풍(風)·수(水)·산(山)·지(地)라고 한다. 그 발생순서를 그림으로 나타내면,

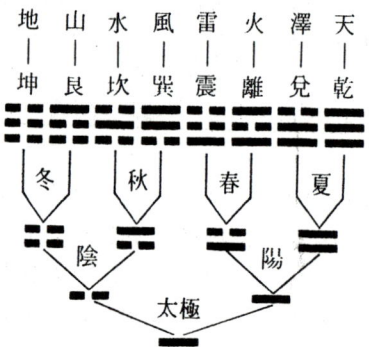

이 된다. 이 팔괘를 소성괘(小成卦)라 하고, 64괘를 대성괘(大成卦)라한다. 괘(卦)는 괘(掛)이다. 물상(物象)과 관련지어서〔掛〕사람에게보이기 때문에 이것을 괘라고 한다. 그림 속에서 이어져 있는 ━는양(陽)을 뜻하고, 가운데가 끊긴 --는 음(陰)을 뜻하며, 그 각각을효(爻)라고 한다. 효(爻)는 효(效)이다. 계사전에서는 효(爻)란 천하의움직임〔動〕을 본뜬 것이라고 했다. 즉 소성의 괘는 3효이고, 대성의괘는 6효이다. 소성의 괘가 3효로 끝난 것은 천지인(天地人)의 삼재(三才)를 본뜬〔象〕것이기 때문이다. 대성의 괘가 6효로 끝난 것도

천지인의 삼재를 본뜬 데다가, 천(天)에 음양 있고, 지(地)에 강유(剛柔) 있고, 인(人)에 인의(人義) 있는 것으로 했기 때문이다. 즉 6효 가운데 위의 2효를 천(天)으로 하고, 아래의 2효를 지(地)로 하고, 가운데의 2효를 인(人)으로 한 것이다.

제4절 팔괘의 뜻과 방위

팔괘는 자연현상으로 보면 천(天)·택(澤)·화(火)·뇌(雷)·풍(風)·수(水)·산(山)·지(地) 여덟이지만, 가족적으로 풀이하면 부모와 육자(六子)가 된다. 건곤(乾坤)은 부모이고, 나머지 육괘(六卦)는 육자이다. 양괘(陽卦)는 다음(多陰)이고, 음괘(陰卦)는 다양(多陽)이라고 하는데, 震☳坎☵艮☶은 양괘이고, 巽☴離☲兌☱는 음괘이다. 그리고 진(震)은 장남, 손(巽)은 장녀, 감(坎)을 중남, 이(離)는 중녀, 간(艮)을 소남(小男), 태(兌)를 소녀(少女)로 친다. 진손(震巽)은 부모의 기(氣)가 최초로 상교(相交)하고, 감리(坎離)는 둘째로 상교하고, 간태(艮兌)는 셋째로 상교하여 낳은 것이다.

그리고 팔괘는 각각 그 안에 덕을 함유하고 있다. 건(乾)은 건(健), 곤(坤)은 순(順), 진(震)은 동(動), 손(巽)은 입(入), 감(坎)은 함(陷), 이(離)는 여(麗), 간(艮)은 지(止), 태(兌)는 설(說)이다.

팔괘의 방위에 관해서는 두 가지 설이 있는데 문왕팔괘(文王八卦) 즉 후천도(後天圖)라고 지칭되는 것이 통상적으로 사용된다.

제5절 점서(占筮)

역(易)의 원시적 의의는 주로 점서로서 사용된 데에 있는데 후세에 이르러서 윤리적 해석과 철학적 해석을 가미하게 된 것이다. 즉, 팔괘를 천·택·화·뇌·풍·수·산·지로 보는 것은 동물신교(動物神敎)의 입장에서 본다면 여덟의 큰 신(神)이 된다. 신명(神明, 천지의 신령)으로 보기 때문에 거기에서 점서라고 하는 것이 의의를 갖게 되는 것이다. 또 부모·육자(六子)로 보는 것은 윤리적 해석이고, 태극·양의(兩儀)·사상·팔괘로 풀이하는 것은 철학적 해석이다.

점서법(占筮法)은 여러 학파에 서로 다른 설이 있어 일정하지 않다. 계사전에 그 법이 설명되고는 있지만 명료하지 않기 때문일 것이다. 여기에서는 「주소(注疏)」의 설에 따라서 그 대요를 이야기하기로 한다. 먼저 50가닥의 서죽(筮竹)을 들고 그 가운데의 한 가닥을 태극으로 삼고, 49가닥을 둘로 나누어 음양양의(陰陽兩儀)로 삼는다. 왼손에 든 것은 천(天)이고 양(陽)이며, 오른손에 든 것은 지(地)이며 음(陰)이다. 오른손 쪽의 것을 상 위에 놓는다. 그 가운데에서 한 가닥을 들고 그것을 왼손 새끼손가락에 끼워서 사람을 나타낸다. 그것을 일컬어 늑(扐)에 돌린다고 한다. 그리고 왼손에 가진 것을 네 개씩 묶어서 세면 나중에 1, 2, 3 또는 4가 남는다. 그것을 늑과 합하고 나머지 한쪽을 같은 방법으로 세어서 나머지와 합한다. 그것을 제일변(第一變)이라고 한다. 그때에는 5이든가 9가 남는다. 49가닥에서 그것을 제하고 또 같은 방법으로 되풀이하면 그때에는 4이든가 8이 남는다. 그것을 제이변이라고 한다. 또 그것을 제하고 같은 방법으로 되풀이하면 4이든가 8이 남는다. 그것을 제삼변이라고 한다. 그것을 제하고 그 나머지를 네 개씩 세면 4의 6배, 7배, 8배 혹은 9배가 된다. 6배가 되면 노음(老陰), 9배가 되면 노양(老陽), 8배가 되면 소음(少陰), 7배가 되면 소양(少陽)인데 제일효(第一爻)가 이루어진다. 이것을 여섯 번 되풀이하면 즉 18변으로서 대성괘가 이루어진다. 이것을 우괘(遇卦)라고 한다. 노음은 변하여 양이 되고, 노양은 변하여 음이 되어

또 다른 괘가 이루어진다. 이것을 지괘(之卦)라고 한다. 서자(筮者)는
우괘와 지괘를 가지고 길흉을 판단하는 것이다.

제6절 길흉회린(吉凶悔吝)

점서(占筮)를 칠 때에 길흉회린을 판단하는 데에는 다음 네 가지
법칙이 있다.

첫째, 음양의 위(位)에 해당하는 자는 길(吉)이고, 해당하지 않는
자는 흉(凶)이다.

모든 역은 기수(奇數)를 양으로 치고, 우수(偶數)를 음으로 친다.
양효(陽爻)를 9라 하고 음효(陰爻)를 6이라 하며, 혹은 양효를 ━을
가지고 나타내고 음효를 나타내는 데에 ━━을 가지고 할 수 있는 것은
이 때문이다. 그래서 괘의 효위(爻位)도 제1·제3·제5 삼효(三爻)를
양위(陽位)라 하고, 제2·제4·제6 삼효를 음위(陰位)라 한다. 다음의
그림에서 1·3·5에는 양효가 있고 2·4·6에는 음효가 있기 때문에 각각
그 위를 얻어서 길하다. 만약 이 경우에 제2효에 양이 있고 제1효에
음이 있다면 그 위를 얻고 있지 않기 때문에 흉이라고 하지 않을 수가
없다.

六五四
上九六

三二九
九六初

離下
坎上
水火旣濟

둘째, 응효(應爻) 있는 것은 길, 응효 없는 것은 흉이다.

모든 하괘(下卦)를 내괘(內卦)라고 하고, 상괘(上卦)를 외괘(外卦)
라 하는 만큼 내외이괘(內外二卦)는 상응할 것이다. 다시 말하면 초효

(初爻)와 4효(四爻), 2효(二爻)와 5효(五爻), 3효(三爻)와 상효(上爻)
는 위에서 본다면 상응할 것이다. 그러나 동성(同姓)의 전기(電氣)는
서로 반발하고, 이성(異性)의 전기는 서로 이끌듯이 두 개 중 하나가
음이고 다른 하나가 양이라면 상응하지만, 만약 둘 모두 양이든가
둘 모두 음이면 상응하지 않는다. 즉 응효(應爻)가 있다고 하는 것은
둘이 음과 양으로 상위되는 경우를 말하는 것이다. 앞에서 든 수화기
제(水火旣濟)의 경우는 모두가 상응하니 길(吉)이다.

　셋째, 중정(中正)인 것은 길, 그렇지 않은 것은 흉이다.

　중(中)은 괘의 중앙이다. 제2는 내괘의 중이고 제5는 외괘의 중인
데, 어떤 괘이건 제2, 제5의 2효는 중이다. 정(正)이란 음양이 그 위에
해당하는 것을 말한다. 앞에서 든 수화기제의 괘에서 62와 95는 모두
중정이다. 62는 음을 가지고 음위에 있어 내괘의 중이며, 95는 양을
가지고 양위에 있어 외괘는 중이니까 함께 중정하여서 길이다. 중이면
서도 정은 아닌 경우에도 대개는 길이다. 왜냐하면 역에서는 중을
중시하기 때문이다.

　넷째, 양도(陽道)가 왕성한 것은 길이고, 음도(陰道)가 왕성한 것은
흉이다. 역은 양을 군자로 치고 음을 소인으로 치니까, 양도가 왕성한
것을 길로 치고 음도가 왕성한 것을 흉으로 친다.

坤下　　　　　　　　　　震下
艮上　　　　　　　　　　坤上
山地剝　　　　　　　　　地雷復

　예를 들어 지뢰복(地雷復)은 일양내복(一陽來復)하여 양기(陽氣) 여하
에 따라 왕성하게 되는 괘이니까 길하고, 산지박(山地剝)은 음기(陰
氣)가 왕성한 괘이니까 흉이다.

　이상 이야기한 4개조는 길흉을 판단하는 대체적인 표준이다. 그러나

상세한 것은 각효 상호관계를 보아야 한다. 회(悔)는 길로 나아가는 원인이 되고, 인(吝)은 흉으로 나아가는 원인이 된다.

제7절 결론

역(易)의 짜임새(조직)는 대체로 이상 이야기한 것과 같다. 이야기를 마무리하는 데에 즈음하여 역에 나타난 사회관과 가족주의를 이야기하고 결론으로 삼고자 한다. 역은 천지위(天地位)를 정하여 변하는 일이 없는 것과 마찬가지로, 상하존비(上下尊卑)의 위를 바로잡아 백성의 마음가짐[志]을 정하는 것은 지당한 일이라고 여기고 있다. 즉, 사회의 계급제도를 시인하는 것이다. 이것은 중국과 같은 사민평등, 아무런 계급이 없는 사회로서는 천하통치의 필요상으로도 창도되어야 할 학설일 것이다. 인도처럼 계급제도로 신음하는 사회에서 불교의 자유평등설이 주창된 것과는 정반대되는 현상이다. 계급제도를 시인하는 결과로 예(禮)를 중시하게 되는 것도 당연한 일이다. 그러나 천지위는 일정하여 불변이면서도 그 기를 유통시키지 못하면 만물을 생육시킬 수 없는 것과 마찬가지로 상하존비의 위는 일정하다고 해도 상하가 서로 의지하고서야 비로소 사회는 존립되는 것이다. 지천태(地天泰)의 괘, 천지비(天地否)의 괘를 보면 하늘이 땅 밑에 있는 것을 태평의 괘라 하고, 하늘이 땅 위에 있는 것을 비색(否塞)의 괘라고 하거나 응효가 있는 것을 길(吉)이라고 하니 모두 그 뜻을 엿볼 수 있게 하는 것이다.

다음으로 역은 가족주의를 주장한다. 음양이원이 만물의 근본인 것과 마찬가지로 일부일처는 가족의 근본이어서 가족은 참으로 사회의 단위이다. 건곤을 부모라 하고 육괘를 육자라 하는 것은 이 때문이다. 그리고 가인괘(家人卦)에는 "가인(家人), 여자는 위를 안으로 바르게 하고 남자는 위를 밖으로 바르게 한다. 남녀가 바른 것은 천지의 대의이다. 가인에 엄군이 있다는 것은 부모를 일컬음이다. 아버지는

아버지답고, 자식은 자식답고, 형은 형답고, 동생은 동생답고, 남편은
남편답고, 아내는 아내다워야 집안이 바르게 된다. 집안이 바르게 되고
서야 천하가 안정된다"고 나온다. 이렇게 집안을 다스려서〔齊家〕 천하
를 평화롭게 하는〔平天下〕 것을 바탕으로 삼는 일은 요순 이래의 정치
주의이고 유가(儒家)의 진수이다.

그리고 역은 후세에 이르러 한편으로는 양웅(楊雄)의 「태현(太玄)」,
관랑(關朗)의 「동극진경(洞極眞經)」, 사마광(司馬光)의 「잠허(潛虛)」와
소강절(邵康節)의 「황극경세(皇極經世)」를 태어나게 하고, 다른 한편으
로 주렴계(周濂溪)와 주자(朱子)의 태극설을 태어나게 하였으니 음양이
원론(陰陽二元論)은 거의 모든 중국사상가를 지배하고 후세에 커다란
영향을 끼친 것이다.

제3장 공자(孔子)

제1절 행적과 저서

공자는 「중용」에 있는 내용처럼 "요순을 본받아서 조술(祖述)하고, 문무를 기준 세워서 밝혔고(仲尼, 祖述堯舜, 憲章文式)", 예로부터의 사상을 취합하여 대성시킨 사람이다. 후세에 도(道)를 논하는 사람들은 모두 공자를 모범으로 삼았고, 공자와 절충한다는 양상이다.

공자의 이름은 구(丘), 자(字)는 중니(仲尼), 주나라 영왕(靈王) 21년 10월 21일(기원전 551년)에 노나라의 창평(昌平)향 추읍(陬邑)에서 태어났다. 공자의 조상은 송나라 사람이며, 송나라는 은나라 미자(微子)의 자손이다. 아버지는 숙량흘(叔梁紇), 어머니는 안징재(顏徵在)라고 한다. 공자는 난세에 태어났지만 공자가 태어난 노나라(지금의 산동성 곡부현)는 주공(周公)의 봉지(封地)였고 주공이 정한 정치는 계속 전습되어 와서 도는 노에 있다는 평판을 들을 정도였으니까 공자는 성장과 함께 주공의 사업을 알았고 끊임없이 주공을 이상으로 여기게 되었다. 그 태어난 나라가 노나라였다는 사실은 공자가 취합하여서 대성시킨 학문에 심대한 영향을 주었을 것으로 생각된다. 공자는 타고난 비범한 인물이기는 하지만 후세의 학자들이 생지안행(生知安行, 천성이 총명하고 도의에 통하며 편안한 마음으로 도를 행함)의 성인(聖人)이라고 하는 것은 잘못이다. 그러나 타고난 비범성은 있었다. 어릴 때부터 소꿉장난을 할 때에 조두(俎豆)를 늘어놓고 예절 바르고 겸손한 태도를 갖췄다는 것이다. 조(俎)는 제사를 지낼 때에 제물을 얹어놓는 받침이고, 두(豆)는 제사를 지낼 때에 제물을 담는 둥근 그릇이다. 제사를 드리거나 절을 하면서 놀았다는 것이다. 공자가 후일 예(禮)에 대단한 중점을 둔 일은 벌써 어릴 때에 조짐이 나타났다고 생각되는 것이다. 위리(委吏, 양곡의 출입을 맡아 보는 창고지기 같은 공무원)가 되어서는 요량(料量)을 공평하게 하였고, 사직리(司樴吏, 가축을 맡아서 기르는 관리)가 되어서는 가축을 번식시켰다는 것이다. 대단히 충실하게 직무에 힘쓴 것이다. 차츰 성장함에 따라 주공의 도를 들었고 선왕(先王)의 도를 배웠으며 조금이라도 일예일능(一藝一能)이 있는 사람이 있으면 누구누구의 구별없이 본을 떠가며 배웠기 때문에 제자인 자공(子貢)이 부자(夫子, 공자)는 특별한(정해진) 스승이 없다고 한 것이다. 공자의 평판이 점차로 높아져서 겨우 22, 3세 되었을 때에 벌써 제자가 많이 생겼다. 그 당시에는 이미 학교가 없어져 버렸기 때문에 속수(束脩, 문하생이 될 때에 스승에게 바치는 예물)를 가지고 배우러 오는 사람이 점차로 늘어갔다. 당시의 주나라의 도읍은 낙양(洛陽)이며 지금의 하남성 낙양현인데, 곡부(曲阜)로부터는 약 20일의 행정(行程)이다. 공자는 주나라로 가서 그 제도문물을 견학했고 그때에 예를 노자에게 물었다. 노자는 공자보다 연장자였으며 주나라 수장실(守藏室)의 사(史), 즉 박물관장 같은 직책을 맡고 있었다. 그 후 고향으로 돌아와 제자들을 가르치고 있었는데, 공자가 36세 되었을 때에 노나라에서 난리가 나서 노나라의 군인 소공(昭公)은 제(濟)나라로 도망을 갔고 공자 역시 제나라로 피신을 했다. 제나라는 지금의 산동성 임치현(臨淄縣)인데, 곡부현의 북쪽이며 거의 5일의 행정이 되는 곳이다. 제나라의 경공(景公)이 공자에게 정치를 물었는데, 공자가 "임금은 임금다워야 하고, 신하는 신하다워야 하며, 아비는 아비다워야 하고, 자식은 자식다워야 합니다"라고 한 것이 그때의 일이다. 경공은 공자를 채용할 마음이 있었으나 안영(晏嬰)이 이의를 제기했기 때문에 그만두었다. 공자는 그 후 노나라에 채용되어 중도(中都)의 재(宰)를 거쳐 사구(司寇)가 되었다. 사구는 법무부장관에 해당하는데, 실제로는 정치외교의 당국자가 된 것이다. 그때에 노나라는 제나라와 협곡(夾谷)에서 회합했다. 당시에 공자는 노공(魯公)의 상(相, 장

관)으로서 회의에 참석하여 유감없이 외교적 수완을 발휘할 기회를 가졌었다. 참으로 통패한 일이었다. 제나라는 우세한 병력을 가지고 노나라를 제압하려고 시도했었는데, 공자는 예를 다하여서 의연히 그것을 물리쳐 약한 노나라로 하여금 강한 제나라를 굴복시키게 한 것이다. 공자는 온순한 사람이지만 도를 믿는 두터움과, 일을 당하여도 의연함을 지켜 굴하지 않는 바가 있었다. 또 대부(大夫)인 소정묘(少正卯)라는 인물은 노나라에서 명성이 혁혁한 사람이었는데, 그 인물의 언행이 정치를 어지럽혀 세상을 시끄럽게 하기 때문에 공자는 재상에 취임한 지 7일 만에 그를 사형에 처해 버리고 말았다. 당시에 명성이 혁혁했던 사람을 곧바로 사형에 처한다는 것은 여간한 사람으로서는 할 수 없는 일이다. 그리고 당시에는 노나라의 공족(公族)의 권력이 강하고 노나라의 공실(公室)은 상대적으로 권력이 약했었기 때문에, 공족의 권력을 죽이고 공실의 권력을 강화시키려고도 시도했다. 잘 되어 갈 것 같았으나 중도에서 차질이 생겼고, 또 제나라에서는 이웃 나라인 노나라가 강성해지면 큰일이라고 생각하여 훼방을 놓았다. 그래서 공자는 할 수 없이 노나라를 떠나 우선 위(衛)나라로 갔으며, 그때부터 곳곳을 전전하게 되었다. 도는 크되 천하가 그것을 받아들여 주지를 않았으며, 만년에 이르러서는 노나라로 돌아와 경서(經書)를 정리하고 「춘추(春秋)」를 썼다. 가르침을 만세에 펴다가 주나라 경왕(敬王) 41년 4월 11일(기원전 479년)에 세상을 떠났다. 향년 73년. 노나라의 도읍 근처에 수수(洙水)라는 강이 있다. 그 강은 사수(泗水)의 지류이며, 곡부성의 북쪽 1킬로미터 남짓 되는 곳에 흐르고 있다. 그 수수 위에다가 공자를 장사 지냈다. 실제로 공자의 묘는 곡부현의 북쪽, 수수 주변의 지성림(至聖林) 속에 있으며, 둘레 약 4킬로미터로 잣나무가 울창하게 들어차 있어서 대낮에도 어두컴컴한 숲이다. 나지막한 봉분이며 앞에 서 있는 돌비석은 명나라 때의 것이다. 비문에는 "대성지성문선왕묘(大成至聖文宣王墓)"라는 글자가 씌어 있다. 공자의 학문을 수사(洙泗)의 학(學)이라고 하는 것은 공자의 묘 근방에 있는 개울에서 따다가 붙인 명칭이다.

　공자의 학문을 연구하려면 주로 「논어」에 의거해야 한다. 「논어」는
공자가 자기의 제자나 그 당시의 사람들과 문답을 한 내용, 혹은 제자
의 말을 집성한 것이다. 한나라의 정현(鄭玄)은 공자의 문인인 중궁
(仲弓)·자유(子游)·자하(子夏)가 편찬한 것이라고 했는데 의심스럽게
생각되는 점도 있다. 송나라의 정자(程子)는 유자(有子)·증자(曾子)의
문인이 지었기 때문에 두 사람만의 '자(子)'라는 존칭을 넣었다고 했
다. 그러나 유자·증자뿐만 아니라 민자(閔子)·염자(冉子) 따위도 있으
니 이 설도 맞지 않는다. 즉 「논어」는 한 사람이 쓴 것이 아니며, 또
동시에 이루어진 것도 아니다. 여러 사람들이 공자의 언행을 메모하여
둔 것을 후에 공문제자(孔門諸子)의 제자가 편찬한 것일 것이다. 진시
황의 분서갱유의 난 이후 한(漢)나라에 이르러서 책들을 모을 때에
세 가지의 「논어」가 나왔다. 제론(齊論)·노론(魯論)·고론(古論)이라고
한다. 현재 우리가 가지고 있는 것은 주로 노론, 즉 노나라에 전해진
것에 의거한 것이다. 제론은 노론보다도 문왕(問王)·지도(知道)의 두
편이 더 있어 22편이었다. 고론은 한초(漢初)에 노나라의 공왕(共王)
이 공자의 옛 집을 헐다가 벽 속에서 발견한 것이며 고문(古文)으로
씌어져 있었기 때문에 고론이라고 한다. 21편이며, 자장(子張)편이
두 편 있었다. 「논어」는 이상의 3종이 함께 유통되고 있던 것을 후한
(後漢)의 장우(張禹)가 노론을 중심으로 하고 제론을 참작하여서 「논
어」의 정본(定本)을 만든 것이며, 일컬어 장후론(張侯論)이라고 한다.
정현(鄭玄)이 또 장후론을 중심으로 하고 제론·고론을 참작하여 주석
을 붙였으며, 마지막으로는 위(魏)나라의 하안(何晏)이 제가(諸家)의
설을 정리하여 「집해(集解)」를 만들었다. 거기에다가 양(梁)나라의
황간(皇侃)이 소(疏, 조목별로 씀)를 쓴 것을 「논어의소(論語義疏)」라고
하며 송나라의 형병(邢昺)이 소(疏)를 쓴 것을 「논어주소(論語註疏)」
라고 한다. 지금 전해지고 있는 「십삼경주소본(十三經註疏本)」은 형병
(邢昺)의 소인데 이것을 고주(古註)라고 한다. 주자가 「대학」, 「논어」,
「맹자」, 「중용」 사서(四書)에 주(註)를 가했다. 이것을 신주(新註)라고
한다. 「논어」를 읽으려면 신주와 고주가 반드시 필요하다.

제2절 인(仁)이란 무엇인가

인은 공자 학문의 극치이다. 공자는 일찍이 제자인 증삼(曾參)과 자공 두 사람에게 "나의 도는 하나를 가지고 관통한다(吾道一以貫之 ──里仁)"고 했다. 이 일관이라는 말은 여간 어려운 말이 아니어서 여러 학설이 분분하지만, 요컨대 인을 말하는 것이다. 공자의 도는 어느 때 어느 경우이건 오직 하나 인을 가지고 관통하고 있다. 원래 공자 이전에 인을 말한 것은 여러 가지가 있지만 별로 인을 중시하지는 않았다. 「주례」에서는 지(知)·성(聖)·의(義)·충(忠)·화(和)와 인을 병칭하여 육덕(六德)이라고 했다. 「시(詩)」의 정풍(鄭風)에서도 대숙단 (大叔段)을 일컬어 "참으로 아름답고 또 어질다"고 칭찬을 하고 있는데 주(注)에서는 인을 행위의 아름다움으로 해석하고 있는 정도이다. 말하자면 다정하다·상냥하다라는 정도의 의미이다. 공자의 인은 이렇게 간단한 뜻을 가진 말은 아니다. 공자는 인(仁)하다는 형용사를 붙여 인품을 평한 사람이 거의 없으며, 뛰어난 제자 안회(顏回)를 평하여서는 석달 동안 인에 어긋남이 없었다고 했으나, 기타의 여러 제자들은 물론이고 대다수 많은 사람들에 대하여는 아직 인을 모른다고 했다. 공자가 얼마나 인을 중시했는지를 상상하고도 남음이 있다. 「논어」에서는 여러 가지로 인을 이야기하면서도 인 자체를 직접 설명하지는 않고 인을 행하는 방법, 인덕(仁德)의 효과, 혹은 인자(仁者)의 심리 등을 설명하는데, 장소에 따라 다르고, 상대에 따라 달라 인의 의미가 확연하게 포착되지 않기 때문에 예로부터 잡다한 해석이 있다. 그 주된 것을 몇 가지 든다면, 첫째로 정자(程子)는 사덕(四德), 즉 원향이 정(元亨利貞)의 원(元)은 마치 오상(五常), 즉 인의예지신(仁義禮智信) 의 인과 같은데, 편언(偏言)을 한다면 한 가지 의미이고 전언(專言) 을 한다면 네 가지 의미를 겸하고 있다. 즉 좁은 의미에서는 인은 하나의 것이지만, 넓은 의미에서는 의예지신의 넷을 겸해 가지고 있다는 것이다. 편언은 좁은 해석법, 전언은 넓은 해석법이다. 이것은 과연 그대로 옳은 말이라고 생각된다. 공자가 거의 어느 누구도 인자에

해당하는 사람이 없다고 한 것은 넓은 의미의 인이고, 지인용(智仁勇)
과 대립적으로 말할 때의 인은 좁은 의미의 인이다. 정명도(程明道)
가 역에서 천지의 대덕(大德)을 생(生)이라고 한 것에 대해서 인을
생생(生生)의 덕이라고 풀이하고 행인(杏仁)이라는 말과 같이 과일의
씨앗을 인이라고 한 것은 옳은 말이라고 주장한 것은 지나치게 순정철
학적(純正哲學的)인 해석일 것이다. 사상채(謝上蔡)가 인을 각(覺)이라
고 풀이하고 주인공이 항상 성성(惺惺)하다고 한 것은 불교의 영향이
라고 생각된다. 주자는 인은 마음의 덕애(德愛)의 이(理)라고 했다.
마음 속으로 닦아서 이룬 덕이면서 물(物)을 사랑하는 바의 원리라고
한 것이다. 정말이지 인은 자기가 마음으로 이룬 덕이 아니어서는
안 된다. 그러나 사랑의 이라는 것이 다소는 어폐가 있다. 이(理)라는
것은 말하자면 송유(宋儒)의 학설이다. 송나라 때의 학자는 정자이건
주자이건 이기(理氣)라는 설을 세우고, 물에는 이와 기가 있다고 했
다. 이는 바탕이고 기는 현상, 오늘날의 철학용어로 말하면 현상과
실재이다. 이기의 설은 근대철학에서는 중요시되지만 공자는 그때까지
이기를 언급하지 않았다. 고주(古註)에서는 인은 선행(善行)의 대명
(大名, 훌륭한 명성)이라고 설명한다. 인을 선행의 대명이라고 한다면,
지(智)도 선행의 대명이고, 용(勇)도 선행의 대명이다. 그 선행의 내용
을 설명하지 않으면 인의 내용은 알 수가 없다. 일본에서도 절충학파
의 대가인 가가(加賀)의 오다긴죠(大田錦城)는 선행의 대명설을 취했
다. 다음에 부쓰소라이(物徂徠)는 인은 안민장인(安民長人)의 덕이라고
했다. 이것은 상당히 재미있는 해석이다. 만약 인자가 인군(人君)의
지위에 오른다면 틀림없이 백성을 편안하게 하고 만민의 장(長)으로서
나라를 다스리게 될 것이다. 그러나 인에는 정치적인 의미뿐만 아니라
도덕적인 의미도 있다. 통치자로서의 덕뿐만 아니라 개인의 도덕이기
도 하기 때문에 소라이의 설도 충분하다고는 생각되지 않는다. 그래서
마지막으로 이토 진사이(伊藤仁齋)의 설을 보면, 인은 자애의 덕, 원근
내외(遠近內外), 충실통철(充實通徹), 이르지 못하는 데가 없는 인이라
고 했다. 이것이 가장 온당한 설이라고 생각된다.

문인 번지(樊遲)가 일찍이 공자에게 인을 물었을 때에 공자는 그에 답하여 사람을 사랑하는 것이라고 했다. 석가모니는 자비를 교설했고, 그리스도는 사랑을 교설했으며, 공자는 인을 교설했다. 자비라고 하건, 사랑이라고 하건, 인이라고 하건 그 의미는 같은 것이다. 세계의 3대 성인은 출생지도 다르고 출생한 시대도 다르고 출생한 환경이 다름에도 불구하고 자애를 교설하는 데 있어서는 동일하다. 인간의 정신작용을 칸트의 3분법에 따라서 지정의(智情意) 셋이라고 한다면 세 성인은 모두 정(情)이라는 방면에 중점을 두고 있다. 이것은 정말로 재미있는 일이다. 대체로 지(智)를 중시하여 지적으로 치우치게 되면 영리민첩(怜悧敏捷)함과 동시에 혹은 경박하게 되어 절조(節操)를 잃게 되는 수도 있다. 또 의욕만 있으면 과단용결(果斷勇決)이라는 장점이 있음과 동시에 혹은 냉혹하게 되는 일도 있다. 정에 중점을 두면 우유 부단하게 될 우려가 있지만 그 장점으로서는 원만한 정미(情味)가 있다는 점을 들 수가 있다. 이들 세 성인의 설이 후세까지도 크게 사람들을 감동시키는 힘이 있는 것은 이렇게 정을 무겁게 보았기 때문일 것이다. 여기서 주의해야 할 것은 불교·그리스도교와 공자교(孔子教)의 상위점이다. 불교와 그리스도교는 평등박애주의여서 신불(神佛) 앞에서는 인간은 차별없이 평등하다고 하면서 순수한 박애를 주장하고 있다. 공자는 이들과는 달리 차별적인 평등, 차등적인 박애를 이야기한다. 그런데도 「논어」에 "사마우(司馬牛)가 근심을 하면서, '사람들은 모두 형제가 있는데 나만 홀로여서 얼마나 슬픈지 모르겠다'고 한탄하였을 때, 자하(子夏)가 위로의 말을 하면서 말하기를, '사해지내(四海之內)가 모두 형제라고 들었다'고 했다. '군자가 어찌 형제 없음을 근심하리요'(司馬牛憂曰 人皆有兄弟我獨亡 子夏曰 商聞之矣死生有命富貴在天 君子敬而無失 與人恭而有禮 四海之內皆兄弟也 君子何患乎無兄弟也——「論語」顔淵十二)"라고 했다. 자하는 말할 것도 없이 공자에게서 들은 것일 것이다. 공자가 사해지내가 모두 형제라고 했다면 그것이 바로 박애주의이며 평등주의가 아닌가 하는 의문이 일어난다. 또 학이(學而)편에 "널리 여러 사람을 사랑하되, 더욱 어진 이를 가까이 하라"는 말이 있다. 범애(汎愛)와 박애는 같은 말이 아닌가. 이런 의문이 일어나지 말란 법도 없다. 이것에 대하여는 한마디 변명을 하지 않을 수가 없는 일이다. 공자가 말하기를, "오로지 인자(仁者)라야 사람을 좋아할 줄 알고 미워할 줄 안다. 인자는 옳은 일을 옳다고 하고 나쁜 일을 나쁘다고 하는 공평성을 가지고 있다. 그렇기 때문에 인자는 사람을 사랑하고 좋아하는 한편 사람을 미워하기도 한다. 사람의 악한 면을 미워하는 것이다."

애정이란 것은 간단한 일이 아니다. 보통사람은 사욕이 섞여 있고 편파적인 생각을 가지고 있기 때문에 사람을 좋아하거나 미워하는 데 있어 잘못을 저지르지만, 인자는 공평무사하기 때문에 좋아하고 미워하는 데에 잘못을 저지르지 않는다고 했다. 즉, 공자는 적당한 애정호오(愛情好惡)를 시인한 것이다. 또 어떤 사람이 공자에게 묻기를, "덕을 가지고 원한을 갚으면 어떻겠습니까"라고 했다. 이 구절은 노자의 글 가운데에 있다. 공자가 그에 대답하여, "그러면 착한 덕에는 무엇을 가지고 갚겠는가. 원한에는 원한으로 갚고 착한 덕에는 은덕으로 갚으라(何以報德 以直報怨 以德報德──憲問)"라고 했다. 즉, 그리스도 등의 경우처럼 오른뺨을 맞았으면 왼뺨도 내어 주라는 것과는 크게 차이가 있는 것이다. 물론 친하고 친하지 않은 구별은 별도로 치고서, 자기와 가장 가까운 부모형제로부터 타인에게 이르고, 자기와 가장 가까운 곳인 고향으로부터 타국에 이른다고 하는 것이 유교에서는 중히 여기는 구별이다. 이런 점이 유교와 그리스도교·불교의 다른 점이다. 그리스도교·불교는 모두 종교이고, 유교는 도덕적인 가르침이기 때문에 이런 상위가 있는 것은 당연한 일일 것이다. 도대체가 인간은 정신적으로나 육체적으로 결코 평등하게 태어난 존재는 아닌 것이다. 따라서 사회의 계급은 결코 폐지되어서는 안 되는 것이다. 무차별한 평등은 악평등이다.

그러면 원점으로 돌아가서, 인은 자애의 덕인데, 공자의 인에는 어떤 의미가 내포되어 있는 것일까. 인의 내용을 좀더 자세하게 살펴보기로 하자. 자애의 덕으로부터 연역하면 첫째는 충서(忠恕)이다. 충은 진심이고 서는 동정이다. 주자는 "자기의 정성을 다하는 것을 충이라 하고, 자기를 미루어 남을 아는 것을 서라고 한다"고 했고 또 "중심을 충이라 하고, 마음과 같은 것을 서라고 한다"고도 했다. 사람을 사랑하려면 진심으로 사랑을 해야 한다. 공자는 일찍이 "강의목눌(剛毅木訥)은 인에 가깝다"고 했다. 목눌(木訥)이란 것은, 대나무를 쪼갠 것처럼 조금도 가식이 없이 천진난만한 사람을 말한다. 단호하며, 믿는 바에 따라 의연히 사태에 대처하여 굴함이 없는 것을 강의(剛毅)라고 한다. 이런 강의목눌을 인에 가깝다고 했다. "교언영색선의인(巧言令色鮮矣仁)" 마음에도 없는 말을 교묘하게 꾸미고 외양을 가식하여 남에게 아첨하는 사람 가운데에는 인자가 거의 없다. 요컨대 진심, 즉 충이 아니면 인이 아니라는 의미가 이 두 말을 보아도 이해가 되는 것이다. 그러나 자애의 덕이 있다면 타인을 접하는 경우에 가슴속의 동정심이 흘러넘쳐서 서, 즉 배려하는 마음이 되는 것이다. "원래 인자는 자기가 서고자 할 때에는 남을 먼저 세워 주고, 자기가 이르고자 할 때에는 남을 먼저 이르게 하여 준다. 이처럼 모든 일을 자기 주변의 예에서 취하여 아울러 생각해 보고서 행동한다. 이 같은 서의 태도만이 인의 방도라고 할 수가 있다(夫仁者己欲立而立人 己欲達而達人 能近取譬可謂仁之方也已──雍也)"라고 했다. 이것은 모두 서에 관한 설명이라고 보아도 무방하다. 자기 주변의 예에서 취한다는 것은 자기의 마음을 미루어 보아서 남의 마음을 헤아리는 것을 말한다. 공자는 또 "자기가 하고 싶어하지 않는 일, 당하고 싶지 않은 일은 남에게도 시키지 마라(己所不欲 勿施於人──衛靈公)"라고 했다. 자기가 서고자 할 때에 남을 먼저 세워 준다는 것은 적극적이고, 남에게도 시키지 마라는 것은 소극적이지만 모두 남에 대한 배려, 동정을 뜻한다. 증자(曾者)는 일찍이 공자의 도는 충서(忠恕)라는 말에 다 들어 있다고 했다. 공자의 일관된 도는 인이지만 인은 워낙 어려운 말이기 때문에 인 속에 들어 있는 개념 가운데에서 가장 근사한 말을 가지고 설명한 것이라고 생각된다.

둘째는 은택이다. 자애의 덕을 몸에 닦은 사람이 사회에 나아가

설 때에는 그 교류하는 사람들, 그 부하로서 일하는 사람들에게 은택
이 돌아간다. 혹은 인군의 지위에 오른다면 아래 백성들에게 은택이
미친다. 이 세상이 혼란, 도탄에 빠진 백성을 구제하는 데 있어 만약
왕자가 나온다면 반드시 세에 인으로 복귀시킬 것이다. 30년을 1세라
고 한다. "세에 인으로 복귀시킨다는 것은 30년 만에 만민으로 하여금
실업하는 자가 없게 하여 은택이 사해에 미친다"는 뜻이다. 공자가
일찍이 제나라의 관중(管仲)을 평하여 그 그릇은 작다고 하면서도
한편으로는 "그 사람의 인에는 미치는 사람이 없다. 그 사람의 인에는
미치는 사람이 없다(如其仁 如其仁——憲問)"고 하면서 크게 칭찬한
일이 있다. 관중이 제나라의 환공을 도와서 천하를 잘 다스렸기 때문
에 만민이 소강(小康)을 누릴 수가 있었다. 즉, 관중 덕분에 백성은
모두 피발좌임(被髮左衽, 오랑캐의 풍속을 형용하는 말)의 야만인이 되는
신세, 오랑캐들에게 잡혀 가는 신세를 면할 수가 있었다. 관중의 은택
이 천하후세에 미치고 있다는 의미에서 관중만한 인이 없다고 칭찬한
것으로 생각된다. 소라이가 인을 백성을 편안하게 하고 백성의 지도자
가 되는 덕이라고 한 것은 이런 의미에서 근거가 있다. 이것이 인의
전부는 아니지만 인의 결과는 여기로 귀결된다.

셋째로 인자는 용기가 있다. 인자는 사욕, 이기심이 없다. 대체로
사욕을 억제하는 일이 쉬운 일인 것처럼 보이지만 사실은 그렇지가
않다. 전에 왕양명(王陽明)이 "산중의 도적을 격파하기는 쉬우나, 심중
의 도적을 격파하기는 어렵다"고 한 일이 있다. 참으로 이 말처럼
심중의 도적, 즉 사욕, 이기심을 억제한다는 것은 여간 어려운 일이
아니다. 안연(顔淵)이 인을 물었을 때에 공자가 그에 답하여, "극기복
례(克己復禮)를 인이라고 한다"고 했다. 기(己, 나·자기 자신)는 자기라
는 의미여서 원래는 사욕이라는 의미는 아니지만 자기라는 관념이
있고 자타의 구별이 있다면 결국은 사욕, 이기심이 일어난다. 그래서
여기에서는 기를 사욕이라는 의미로 해석하지 않으면 안 된다. 가니에
(蟹江) 박사가 영어로 자기를 셀프(self)라고 하고, 이기적인 것을 셀피
쉬(selfish)라고 한 것은 기를 자기라고 해석하고 또 사욕이라고 해석하

는 것과 같은 것이라고 했는데 이것은 참으로 온당한 해석이라고 생각
된다. 사욕을 이기는 것이 극기이고, 인자는 사욕을 이겨야 하는 것이
기 때문에 대단한 용기를 필요로 한다. 공자는 일찍이 "인자는 반드시
용기를 가졌으나, 용자(勇者)는 반드시 인을 가진 것은 아니다"라고
한 일이 있다. 제나라와 협곡에서 회합했을 때에 공자가 대단한 용기
를 가지고 있었던 점은 이것으로 이해가 되리라고 생각된다.

넷째로 열락(悅樂). 인자는 마음으로 즐겁게 생각한다. 인자가 가슴
속에는 한 점의 사욕이 없고 공명정대하여 아무런 근심 걱정이 없기
때문에 그 가슴속에는 끊임없이 솟아나오는 정을 금할 수 없는 것이
다. 꺼림칙하게 생각되는 일이 없기 때문에 어떤 경우에도 두려워하거
나 부끄러워하지 않아 아주 즐거운 것이다. 공자는 일찍이 "지자(知
者)란 사물의 도리를 모두 분별할 줄 아는 사람이기 때문에 어떤 문제
에 봉착해도 갈피를 못 잡아 헤매는 일이 없고, 인자(仁者)는 사욕을
버리고 하늘의 이치에 따라 행동하기 때문에 꺼림칙한 데가 없어 걱정
거리를 갖는 일이 없다(知者不惑, 仁者不憂——子罕)"라고 했고, 또
"인자는 오래 산다"고도 했다. 근심 걱정이 끊일 날이 없다면 생명도
단축되지만, 인자는 안심입명(安心立命)의 경지에 이르러 있기 때문에
천명을 다할 수가 있는 것이다. 이상의 넷을 자애의 덕으로부터 연역
할 수가 있다.

옛날의 도덕설은 가정적이었지 사회적인 의미는 크게 없었다. 순임
금이 사도(司徒), 즉 문교부 장관인 설(契)에게 명하여 천하에 펼치게
한 가르침은 부의(父義)·모자(母慈)·형우(兄友)·제공(弟恭)·자효(子孝)
의 오교(五敎)이다. 점점 세상이 개명하게 되어 이와 같은 가정적인
가르침만 가지고는 부족하다. 조금 더 넓은 사회적인 의미를 가진
도덕이 필요하게 되었다. 그래서 공자는 가정적인 도덕을 확대·발전시
켜서 인을 찾아냈기 때문에 순의 오교는 모두 인 속에 포함되며 인은
이 오교보다 더욱 광대한, 더욱 사회적인 의미를 가지고 있다. 제자인
유자(有子)가 "효제(孝弟)는 인의 근본입니까"하고 물은 일이 있지만,
효제 자체는 결코 인이 아니며 인은 더욱 광범위하다. 부모를 섬기는

마음을 가지고 인군을 섬기면 충(忠)이다. 형을 섬기는 마음을 가지고
연장자를 섬긴다면 사회는 반드시 원만하게 되어 갈 것이다. 즉, 효제
(孝弟)를 사회로 확대시킨다면 인이 되는 것이다. 이런 의미에서 유자
(有子)의 설은 재미있는 점이 있다. 그가 맹자의 말을 빌려서 "우리집
의 노인을 공경하는 마음을 연장시켜 남의 집의 노인도 마찬가지로
공경한다. 내 집의 어린아이를 사랑하는 마음을 연장시켜 남의 집의
어린아이도 마찬가지로 사랑한다(老吾老 以及人之老幼吾幼 以及人之幼)"
라고 한 것은 다시 말한다면 바로 충서이다. 충서의 마음을 가지고
효제의 덕을 사회로 확대시킨다면 그것이 곧 인이다. 증자가 공자의
도는 충서라는 말에 모두 들어 있다고 한 것은 이런 의미에서 매우
재미있는 해석이라고 하겠다.

제3절 박문약례(博文約禮)

공자는 천종(天縱)의 성인이나, 원래 "열다섯 살부터 학문에 뜻을
두었다"에서 시작되었다. 결코 지식을 가지고 태어난 것이 아니다.
조그마한 마을에도 반드시 구(丘, 공자의 자칭)만큼 충신스러운 사람은
있을 것이다. 다만 구만큼 학문을 좋아하는 사람은 없을 것이다. 공자
의 제자 3천명 가운데에서 안연(顔淵)이 학문을 좋아하는 것으로 인정
받고 있다. 안자(顔子)가 좋아하는 학문은 무엇인가. 정자(程子)가 일찍
이 주무숙(周茂叔)에게서 배우고 있을 때에 주무숙이, 안자가 좋아하는
것, 안자가 즐겨 하는 것은 무엇인지 생각해 보라고 한 일이 있다.
공자와 안자가 즐겨 하는 것은 다른 것이 아니다. 인이다. 이 인을
정말로 좋아하고 정말로 즐겨 하기는 쉬운 일이 아니다. 인을 자기의
사명으로 삼는다. 하지만 무겁지 않느냐고 증자도 말한 일이 있다.
그렇다면 인에 도달하는 길은 무엇인가. 다른 것이 아니라 바로 박문
약례(博文約禮)이다. "일설에 의하면 이렇다. 우선 널리 배워야 한다.
그러나 박식한 것으로 만족하고 있어서는 안 된다. 예(禮), 즉 실천을

통해서 그 지식을 정리〔約〕해 가야 하는 것이다. '예'는 밟는다〔履〕는 것이며, 사람이 밟아야 할 행(履行·實踐)을 말한다(博學於文 約之以禮)"라는 말은 「논어」에 두 번씩이나 나온다. 다만 널리 학문을 배운다고는 해도 잡동사니 같은 지식을 긁어 모으기만 하여서는 잡학으로 흘러 백과사전풍으로 되어 버리고 만다. 그것을 예(禮)를 가지고 단속해야 한다. 다만 예만 중시하다가는 허례(虛禮)로 흐르거나 딱딱하게 될 염려가 있다. 역시 널리 배우지 않으면 안 되는 것이다. 안회(顔回)도 일찍이 공자의 가르침을 설명하여, "박학어문, 약지이래(博學於文 約之以禮)"라고 했다. 즉 인에 이르는 방법으로서 공자가 가르친 것은 안연의 설을 통해서 보아도 박문약례의 둘인 것이다. 공자가 평소에 일상적으로 쓰는 말은 시서집례(詩書執禮)이다. 「시경」을 배우고 「서경」을 배우는 것은 박문(博文)이고, 집례(執禮)는 약례(約禮)이다. 공자는 아들 백어(伯魚)에게 시와 예를 배우게 하였는데, "시(詩)를 배우지 않고는 가지고 할 말이 없다(不學詩 無以言)", "예를 배우지 않고는 인간으로서 세상에 나설 수가 없다(不學禮 無以立)"고 말했다. 또 안회가 인을 물었을 때에 극기복례(克己復禮)라고 한 것도 같은 의미이며, 복례(復禮)는 즉 약례(約禮)이다. "예가 아니면 보지를 말며, 예가 아니면 듣지를 말며, 예가 아니면 말하지 말며, 예가 아니면 움직이지 마라(非禮勿視 非禮勿聽 非禮勿言 非禮勿動——顔淵)"라고 한 것은, 예를 가지고 자기의 몸을 단속하여 인에 도달하는 것을 말한 것이다. 이 박문약례는 인을 닦는 대강(大綱)이다.

제4절 교육주의

공자의 성격은 참으로 원만했다고 하는데, 제자인 자공이 비평하여 "온량 공 검양(溫良 恭 儉讓)"이라고 한 것은 그 성격을 잘 표현한 것이라고 생각된다. 그 같은 훌륭한 성격을 가지고 있었기 때문에 몸소 제자의 모범이 될 수가 있었던 것이다. 적어도 교육자인 사람은 몸소 제자의 모범이 되어야 한다는 것은 충분히 알 만한 일이지만 공자는 그야말로 그 전형이었다. "두세 사람이 나를 보고 감춘다고 하지만 나는 제군들에게 감추는 일이 아무것도 없으며 무슨 일을 할 때면 2, 3명의 제자들과 함께 하지 않은 일이 없다"고 했다. 이것은 "나의 일거수일투족은 모두 문제(門弟)들을 가르치기 위해서 한 것"이라는 말이다. 공자는 제자들을 가르칠 때에는 티끌만한 차별도 하지 않았고 아무런 장벽도 설치하지 않았다. 당시에 호향(互鄕)이라는 곳이 있었고 사회적으로 몹시 배척을 당해 도저히 더불어 이야기할 사람들이 못 된다고 했었는데, 어느 때에 그 호향에 사는 동자가 찾아와서 도를 물었다. 그때에 공자는 정성껏 일러 주었는데, 그것을 본 문인들이 깜짝 놀라서 그 까닭을 물으니 공자는, "자진해서 도를 물으려는 생각이 있는 이상은 가르쳐 주어야 하는 것"이라고 했다. 즉, 적어도 도를 묻는 사람이 있다면 아무리 빈천한 사람일지라도 온 정성을 다해 가르쳐야 한다. 하물며 속수(束脩, 제자가 될 때에 스승에게 드리는 예물)를 받들고 공자의 문인이 된 사람에게는 말할 것도 없는 일이다.

그 가르칠 때의 태도에 관해서는 일찍이 안회가 "선생님께서는 순순히 사람을 잘 이끌어 가시며, 학문을 가지고 나의 식견을 넓혀 주시고 실천을 통해서 그 식견을 단속하게 하여 주셨다. 중도에 그만두고자 해도 그렇게 되지를 않으며 저절로 한껏 재주를 다 발휘하게 하셨다. 그래도 문득 보면 앞에 우뚝 새로운 지표를 세워 놓으시니 비록 좇아가고자 하나 끝내 좇아갈 방도가 없었다(夫子循循然善誘人 博我以文約我以禮 欲罷不能旣竭吾材 如有所立卓爾 雖欲從之末由也己——子罕)"라고 술회한 것이 있다. 안회는 물론 중도에 그만둘 의사는 없었다고 생각되지만, 자기가 그만두려고 생각해도 그만둘 수가 없도록 공자가 잘 이끌어 주었다는 것이다. 그러나 도저히 공자의 경지에는 이를 수가 없다고 탄식한 것이다. 이 순순히 사람을 잘 이끌어 간다는 것, 이것은 교육자에게는 대단히 필요한 자질이다. 공자는 일찍이 사람을 가르치는 일에 싫증을 느끼지 않는다고 한 일이 있다. 그리고 그 교육방법은 주입식이 아니라 계발적이다. 계발이라는 말은 참으로 공자에게 맞는 말이다. 제자가 분발하여 스스로 배우려는 생각이 없으면 가르쳐도 소용이 없으며, 사물의 한 귀퉁이를 들어 보였을 때에 다른 세 귀퉁이를 미루어 헤아릴 수 있는 것이 아니라면 가르쳐도 소용이 없다고 했다. 이것은 제자가 자발적으로 노력하도록 격려하는 뜻을 담고 있는 이야기이다.

공문(孔門)의 교과서라고도 할 만한 것은 주로 「시경」과 「서경」인데, 시를 읽는 경우에도 그 가르치는 방법이 여간 재미있는 것이 아니었다. 「당체(唐棣)의 화편(華偏)」이라는 시가 있다. 그 시의 의미는 "펄럭펄럭 바람에 나부끼는 아름다운 당체꽃과 같이 어여쁜 미인이 있다. 그 미인은 당신을 사모하지 않는 것은 아니지만 당신이 계신 거실이 너무도 멀기 때문에 당신 곁으로 가지를 못한다"는 것이다. 이것은 현재의 「시경」에는 없는 일시(逸詩)이며, 연가(戀歌)이다. 이것을 공자는, "아직 그것을 생각해 보지 않은 때문이다. 그것이 무엇이 그리 멀랴." 생각이 모자라는 것이다. 정말로 그것을 생각한다면 먼데 있는 것이 아니라고 풀이했다. 이것은 단장취의(斷章取義)라고 하는 것으로서 원래의 의미와는 상관없이 다른 의미로 취한 것이며, 원래의 의미는 미인을 지칭한 것을 공자는 인을 지칭한 것으로 바꾸고서 인은 참으로 훌륭하기는 하지만 너무 멀어서 손이 미치지 못한다고 하는 것은 인을 진지하게 생각하지 않기 때문이다. 결코 먼 것은 아니다. 인은 생각하기만 하면 수월하게 얻을 수가 있다. 공자는 "인이 어찌 먼 데 있으랴. 내가 인을 원하기만 하면 인은 바로 이리로 온다"고 한 일이 있다. 그런 의미로 이 시를 해석한 것이다. 그런 식으로 해석하여 모든 일을 자기의 정신수양에 도움이 되게 하였다. 그래서 공자의 문인들도 같은 해석법을 취했다. 그 예를 든다면, 자공이 "빈한하면서도 아첨하는 일이 없고, 부귀하면서도 거드름을 피우는 일이 없는 것은 어떻습니까"라고 물었는데, 공자는 그것은 그런대로 좋지만 "가난하면서도 즐기는 것만 같지 못하고, 부하면서도 예를 좋아하는 것만 같지 못하다(子貢曰 貧而無諂富而無驕何如 子曰 可也 未若貧而樂 富而好禮者也——學而)"고 했다. 그래서 자공이 "시(詩)에 이르기를 끊은 것 같으며 간 것 같고, 쫀 것 같으며 닦은 것 같다는 것이 이것을 말하는 것입니까" 하니 공자가 "사(賜)야, 비로소 너와 함께 시를 논할 수가 있구나. 과거의 이야기를 듣고 미래를 미루어 아는 자이다(子貢曰 詩云 如切如磋如琢如磨 其斯之謂與 子曰 賜也 如可與言詩已矣 告諸往而知來者 ——學而)"하고 칭찬했다. 또 자하(子夏)가 "곱게 웃는 웃음에 예쁜 입모습을 하고 눈매가 고운데도 분을 발라 화장을 한다(巧笑倩兮 美目 盼兮 素以爲絢兮 何謂也)는 시가 있는데 그것은 무슨 뜻이냐"고 물으니, 공자가 대답하기를 "그림을 그릴 때에는 먼저 바탕을 좋게 해야 하며, 채색을 하는 것은 그 다음의 일이다. 바탕 만들기는 눈에 보이지 않는 작업이다. 그러나 견실한 바탕[素]이 없이는 훌륭한 그림은 그려지지 않는다. 몸을 단장하는 일보다는 먼저 수양에 힘써서 마음의 진실됨을 근본으로 하라(繪事後素——八佾)"고 했다. 주자는 "바탕〔素〕보다 나중〔後〕에 한다"고 읽고 소질이 있는 위에다가 꾸밈(채색)을 한다고 풀이했지만, 이것은 고주(古註)의 "바탕을 나중에 한다"고 읽는 편이 온당하다. 그래서 자하는, "예는 나중인가"라고 했다. 미인이 천성의 아름다운 바탕이 있는 데다가 화장을 하는 것과 마찬가지로, 타고난 충신스러움이 있고 그것을 꾸미는 데에 예의를 가지고 한다는 것이 아닐까 하고 애석해했다. 공자가 감탄하여, "나를 일으킬 사람은 자하로다. 가히 처음으로 함께 시를 논할 만하구나(起予者商也 始可與言 詩已矣——八佾)"라고 칭찬했다. 공자는, "세 사람이 같이 가면 그 가운데에 반드시 나의 스승될 만한 사람이 있는 것이니, 좋은 것은 가려내어 따르고 좋지 않은 것은 거울삼아 고치도록 하라(三人行必有我 師焉 擇其善者而從之其不善者而改之——述而)"고 가르쳤다. 그리고 "자기보다 훌륭한 사람과 접하게 되면 부러워하거나 시샘하는 마음을 버리고 그 사람처럼 되겠다고 마음에 목표를 세워야 한다. 자기보다 모자라는 사람이나 어리석은 사람과 접할 때에는 그 사람을 자기의 반성자료로 삼는 것이 좋다. 그렇게 한다면 나만 못한 사람도 나의 스승으로 삼을 수가 있는 것이다(見賢思齊焉 見不賢而內自省也——里仁)"라고 가르쳤으니 공자의 문인들은 사회에 나서서 도처에서 스승들을 찾아냈을 것이다.

교육의 목적은 물론 인이다. 사람이 사람답게 되는 것을 목적으로 하면서 인격을 양성하는 것이 목적이지만, 공자는 같은 틀에 넣어서 누구누구 할 것 없이 모두 같은 사람으로 만들어 버리려고 하는 것은 아니다. 사람 사람의 장점을 보고 각기 그 장점을 발휘할 수 있게 하고자 했다. 예를 들면 효를 여러 문인들이 물었을 때에 공자의 대답은 언제나 달랐으며, 사람들의 장점·단점에 어울리는 대답을 했던 것이다. 인을 물었을 때에도 대답은 여러 가지로 달랐다. 특히 현저한 예는, 자로(子路)와 염유(冉有) 두 사람이 "들은 대로 행하면 되겠습니까"하고 물었을 때에 공자는 자로에게는 "부형(父兄)이 계시니 들은 대로 해서는 좋지 않으며 일단 부형에게 여쭤 보아야 한다"고 대답했고, 염유에게는 "들은 대로 해야 한다"고 대답했다. 이들 두 사람에 대한 대답이 정반대이다. 원래 자로라는 사람은 용기가 있고 무슨 일이나 바로 행동으로 옮겨 버리기 때문에 부형이 계시다고 했고, 염유는 어느 편이냐 하면 주저하는 성품의 사람이었기 때문에 들은 대로 하라고 권장한 것이다. 이것은 그 사람의 성질에 맞춰서 펼친 가르침이다. 즉, 공자의 교육은 계발주의여서 사람을 같은 모형에 넣지를 않고 그 사람의 장점을 찾아내어서 그것을 발달시킨다는 방법이었던 것이다.

제5절 정치설

공자 당시의 세상은 난세였고 명교[名教, 명분에 관한 가르침. 인륜의 가르침. 도덕상의 가르침. 유교에서는 군신·부자·인·의·예·지 등의 명목을 세우고 그것을 바로잡는 것을 위주로 했기 때문에 유교라는 별명이 붙었다. 위(魏)·진(晉)시대의 노장(老莊)의 무명(無名)의 가르침과 대칭적으로 사용되었다]는 땅에 떨어진 시대였다. 공자는 어떻게든지 세상을 바로 잡아 보겠다는 뜻을 가지고 있었으니, 학문을 하여 덕을 닦은 것도,

제자를 교육하여 인재를 양성한 것도, 천하를 주유한 것도 모두 그 때문이었다. 요순은 공자가 이상으로 여기는 위인이었지만 연대가 너무 떨어져서 그 상세한 치적은 잘 알 수가 없었다. 주나라만은 잘 알고 있었고, 하(夏)·은(殷) 2대와 비교해 보아도 예악형정(禮樂刑政)은 주나라가 가장 정돈되어 있었기 때문에, 공자는 "주(周)는 2대에 견주어 보아도 찬란하고 찬란하도다. 나는 주나라를 따르련다"고 했다. 즉, 공자는 끊임없이 주공을 꿈에서 보았고 주공을 배울 뜻이 있었으나 만년에 이르러 도저히 도가 시행되지 않은 것을 보았고, 또 주공을 꿈에서 보는 일도 없어졌기 때문에 "매우 심하구나. 나의 쇠약해졌음이"하고 한탄했다. 그러나 하늘을 원망하지 않았고 남을 탓하지 않았으며 천명에 순응했다. 「논어」의 첫장에는 "남이 나를 알아 주지 않는다고 하여 노여워해서는 안 된다"고 했고, 또 「논어」의 권말에는 "천명을 알지 못하면 군자라고 할 수가 없다"고 했다. 이것은 공자가 유유자적안심입명(悠悠自適安心立命)의 경지에 이르렀음을 말한 것이다.

원래 천하치평(天下治平)의 근본은 인군의 한 몸에 있다. 일신을 수양하고 집안을 정돈한 뒤에 나라를 다스리면 천하가 태평하게 된다. 이것이 공자의 주의주장이다. 이런 생각이 요순 이래의 사상이라는 것은 앞에서 이야기한 것과 같다. 공자는 "정(政)은 정(正)이니, 먼저 자기의 일신을 바르게 한 뒤에야 남을 바르게 할 수가 있다"고 했고, 혹은 "그 몸이 바르면 명령이 없어도 저절로 시행되고 그 몸이 바르지 못하면 명령을 내려도 시행되지 않는다"고도 했다. 또 "자기의 몸이 바르다면 시정을 펴는 데에 무슨 일이 있겠느냐"고도 했고, 또는 "군자의 덕은 바람과 같은 것이고 소인의 덕은 풀과 같은 것이다. 풀에 바람이 불면 풀은 반드시 엎드린다"고도 했다. 그래서 천하를 다스리려면 인군은 덕정(德政)을 베풀어야 하는 것이다. 일설에 의하면 이렇다. "정치는 법률이나 규칙만 가지고 할 것이 아니라 덕을 가지고 해야 한다. 그렇게 하면 부동의 북극성에 뭇별들이 서로 마주 보면서 따르듯이 백성은 그 덕을 따라가고 위정자를 따라갈 것이다(爲政以德

譬如北辰居其所而 衆星共之——爲政)." 북극성이 그 자리에 움직이지
않고 있으면 뭇별들이 빙글빙글 돌면서 그에 따르듯이 덕을 가지고
정치를 하면 민심이 귀복(歸服)된다는 것이다. 그 무렵에는 천문학이
충분히 발달하지 않아 천동설이 믿어지고 있었기 때문에 북극성만이
움직이지 않고 있고 그 밖의 모든 별들은 움직이고 있다고 생각하여서
이런 비유를 사용한 것이다. 오늘날의 천문학의 지식과는 반대되는
것이지만 말을 가지고 뜻을 해할 것은 없는 일이다. "형벌을 가지고
백성을 다스리면 백성은 형벌이나 면하면 된다고 생각하게 되어 부끄
러워할 줄을 모르게 된다. 덕과 예를 가지고 다스리면 백성들은 부끄
러워할 줄도 알게 되고 또 바르게도 된다(道之以政 齊之以刑 民免而無恥
道之以德 齊之以禮 有恥且格——爲政)"고도 했다. 이와 같이 공자는
덕치주의를 중시했다. 만약 현대에 덕치주의를 주장한다면 법학자는
물론이고 대다수 사람들도 그것을 물정에 어두운 소리라고 하고 법치
주의가 아니면 안 된다고 할 것이다. 과연 인군 가운데에 현명한 사람
이 있고, 또 보좌하는 신하에 충량(忠良)한 사람이 있다면 덕치주의를
가지고도 잘 다스려지겠지만, 세상에 시종 성인이나 현인이 계속해서
나온다는 법은 없다. 대체적으로 평범한 사람이 많고 평범한 사람이
천하를 다스린다면 덕치주의를 가지고 시정을 펴려다가는 큰 잘못을
저지르게 될는지도 모른다. 따라서 법률이 필요하다. 요순시대에도
역시 법률은 있었다. 순(舜)의 신하인 고요(皐陶)는, 육상산(陸象山)
등이 당우(唐虞) 시절에도 도는 고요에게 있었다고 할 정도인데도,
막상 자신이 천하를 다스릴 때에도 역시 오전(五典)·오례(五禮)와 오형
(五刑)을 가지고 했던 것이다. 주공 같은 사람도 법률을 제정했었으
니, 덕치주의라고는 해도 법률을 모두 불필요하다고 하는 것은 아니
다. 이른바 법치론자가 그저 법률의 명문에만 집착하여 예컨대 신한
(申韓) 같은 사람들처럼 참혹·각박하거나 법률 만능을 주장하는 사람
들을 비난한 것이라고 생각된다.

　그래서 공자는 예양(禮讓)을 가지고 나라를 다스려야 한다고 한
것이다. 공자는 주나라의 제도문물을 평하여 찬란하고 다채롭다고

칭찬할 정도였으니, 대체적으로 보아서 공자는 주나라의 제도를 취하고 있었던 것이 분명하지만 당시에 이미 주나라의 예악형정(禮樂刑政)은 쇠퇴하여 시행되지 않고 있었고, 또 당시에는 다소 부적당한 면도 있었기 때문에 공자는 예악을 개정해 보려는 생각을 가지고 있었던 것이다(예악은 예절과 음악을 말하는데, 중국에서는 고대부터 예는 사회의 질서를 바로잡게 하고 악은 사람의 마음을 순화시키는 것이라고 하여 중시했으며 주된 교과목으로 삼았다). 제자가 "십세(十世)는 알아야 합니까" 하고 물었을 때에 공자는 은나라는 하나라의 예에 의거했고, 주나라는 은나라의 예에 의거하여 첨삭한 것이니, 이어서 일어나는 나라는 반드시 주나라의 예를 참작해야 할 것이며, 백세(百世)라고 할지라도 알아야 한다고 대답했다. 공자가 개정작업을 한 대요(大要)는 예를 들면, 역(曆)은 하나라의 역을 따랐고, 거(車)는 은나라의 거가 좋고, 관(冠)은 주나라의 관이 좋다고 했으며, 음악은 순(舜)의 음악이 좋다고 한 것을 미루어 보아서 알 수가 있다. 역(曆)은 하·은·주 3대에 각각 변경되었다. 하나라의 역은 최근까지도 병용되었던 태음력(太陰曆)이다. 은나라의 역은 거의 태양력(太陽曆)과 동일하고, 태음력의 12월을 정월(正月)로 한 것이었다. 주나라의 역은 태음력의 11월을 정월로 했다. 그렇기 때문에 농업을 나라의 근본으로 치고 있는 중국에서는 하나라의 역이 가장 절기와 잘 맞았다. 거와 관도 각각 공자가 채용할 만한 이유가 있었다고 생각된다. 순의 음악은 소(昭)라고 하는데, 공자는 순의 음악을 배우고 석 달 동안이나 고기 맛을 잊었었다고 할 정도이니 꽤 좋은 음악이었던 것으로 생각된다.

공자는 예를 중시했고 특히 대의명분에 엄했다고 이야기된다. 공자가 위(衛)에 이르렀을 때 자로(子路)가 "만약 선생이 위나라를 다스린다면 우선 무엇부터 하시겠느냐"고 묻자 공자는 "첫째로 명분을 바로세워야 한다"고 말했다. 노나라의 사구(司寇)가 되었을 때에 3가(三家)의 거성(居城)을 헐고 공실(公室)을 강화하려고 한 일이라든지, 노나라의 대부인 계(季) 씨가 천자의 예를 본떠서 팔일무(八佾舞)를 잔치에 이용했을 때에, "이 꼴을 참고 볼 수 있다면 무슨 일인들 참고 못 보랴"라고 한 일 등은 모두 이런 사상에서 나온 것이다. 공자는 마침내 뜻을 천하에 펴지를 못했고, 만년에는 노나라의 「춘추」를 첨삭했다. 「춘추」는 "일통(一統)을 중시한다"고 하여서 천자를 높이고 제후(諸侯)의 참칭(僭稱)을 배척했으며, 신자(臣子)의 불충불효를 문책단죄한 것이며, 맹자에서 이른바 "공자, 「춘추」를 지어서 난신적자(亂臣賊子)로 하여금 모두 떨게 하였다"고 한 것이 이것이다. 예로부터 중국 민족이 가지고 있었던 민주주의 혁명사상과는 크게 차이가 나며, 공자는 특별히 존왕(尊王)을 주장했다. 그 까닭은 대체로 하후(夏后)씨 이래로 세습풍조가 일어나고 존왕설(尊王說)도 점차로 왕성하게 되었으며, 공자 이전에 상당한 수의 대의명분론자들이 출현했고, 그리고 공자 자신의 충순(忠順)한 성격에 있다고 생각된다. 같은 유교일지라도 맹자에 이르러서는 크게 달라졌다. 천자도 민심을 얻고 있을 때라야 천자이지 이반(離反)하면 독부(獨夫)이며 필부(匹夫)이다. "독부 주(紂)를 주살한 것이라고 들었지, 인군을 시해(弑害)한 것이라고는 듣지 않았다"고 했고, 또 "백성이 제일 귀하며, 그 다음이 사직(社稷)이고, 그 다음이 군(君)이다"라고 하였으니 상당히 민주주의적이다.

공자는 백성을 다스리려면 먼저 백성을 넉넉하게 살게 만들고, 그런 다음에 병력을 키우고, 그러고 나서 가르쳐야 한다고 했다. 따라서 위에 있는 사람은 사치를 금하여 조세를 가볍게 하고, 백성을 동원할 일이 있어도 농번기는 피해서 해야 하며 민력을 휴양시켜야 한다고 했다. 천하는 넓어 혼자서는 통치할 수가 없으니, 반드시 현량한 신하를 등용시켜 써야 한다. 그리고 인물을 얻으려면 널리 일반의 현명한 사람을 혼자서 다 알 수는 없으니, 우선 자기가 아는 현명한 사람을 등용시켜서 쓰도록 하는 것이다. 그러면 사람은 유유상종한다는 말처럼 현명한 사람 주변에는 현명한 사람이 모이게 마련이니 현명한 사람을 모아서 쓸 수가 있는 것이다.

제6절 종교관

공자가 가르치는 것은 실천윤리이다. 그가 교설하는 것은 경세제민(經世濟民)이다. 고매한 철리(哲理), 현묘한 종교를 논하는 일은 공자가 의도하는 바가 아니다. 공자의 특색은 공자 이전의 미신적 생활을 타파하고 사람으로 하여금 도덕적 생활을 하게 만든 점에 있다. 그러나 공자의 교설에는 전혀 종교적 색채가 없다고 하는 사람이 있다면 그것은 너무 성급한 판단이다.

공자 이전부터 중국 민족은 예로부터 하늘에 대한 신앙과 영혼불멸의 사상을 가지고 있었다. 이른바 귀(鬼)는 그 불멸의 영혼에 이름붙인 것이고, 황천상제(皇天上帝)는 하늘을 인격화한 명칭이다. 공자 역시 영혼불멸의 생각을 가지고 있었다. "그 귀가 아닌데 제사를 지내는 것은 아첨이다"라고 하여, 자기의 조상이 아닌 대상을 제사 지내는 것은 행복을 요행으로 바라는 아첨하는 마음에서 나오는 것이어서 공자가 용납하는 바가 아니었지만 그 귀, 즉 자기 조상의 영혼을 제사 지내는 일은 공자가 적극 권장한 일이었다. "제사를 모실 때에는 마치 거기에 계신 것처럼 하고, 신을 모실 때에는 마치 거기에 계신 것처럼 하라. 마치 그 자리에 와 계신 것처럼 공손하게 모시는 기분으로 해야지 단순한 형식으로 끝내서는 안 된다(祭如在 祭神如神在)"라고 하고, 대우(大禹)를 일컬어 간연(間然, 결점을 지적하여 비난하는 일)할 것이 없다고 하는 이유의 하나로 효(孝)를 귀신에게 바치고 제복(祭服)을 깨끗하게 할 것을 권장한 일을 든 것을 보아도 그 영혼불멸성을 승인한 것을 알 수가 있다. 그러나 공자는 미래관에 관해서는 명쾌한 의견을 말한 일이 없다. 자로(子路, 계로의 착오인 듯)의 질문에 답하여, "아직 현실의 인간을 섬기는 법도 잘 모르는 사람이 어떻게 귀신을 섬기는 제사를 잘 치를 수 있으랴. 귀신을 섬기기에 앞서서 우선 사람을 섬기는 법을 알라. 아직 살아 있는 인간의 도조차 모르는 사람이 어찌 인간이 죽은 뒤에 일을 알랴. 죽음을 알려고 하기에 앞서 우선 삶을 알라(未能事人 焉能事鬼 未知生焉知死——先進)"라고 한 것은 우리가 급무(急務)로 해야 할 일은 오히려 현세의 일이지 미래의 일을 논할 겨를은 없다고 한 것이기 때문에 공자가 미래관을 가지고 있지 않았었다고 단정하기에는 비록 이르지만, 적어도 자로쯤 되는 인물이라면 현세의 일에 더 마음을 써야 한다는 뜻으로 한 말인 것 같다. 십철(十哲)의 한 사람인 자로가 그런 정도라면 공자 학원에서는 생사 문제에 깊이 파고 들어가는 일은 피했다고 해야 옳을 것이다.

그렇지만 공자의 교학은 하늘에 대한 신앙을 기초로 삼고 있는 것이다. 「시경」·「서경」은 공자 학원의 교과서였으니까 「시」, 「서」에서 볼 수 있는 하늘〔天〕 사상, 즉 앞의 서론에서 이야기한 사상은 대체로 공자가 준봉(遵奉)한 사상이라고 해도 좋을 것이다. 자공도 "공자께서 성(性)과 천도(天道)를 말씀하시는 것을 들은 일이 없다"고 하니, 공자가 함부로 천도를 말하지 않은 것은 사실이지만 기회가 있으면 천명을 이야기하고 경건한 정을 술회했다. "군자에게는 세 가지의 두려워해야 할 일이 있다(君子有三畏――季氏)"라고 하고, 그 첫째로 천명을 두려워해야 한다고 했는데, 여기서 두려워해야 한다는 것은 물론 외경(畏敬)을 뜻하는 것이다. 소인(小人)은 천명을 외경해야 할 것을 모르지만, 군자는 천명을 알기 때문에 그 천명을 외경하는 것이다. 공자도 "50대에 이르러 나는 비로소 천명을 알았다. 인간이 겪는 길흉화복(吉凶禍福), 그것이 피할 수 없는 일이라는 것을 나는 깨달았다. 동시에 나는 이 세상을 구제할 사명을 하늘로부터 부여받았다는 것을 자각했다(五十而知天命――爲政)." 사실 공자는 50세를 경계로 하여서 수양의 시기에서 활동의 시기로 들어갔다. "사람의 삶도 죽음도 부귀와 귀천도 천명에 말미암은 것이어서 개인으로서는 어떻게 할 수가 없는 것이다(死生有命 富貴在天――顏淵)"라고도 했고 도의 흥폐는 명(命)이라고도 했고, "길흉화복이 찾아오는 것은 반드시 그 사람이 행한 행위의 선악과 일치되는 것은 아니다. 불행한 일을 당했다고 하여서 그것을 일일이 원망하거나 슬퍼하고 갈팡질팡하는 것은 천명을 알지 못하는 사람이 하는 것이지 도저히 군자가 할 짓이 아니다. 또 사람에게는 하늘에서 주어진 사명, 덕명이 있다. 그런 자각이 없는 사람도 마찬가

지로 군자로서의 자격이 없는 것이다(不知命無 以爲君子也——堯曰)"라
고도 했다.

하늘은 전지전능하여 속일 수가 없고 하계를 두루 내려다보면서
상벌을 저울질하며, 하늘의 뜻이 있는 곳에서는 인력을 가지고는 어떻
게 해 볼 수 없는 바가 있다. 송나라의 사마(司馬)인 환퇴(桓魋)에게
서 박해를 당하게 되자, "나는 세상인심을 구제하라는 대사명을 하늘
에서 부여받고 있다. 이 같은 사명을 가지고 있는 나를 일개 무뢰배인
환퇴가 어떻게 할 수 있다는 말인가(天生德於予 桓魋其如予何——述
而)", 또 광인(匡人)의 난을 당하자, "하늘이 아직 이 문(文)을 없애지
않았으니 광땅의 사람들이 나를 어찌하랴(天之未喪斯文也 匡人其如予
何——子罕)"라고 했다. 이 문장에 나오는 '문'자를 어떻게 해석하느냐
에 따라서 문장 전체의 해석이 크게 달라진다. '문'자를 문왕(文王)이
남긴 글을 말하는 것이라고 보면, '문왕이 남긴 글을 이 내(공자)가
아직 가지고 있어 하늘의 뜻이 내게서 떠나지 않았다는 증거이니 광땅
사람들이 나를 해하지 못할 것이라는 이야기이고, 또 한 가지 해석은
하늘 뜻(천명)이라면 어쩔 수 없는 일이지만 하늘의 뜻(천명)이 내
안에 살아 있는 문(성인의 도)을 소멸시키려 하는 것이 아니라면 아무
리 난폭한 광땅의 사람들이라고 해도 나를 해치지는 못할 것이다'라는
말이 된다. 그야말로 하늘의 뜻이 있는 곳에서는 인력이 어떻게 할
수 없다는 것을 증거함과 동시에, 공자의 천명에 대한 굳은 신념을
보여 주는 증거가 된다고 생각한다.

공자는 마침내 하늘에 준거하는(본받는) 경지에 달했다. 요를 추칭
(推稱)하여, "크도다! 요의 임금됨이여! 높고 크도다. 오직 하늘만이
그토록 클 수 있고 오직 요임금만이 하늘이 높고 큼을 본받았으니
(大哉 堯之爲君也 巍巍乎 唯天爲大唯堯則之——泰伯)"라고 한 것은 참으
로 공자다운 말인데, 전에 공자는 "나는 말하고 싶지 않도다"라고도
했고, 자공이 "선생님께서 만약 말씀을 아니하신다면 나는 무엇을
배워야 하겠습니까"하니, "하늘이 무슨 말을 하더냐. 하늘은 무언이
아니더냐. 하지만 춘하추동은 쉼 없이 운행되고 그 어간에서 온갖

생물은 화육(化育)의 은택을 받고 있는 것이 아니더냐"라고 한 것은 참으로 공자의 어묵운위(語黙云爲), 모두 하늘에 준거하고 있는 뜻을 말한 것이라고 해야 할 것이다.

요컨대 공자는 하늘을 알고 하늘을 외경했으며, 하늘을 믿어 의심치 않았고, 마침내는 일언일행을 하늘에 준거하는 경지에 이르렀다. 이런 점에 있어 공자의 종교관은 전혀 비난받을 바가 없다고 해야 할 것이다.

제7절 결론

세상 사람들은 왕왕 공자는 외길로 옛것에 집착하는 보수주의자라 한다. 후세에 중국 문명의 씻을 수 없는 죄는 공자에게 있다고 비난하는 사람도 있다. 이것은 큰 오류이다. 공자는 스스로 "무턱대고 자설(自說)을 내세우지 않는다. 그저 선현을 존중하고 그 바른 사상을 기술하여 전할 뿐이다. 옛 성현의 가르침에 의문을 제기하지 않으면 고인의 도를 좋아해 그것을 찾아내 존중하며 오늘날의 자기를 깊게 반성한다(述而不作 信而好古——述而)"라고 했고, 또 「중용」에도 "중니(仲尼)는 요순을 조술(祖述)하고 문무(文武)를 헌장(憲章)한다"고 기술되어 있기는 하지만 공자는 결코 옛것을 맹신하는 사람은 아니다. 앞에서도 이야기한 것처럼 역(曆)이라든가, 거마(車馬)라든가, 의복이라든가 예악형정(禮樂刑政) 같은 것에 대해서도 모두 그 좋은 점을 좇아서 참작한다는 생각은 끊임없이 있다. 또 "마면(麻冕, 마포로 만든 관)은 예이기는 하지만 이제는 실〔絲〕은 검소한 것을 쓰니 나는 세속을 따르련다"고 하였으니, 옛것이기만 하면 좋다는 것이 아니라 당시의 습속일지라도 합당한 것은 채용한 것이다. 혹은 또 "무슨 일에 있어서나 과거를 더듬어 보고 그것을 충분히 소화하여 미래에 대한 새로운 사고, 연구 시행 방법을 찾아내야 한다. 현재는 과거가 없이는 존재하지 않는다. 그러나 과거에만 집착하고 있으면 새로운 세계는 열리지 않는다. 반면에 과거를 무시하고 새로운 것만 추구하는 것도 실패를 자초하게 되어 잘못된 일이기는 마찬가지이다. 그러나 온고이지신(溫故而知新)하면 가히 스승이 될 수 있다(溫故而知新 可以爲師矣——爲政)"라고 하였으니, 결코 옛것만을 숭배한 것은 아니다. 그래서 맹자는 공자를 평하여 "공자는 시의적절함의 도를 터득한 사람, 즉 완급 출처 진퇴에 있어 모두 그 때를 잘 가릴 줄 아는 형의 성인이다(孔子聖之時者也——萬章下)"라고도 했다. 중국인의 보수주의적인 측면을 공자의 죄로 돌리는 것은 결코 온당한 일이 아니다. 부처가 나온 후에 부처 없고, 예수가 나온 후에 예수 없으며, 공자 이후에 공자 없으니, 공자는 천종(天縱)의 성인이요 만세의 사표(師表)이다. 공자의 일언일행은 모조리 후세인의 모범이라는 생각에서 숭배하는 마음이 넘쳐나 중국사상계에 하나의 교권이 성립되게 되었으며, 편언쌍구(片言雙句)라도 공자의 언행이라면 곧이곧대로 시행하여 거역할 줄 모른다는 데에서 보수적으로 된 경향은 있을 것이다. 그러나 그것이 공자의 죄는 아니다.

공자는 말할 것도 없이 세계 3대 성인의 한 사람이다. 그러나 공자는 결코 인간 이상의 신(神)도 아니며, 부처도 아니고, 그저 인간일 뿐이다. 공자는 열다섯 살에 학문에 뜻을 두기 시작하였고, 70세에 이르러 마음대로 하여도 사회의 규준에서 벗어나는 일이 없는 경지에 이르렀으니, 해마다 차츰 발전된 것이지 결코 타고난 성인은 아니다. 만약 공자가 타고난 성인이어서 아무리 학문을 해도 우리가 미칠 수 없는 것이라면 우리는 공자를 모범으로 삼을 수는 없을 것이다. 공자는 역시 보통 인간이고, 수양을 쌓은 결과 점점 훌륭하게 된 것이기 때문에 우리도 공자를 이상으로 삼아서 배울 수가 있는 것이다. 공자를 타고난 성인이라고 하는 것은 공자를 숭배한 데서 생긴 말일 것이다. 그러나 공자가 수양의 결과로 성인이 될 수 있었다고 하는 것은 도리어 공자의 위대성을 증대시키는 일이 되며, 한층 더 공자를 존숭하는 결과가 되고, 또 그것이 온당한 견해이다.

제4장 공문(孔門)의 제자(諸子)

제1절 총설

공자의 문인 3천 명 가운데에서 육예(六藝)에 통달한 사람은 72명, 그 가운데에서도 가장 걸출한 사람은 이른바 사과십철(四科十哲)이다.

> 덕행(德行): 안연(顏淵)·민자건(閔子騫)·염백우(冉伯牛)·중궁(仲弓)
> 정사(政事): 염유(冉有)·계로(季路)
> 언어(言語): 재아(宰我)·자공(子貢)
> 문학(文學): 자유(子游)·자하(子夏)

「공총자(孔叢子)」에서는 안연·자공·자로와 자장(子張)을 사우(四友)라고 했고, 「시자(尸子)」에서는 안연·염백우·자로·재아·자공과 공서화(公西華)를 육시(六侍)라고 한다. 이 밖에도 자장·증삼·유약(有若) 등은 모두 걸출한 사람이다. 그 가운데서도 안연은 후세에 아성(亞聖)이라고 불릴 만큼 뛰어난 사람이지만 공자보다 먼저 세상을 떠났기 때문에 별로 학설이라고 할 만한 것이 없다. 공자가 세상을 떠난 후 제자들은 곳곳으로 흩어져 유교를 전파했는데 그 경향은 증삼·자사와 맹가(孟軻)의 주관파와, 염옹(冉雍)·자하·순자(荀子)의 객관파 둘로 나뉜다. 객관파의 대표인 순자를 제6장에서 논하기로 하고, 이 장에서는 증삼, 「효경」과 「대학」 3개항을 논하고 자사와 맹가는 장을 바꿔서 논하기로 한다.

제2절 증삼(曾參)

공자는 증삼을 노둔(魯鈍)하다고 비평했었지만, 노력을 한 결과로 공자의 전(傳)을 얻은 사람은 실로 증자(曾子)이다. 공자가 일찍이 증자에게 "나의 도는 하나를 가지고 관통한다"고 했을 때에 증자는 "네"라고 대답한 일이 있다. 자공이 명민하면서도 일관한다는 말의 뜻을 풀지 못했는데도 증자가 언하에 깨달은 것을 보면 증자는 결코 노둔한 사람이 아니다. 그가 "나는 하루 세 번 나를 반성해 본다. 남을 위해 마음도 써주고 의논 상대도 되는 데 있어서 정말로 진심을 다했는지, 친구·지인들과 교류를 하는 데 있어서 신의(信義)를 지킴에 부족함이 없었는지, 확실하게 습득하고 체득하지도 못한 것을 필요 이상으로 아는 체하고 옮기지는 않았는지(吾日三省吾身 爲人謀而不忠乎 與朋友交而不信乎 傳不習乎——學而)"라고 한 것을 보면 그는 근직(謹直)한 사람이라고 생각된다. 그의 말에는 명언이 아주 많다. "선비된 자는 도량은 한없이 넓어야 하고 의지는 한없이 굳세어야 한다. 그 임무(仁道를 세상에 펼칠 임무)는 막중하고 그 전도는 아득하기 때문이다. 그런 각오를 가지고 사명감에 투철해야 한다. 죽어서야 비로소 임무가 끝나니 죽을 때까지는 자기의 임무에 정진해야 하는 것이다(士不可以不弘毅 任重而道遠 仁以爲己任不亦重乎 死而後已不亦遠乎——泰伯)"라고도 했고, 또 "내가 죽기라도 하면 고아가 될 연소한[14, 5세] 내 자식을 안심하고 믿고 맡길 만하며, 일국의 사자(使者)로서 그 사명을 안심하고 맡길 수 있으며, 생명이 위협받는 중대한 장면을 당해도 그 지조를 빼앗기지 않을 만큼 의연한 사람이 되어라. 그런 사람이야말로 군자다운 사람이다(可以託六尺之孤 可以寄百里之命 臨大節而不可奪也 君子人與君子人也——泰伯)"라고 한 말 같은 것은 의연하여 빼앗을 수 없는 측면이 있다는 것을 엿보이게 한다. 그는 효성이 지극했던 것으로 유명하다. 그가 죽음을 맞게 되는 자리에서 부모에게서 물려받은 신체를 손상시키지 않은 것을 기뻐했다거나 부모를 잘 섬겼다는 설화는 「논어」, 「맹자」, 「한시외전(韓詩外傳)」, 「설원(說苑), 「신서(新

序)」 등에 보인다. 「대대례(大戴禮)」 속에 있는 증자(曾子) 십편(十篇)
에 의하면, 그가 효에 관해 논하는 대목에서 공자의 효론(孝論)을 부연
했고 자식으로서 아버지를 섬기는 길은 복종·애경(愛敬)·양지(養志,
어버이의 마음을 즐겁게 해드림)와 미간(微諫, 넌지시 간하다)의 사도
(四道)가 있다고 했고, 나아가서는 효를 왕공(王公)·대부(大父)·사서인
(士庶人) 등으로 구분해서 설명했으며, 효를 백행(百行)의 근본이라고
했고, 마침내는 효에 형이상학적인 의의를 더하여 "효는 천하의 대경
(大經)이며 천지에 가득 찼고 사해(四海)에 가로놓였다"고까지 했다.

제3절 효경(孝經)

「효경」은 공자가 잠시 한거(閑居)할 때에 증자에게 구술한 것을
기록한 것으로 되어 있다. 그러나 「효경」은 증자의 제자 손으로 이루
어진 것이어서 「효경」에 기술되어 있는 것은 증자의 설과 부절(符節)
을 맞추기 위해 한층 질서적이다. 그 대요를 살펴보면, 효는 인성에
필연적으로 구비되어 있다. 즉 부자의 도는 천성이라는 말이다. 이것은
종래에 효의 필요성을 이야기할 때에 보은(報恩)만을 가지고 한 것에
비하면 훨씬 의의가 있는 것이라고 생각된다.

「효경」에서는 공자·증자와 마찬가지로 효에는 복종·애경·봉양과
간쟁(諫諍)의 4도가 있다는 것을 이야기한다. 다만 공자와 증자는 부모
의 봉양에는 그 뜻(志)을 길러(養) 드려야 한다고 했지만, 「효경」에서
는 봉양은 말하면서도 양지(養志)는 언급을 하지 않는다. 또 공자는
기간(幾諫)이라고 하고 증자는 미간(微諫)이라고 했건만 「효경」에는
간쟁(諫諍)이라고 나온다. 천자에게 쟁신(爭臣, 군주의 잘못을 간하는
신하) 7인, 제후에게 쟁신 5인, 대부(大夫)에게 쟁신 3인, 선비(士)에게
쟁우(爭友), 아버지에게 쟁자(爭子)가 있으면 잘못되는 일이 없다. 신자
(臣子)로서는 반드시 쟁(爭, 간하다)해야 한다는 것이다. 이것은 공증이
자(孔曾二子)의 말에 비하면 꽤나 규각(圭角, 모가 나 서로 맞지 않는

점)이 있고 어폐가 있는 말이라고 생각된다. 「효경」에서는 또 증자와
마찬가지로 부모의 유체(遺體)를 상처 입혀서는 안 된다고 했고, 특히
천자·제후·경대부(卿大夫)·사(士)·서인(庶人) 5장으로 나누어서 효를
자세하게 설명했다. 그리고 조상의 제사를 중시하고 있는 점은 특히
주의해야 할 것이다. 원래 중국 사람은 후사가 없는 것을 불효 중에서
도 가장 으뜸으로 친다. 왜냐하면 사람이 죽으면 귀신이 되는데 그
귀신, 즉 조상의 귀신은 오로지 그 자손이 드리는 제사가 아니면 그것
을 받아들이지 않기 때문에 후사, 즉 자손이 끊기면 조상은 제사를
받지 못하는 귀신이 되기 때문이다. 이런 이유로 하여서 「효경」에서는
특히 조상의 제사를 중시하는 것이다. 「효경」에서는 효를 또 백행의
근본이라고 했고, 효를 가지고 임금을 섬기면 충이 된다고 하여 충효
일치를 주장했으며, 한걸음 더 나아가서 "효는 하늘의 경(經, 도리)이고
땅의 의(誼, 도리)이며 백성의 행(行)이니 천지를 도리로 삼고 백성이
그에 따른다" 운운하면서 대단히 광대한 형이상학적 의의를 추가했
다. 요컨대 「효경」이 예로부터 크게 중시되어 온 것은 중국이 가족주
의를 가지고 나라를 세우고 있기 때문인 것이다.

제4절 대학(大學)

「대학」은 대학교육의 요령을 기술한 것이다. 원래 「예기」 속의 1
편이었던 것을 당나라의 한유(韓愈), 송나라의 이정자(二程子) 등이
가려내었었는데, 주자 이후에 이르러 「논어」·「맹자」·「중용」과 함께
사서(四書)로 일컬어지면서 널리 천하에 읽히게 된 것이다. 저자는
고규(賈逵)의 설에서는 자사(子思)의 저작이라 하고, 주자는 증자의
저작이라고 하는데 모두 믿기가 어렵다. 전국시대(戰國時代)의 공문제
자들의 제자(弟子)의 저작일 것이다.

1. 삼강령 팔조목(三綱領八條目)

「대학」에는 삼강령(三綱領)이라는 것이 있다. 즉, 책을 열면 첫머리에 "대학의 도는 명덕을 밝히는 데에 있으며, 백성을 새롭게 하는 데에 있고, 그리하여 지극한 선(善)에 머물게 하는 데에 있다(大學之道 在明明德 在新民 在止於至善——經文)." 대인(大人), 즉 군자의 학이 목적으로 하는 것은, 첫째는 하늘에서 받은 덕성 즉 양심을 훌륭하게 갈고 닦는 일이며, 둘째는 그 덕성을 자기 혼자만 갈고 닦는 데서 머물지 말고 그것을 넓혀서 세상 사람들로 하여금 어제보다는 오늘, 오늘보다는 내일에 덕성이 더 닦여지게 하는 데에 있으며, 셋째는 이들 두 가지 항목을 지고지선(至高至善)한 지위에 있게 하는 것, 이것이 대학의 진정한 목적이라고 한 것이다. 다음에 팔조목(八條目)이란, 격물(格物)·치지(致知)·성의·정심(正心)·수신·제가·치국·평천하를 말하는 것이다. 이 문장은 「대학」의 취지를 설명하는 것이기 때문에 다소 길지만 인용하기로 한다.

옛날에 명덕(明德)이 천하에 두루 시행되었으면 하고 바란 사람은 먼저 그 나라를 다스렸다. 그 나라를 다스렸으면 하고 바란 사람은 그에 앞서서 먼저 자기의 집안을 바로잡았다. 자기의 집안을 바로잡고자 한 사람은 그에 앞서서 먼저 자기의 몸을 바르게 정돈했다. 자기의 몸을 바르게 정돈하려는 사람은 그에 앞서서 먼저 자기의 마음을 바르게 했다. 자기의 마음을 바르게 하고자 한 사람은 그에 앞서서 먼저 자기의 뜻(의식)을 참되게 했다. 자기의 뜻을 참되게 하고자 한 사람은 그에 앞서서 먼저 자기의 앎(知)을 철저하게 했다. 앎을 철저하게 하려면 사물과 직접 접촉하여 그 속에 흐르고 있는 천리를 깨달아야 한다. 천리를 깨달은 뒤에야 철저하게 알게 되고, 철저하게 알게 된 뒤에야 뜻(의식)이 참되게 되고, 뜻이 참되게 된 뒤에야 마음이 바르게 되며, 마음이 바르게 된 뒤에야 몸이 바르게 정돈된다. 몸이 바르게 정돈된 뒤에야 자기의 집안이 바로잡히고, 집안이 바로잡힌 뒤에야 나라가 다스려지며 나라가 다스려진 뒤에야 천하가 태평하게 된다(古之欲 明明德於天下者 先治其國 欲治其國者 先齊其家 欲齊其家者 先修其身 欲修其身者 先正其心 欲正其心者 先誠其意 欲誠其意者 先致其知 致知在格物 物格而後知至 知至而後意誠 意誠而後心正 心正而後身修 身修而後家齊 家齊而後國治 國治而後天下平——經文).

이것이 팔조목(八條目)의 본문이다. 그림으로 설명하면 다음과 같다.

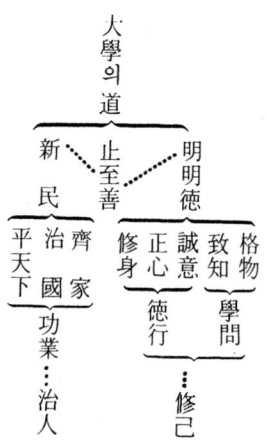

즉, 삼강령 팔조목은 그것을 수기(修己)·치인(治人)의 둘로 분류할 수가 있다. 격물치지(格物致知)에서 시작되어 치국평천하로 끝날 때까지 참으로 유교의 목적을 조리정연하게 잘 설명하고 있는 것이다.

2. 치지격물(致知格物)

치지격물은 여러 가지 이설(異說)이 있지만, 그 주된 것은 주왕이자(朱王二子, 주자와 왕양명)의 설이다. 원래 「대학」의 본문에는 성의(誠意) 이하의 6조목에 대하여는 이른바 성의를 운운하는 해석이 있지만 치지격물에 대하여는 해석이 없다. 주자의 설에 의하면 그것은 원래부터 없다는 것이다. 그래서 주자는 보전(補傳)을 지어서 치지격물을 해석하고, 나의 앎을 철저하게 하려면 사물과 직접 접촉하여 그 이치를 궁구해야 한다. 천하의 사물에는 각각 이치가 갖춰져 있으니까 그 이치를 궁극하되, 오늘 한 건을 궁극하면 내일 또 한 건을 궁극하되 그 노력하는 일이 장구하게 되면 일단 활연(豁然)히 관통하게 된다. 그러면 온갖 사물의 내와 외에 두루 정통하게 되고, 자기 마음의

전체적 쓰임새가 밝혀지지 않음이 없게 된다고 주창했다. 즉, 주자의
생각은 다음의 4항이 된다.

　① 대학의 시교(始敎)는 치지격물에 있는 것으로 해석한다.
　② 물(物)은 대체로 천하의 사물을 지칭하는 것으로 해석한다.
　③ 격(格)은 그것을 궁극한다는 뜻이라고 해석한다.
　④ 지(知)는 오히려 후천적 지식을 말하는 것이라고 해석한다.

　왕양명은, 주자의 설은 지나치게 확대 해석한 것이라고 하여 못마땅
하게 여겼으며, '심즉리(心卽理)'의 관점에서 해석하여 주자의 보전
(補傳)을 버리고 물은 사사물물(事事物物)을 지칭하는 것이 아니라고
했다. 나의 의사〔意〕가 있는 곳이 즉 물(物)이다. 만약 나의 의사가
부모를 섬기는 데에 있으면 부모를 섬기는 일이 물, 임금을 섬기는
데에 있으면 임금을 섬기는 일이 물, 시청언동(視聽言動)에 있으면
시청언동이 물이다. 따라서 격(格)은 「맹자」에 이른바 대인(大人, 군
자)은 임금의 마음〔君心〕의 잘못된 것을 바로잡는다고 할 때의 격이
며, 의사가 있는 곳의 물은 그 옳지 않음을 바로잡는 것이다. 치지
(致知)의 지(知)는 맹자의 이른바 양지(良知)이며, 선천적인 것이라고
주장했다. 즉, 왕양명의 주장은 다음의 4항이 된다.

　① 대학의 시교(始敎)는 성의(誠意)에 있다.
　② 물은 의사가 있는 곳에 있고,
　③ 격은 의사를 바로잡는다는 의미이다.
　④ 지는 선천적 양지이다.

　두 사람의 설은 모두 자기의 철학을 기초로 하여서 주장한 것인데,
모두 「대학」의 참뜻에는 맞지 않는다. 물이란 의사가 있는 곳도 아닌
가 하면 천하의 사물도 아니다. 하나는 너무 의미를 협소하게 보았
고, 다른 하나는 너무 확대하여 해석했다. 「주례」 대사도(大司徒)의
직(職)에서 육덕(六德)·육행(六行)·육예(六藝)를 향(鄕)의 삼물(三物)

이라고 하고, 향대부(鄕大夫)의 직에서 화(和)·용(容)·주피(主皮)·화송
(和頌)·흥무(興舞)를 사(射)의 오물(五物)이라고 하고 있으니, 「대학」
의 이른바 물은 대학의 교과, 즉 육예를 지칭한다는 것은 의심할 여지
가 없는 것이다. 교과를 수득하는 것, 즉 치지라는 것은 학생들의 끊임
없이 견문하는 바이니 따로 설명할 필요가 없었던 것이다.

　물론 격물치지의 학문은 쌓아서 뜻을 참되게 할 수는 있지만, 「대
학」에서 말하는 성의의 법은 소극적으로는 스스로 속이지 마라는 것이
며, 적극적으로는 스스로 만족히 여겨 혼자서 스스로 근신해야 한다는
것이다. 혼자서라는 것은 주자의 주에서는 남모르게 혼자서 아는
경지라고 한다. 거기에는 독좌한거(獨坐閑居)라는 의미도 내포되어
있지만, 오히려 다중이 빽빽하게 들어앉아 있는 속에서도 일념도 발동
되지 않은 것을 가리킨다고 해야 할 것이다. 그래서 내 일신을 바로잡
고 그것을 척도로 하여서 집안, 나라, 천하로 확대시켜 바로잡아 가는
법을 「대학」에서는 혈구(絜矩)의 길이라고 한다. "윗사람이 자기에게
대하는 방법이 부당하다고 생각되면 자기가 아랫사람을 대할 때에
그런 방법으로 대해서는 안 된다. 아랫사람이 자기에게 대하는 방법이
부당하다고 생각되면 자기가 윗사람을 대할 때에 그런 방법으로 대해
서는 안 된다(所惡於上毋以事下 所惡於下毋以事上——治國平天下)"라고
한 것이 말하자면 공자의 이른바 충서에 해당한다.

제5장 중용(中庸)

제1절 자사(子思)의 행적

공문제자들이 각기 견문한 것을 가지고 사방에서 교화를 펼 때에 노자일파(老子一派)는 고원한 철학설을 주장하면서 유자(儒者)들이 주장하는 것은 선왕(先王)이 만든 것이다. 우리의 학문은 천지자연의 도이며, 참다운 도라고 주장을 하기 때문에 참으로 유교측으로 볼 때에는 하나의 적대세력이 아닐 수가 없었다. 「중용」은 그와 같은 노자일파에 대항하기 위해서 저술된 것이며 공자의 손자인 자사(子思)의 저서이다.

자사의 이름은 급(伋)이며, 장년기에는 위나라에 출사(出仕)했고, 후에는 노나라로 돌아와 무공(繆公)에게 중용되었으며 빈사(賓師, 제후에게는 客分으로 대우받는 사람)의 대우를 받았다. 그의 학문이 증삼을 능가한다는 것은 한유(韓愈)가 말한 바와 같다. 자사의 저서는 22편이 있었다고 「한지(漢志)」에 보이지만 현재 「중용」만 전해지고 있을 뿐이다.

제2절 천도(天道)

노자는 천지자연의 도에 따라 사람은 무위염담(無爲恬淡)해야 한다고 하기 때문에 자못 근거있는 설처럼 보이지만, 공자의 인은 사람의 사람다운 길만을 말할 뿐이어서 어딘지 모르게 빈약하게 들린다. 자사는 이런 결점을 보완하기 위해 천인합일(天人合一)을 주장하고 도의 본원(本原)은 하늘에서 나온다고 했다. 책을 열면 첫머리에 "천명을 따르는 것을 성(性)이라 하고 성을 따르는 것을 도(天命之謂性 率性之 謂道)"라 한 것은 이런 의미를 밝혀서 말한 것이다. 노자가 주장하는 내용은 고론공언(高論空言)이어서 도저히 실행할 수 없는 것이지만, 우리의 조고(祖考) 공자의 학문은 중정평이(中正平易), 영구불변하게 실행할 수 있는 것이라는 뜻을 담고 중용이라 이름지었다고 생각되는 것이다. 성(性, 양심)은 하늘이 명하는 것, 즉 천부적인 것이며 성을 따르는 것이 곧 도이다. 그래서 천도는 인도이고 인도는 천도이다. 자사는 이것을 가리켜 성(誠)이라고 불렀다. 즉, "성은 천도이며, 천도 를 충실하게 따르는(誠) 것이 인도이다"라고 주장한 것이다(이 문장의 본문은 "誠者天之道也 誠之者 人之道也"인데 약간의 설명이 있어야 이해에 도움이 될 것 같다. 즉, 천도(天道)의 운행에는 한 치의 오차도 없다. 봄이 가면 여름이 오고 여름이 가면 가을이 온다. 밤이 가면 낮이 오고 낮이 가면 밤이 온다. 그렇기 때문에 "성(誠)은 천(天)의 도(道)이다"라고 하는 것이다. 그러나 대다수 사람들의 마음에서는 사심(私心)이 활동하고 있어서 자칫하면 천도를 거스르는 일이 일어난다. 그래서 노력하여 천도, 즉 성 (誠)을 내 몸에 실현하는 것이 사람의 도이다). 천지의 운행에도 충실된 법칙(誠)이 있고, 사람의 본성에도 충실된 법칙이 있으며, 만물의 본성 에도 충실된 법칙이 있다. 기러기 날아서 하늘에 이르고 초목이 사계 절에 피고 지는 것이 모두 충실된 법칙의 발현이다. 충실된 법칙은 물의 시작과 끝 모두이며 충실된 법칙이 없으면 물은 없다고 하는 말은, 즉 이것을 뜻하는 것이다. 따라서 성은 천인합일, 물아일체의 추기(樞機, 요체)이다. 그래서 자사는 "천하의 지성(至誠)을 가진 성인 같은 사람이라야 그 성을 다할 수 있고, 그 성을 다할 수 있으면 곧 다른 사람의 성도 다하게 할 수 있으며, 다른 사람의 성을 다하게 할 수 있으면 곧 만물의 성을 다하게 할 수 있고, 만물의 성을 다하게 할 수 있으면 곧 하늘과 땅의 화육(化育)을 도울 수 있게 되고, 하늘과 땅의 화육을 도울 수 있게 되면 곧 하늘과 땅과 더불어 참여할 수

있게 된다(唯天下至誠 爲能盡其性 能盡其性則能盡人之性 能盡人之性則能盡
物之性 能盡物之性則可以贊天地之化育 可以贊天地之化育則可以與天地參矣)"
라고 노래했다.

제3절 윤리설

1. 교육수양의 필요함

사람의 본성은 성(誠)이고 성은 하늘의 도라면, 사람은 그저 자기의
본성대로 행위를 한다면 저절로 도에 맞게 되므로 특별히 교육을 받고
수양을 쌓을 필요가 없을 터이다. 그러나 자사는 "도를 닦는 것을
교(教)라고 한다"고 했다. 어찌하여 교육과 수양이 필요한 것인가.
원래 사람의 본성은 천부적으로 성하기는 하지만 사람은 본래 나면서
부터 그것을 알아서 편하게 그것을 행하는 사람〔生知安行〕, 배워서
그것을 알아 이롭다 하면서 그것을 행하는 사람〔學知利行〕, 곤란함을
당하여 배워서 알고 행하는 사람〔困知勉行〕의 3계급이 있다. 상위급의
사람은 생지안행(生知安行)하기 때문에 교육도 수양도 필요가 없지만,
중위급·하위급에 있는 사람은 학지이행(學知利行)·곤지면행(困知勉行)
하니 교육과 수양이 필요한 것이다.

2. 수양공부

자사는 수양공부의 방법으로써 존덕성과 도문학(道問學)이라는 2
개의 강령을 들었다. 덕성을 존중함과 동시에 학문에 따르자〔道〕는
것이어서 이들 양자는 반드시 병행되어야 하는 것이다. 문학(問學)은
다시 그것을 박학(博學)·심문(審問)·신사(慎思)·명변(明辯)·독행(篤行)
의 다섯으로 나눈다. 박학·심문은 사람을 좇아 학문하는 것이어서 외적
지식이다. 신사·명변은 스스로 사변을 하는 것이어서 내적 지식이다.
독행은 이들을 실행하는 것이다. 학문·사변을 통해서 선(善)을 이루었
다면 굳게 지켜서 잃는 일이 없도록 해야 한다. 이것을 그림으로 설명

하면 다음과 같다.

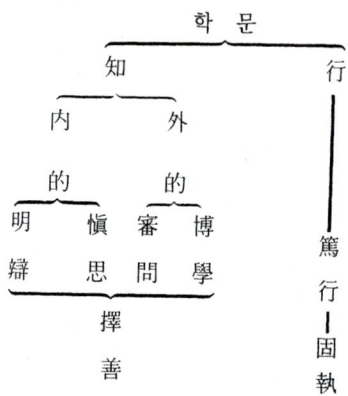

다음에, 존덕성의 방법으로서 그는 「대학」과 마찬가지로 신독공부 (愼獨工夫)를 든다. "양심의 가책을 느낄 만한 일은 하지 않으며, 자문 해 볼 때에 기분이 나쁘게 느껴질 일도 하지 않는다. 방 안에 혼자 있어도 남의 눈에 띄어 부끄러움을 당할 만한 태도는 취하지 않는다 (內省不疚無惡於志 尙不愧于屋漏)"라고 하면서 내외 두 방면에서 수양할 것을 권장한다.

3. 목적

앞에서 든 공부는 성(誠, 양심·충실된 법칙·천리)에 도달하는 것을 목적으로 하는 것이다. 그리고 지성(至誠)의 경지를 일컬어 자사는 중화(中和)라고 한다. 희노애락이 아직 발동되지 않은 것을 중(中)이라 하고, 발동되었으되 모두 절도에 맞는 것을 화(和)라고 한다. 중은 미발(未發)이고 화는 기발(旣發), 다시 말하면 중은 체(體)이고 화는 용(用)이다. 체용(體用)을 아울러서 중화라고 한다. 원래 중은 요임금과 순임금 이래로 가장 존중된 것이며 공자도 중용을 중시했다. 자사는 특히 이런 점을 조술(祖述)한 것이다.

중의 의미를 지금 한층 더 자세하게 논해 보기로 한다. 공자가 일찍이 순임금을 일컬어 "그 양단(兩端)은 잡고 그 가운데를 백성에게 쓴다"고 한 일이 있는데, 그 의미는 8과 4의 중간은 6이라는 식의 수학적인 중간은 아니다. 맹자가 "중용을 지킨다고는 해도 그것은 때에 따라 그 중이 변화되지 않으면 안 된다. 그 임기응변의 처치를 알지 못하고 그저 중용이다, 중용이다 하는 것은 역시 한쪽으로 치우친 고루한 태도와 같은 것이다(執中無權猶執一也──盡心上)"라고 한 집일(執一)의 중도 아니다. 상황에 맞춰서 과불급(過不及)이 없게 처치하는 것을 말하는 것이다. 그러나 과불급이라는 것은 희로애락이 발동된 때에 비추어서 논해야 하는 것이지 미발동시에는 과불급이라고 할 것도 없는 것이다. 중은 미발동된 것을 말하기 때문에 그것을 그저 과불급이 없는 덕이라고 하면 좋을 것으로 생각된다. 정주(程朱)의 주장처럼 그저 불편불의(不偏不倚)하다고 하여서는 다소 어폐가 있다. 불편불의한 덕이라고 한다면 무난할 것이다.

4. 의무론──덕론(德論)

유교의 오륜설은 공자의 사상 속에서도 대체로 찾아볼 수가 있지만 이것을 명언(明言)한 사람은 바로 자사이다. 군신·부자·부부·곤제(昆弟)·붕우(朋友)의 교(交), 이 다섯은 천하의 달도(達道)라고 하는 것이다. 여기서 주의해야 할 것은 자사가 군신을 오륜의 제1위에 두고 있는 점인데, 이것은 공자의 존왕주의(尊王主義)에 근거를 둔 것이다. 맹자에 이르러서 의무의 내용을 설명하여 "부자유친, 군신유의, 부부유별, 장유유서, 붕우유신"이라고 하였는데 맹자는 오륜의 제1위로 부자를 들고, 군신을 제2위로 했다. 이것은 하나는 인간의 지정(至情)을 위주로 한 때문이고, 하나는 그가 민본주의로 기울었기 때문일 것이다. 유교의 의무론은 자사, 맹자에 이르러 일정해지고 후세에 이설(異說)을 주장하는 사람이 없으니까 금후에는 윤리설 가운데서도 의무론만은 특별하게 거론하지 않기로 한다.

그의 덕론은 공자와 마찬가지로 지인용(智仁勇) 셋인데, 그는 이것을 삼달덕(三達德)이라고 했다. 자사 이후, 삼덕론(三德論)을 조술하는 사람이 없는 것은 지극히 유감스러운 일이라고 하겠다.

제4절 결론

성(誠)을 가지고 천도라고도 하고, 사람의 본성이라고도 하면서 천인
합일을 주장한 것은 노자의 철학에 대항하는 데 있어서 유교에 큰 공적
이 되었다. 유교는 자사에 의해 한층 깊이를 더하게 된 것이다. 그가
생지안행(生知安行)을 인정하고 또 교육수양의 필요성을 역설한 점은
논의로서는 철저를 기하지 못하고 있다고 생각된다. 그가 존덕성·도문
학(道問學) 둘을 수양의 강령으로 삼은 것은 후세에 이르러 주(朱)·육
(陸)의 이동(異同)을 낳게 하여 학계에 하나의 이채가 생겨나게 하였
다. 이것은 나중에 상술하려고 생각한다.

제6장 맹자(孟子)

제1절 행적과 저서

맹자, 이름은 가(軻), 자(字)는 자여(子輿), 일설에는 자차(子車)라고
도 한다. 추(鄒), 즉 지금의 산동성 추현(鄒縣) 사람이다. 추는 공자가
태어난 노(魯)나라와는 약 60리(24킬로미터)밖에는 되지 않는다. 아주
이웃이다. 그래서 맹자는 공자를 존경하고 공자를 사숙했다. 어려서
자모삼천(慈母三遷)의 가르침을 받았고, 성장하여서는 자사(子思)의
문인에게서 배웠다. 학문을 이루면서 천하의 어지러움을 한탄했으며,
천하를 다스리자는 뜻을 가지고 양혜왕(梁惠王)·제선왕(齊宣王) 등을
설득했지만 받아들여지지 않았다. 당시 각국은 모두가 힘을 다투면서
공벌(攻伐)을 가지고 현(賢)이라고 했는데도, 맹자는 인의(仁義)를
설하고 왕도(王道)를 주장했기 때문에 명청하며 사정에 어두운 사람으
로 치부되었다. 그래서 은퇴하여 문인 만장(萬章)의 무리들과 문답하면
서 공자의 뜻을 서술하여 「맹자」 일곱 편을 지었다. 맹자는 주나라의
열왕(烈王) 4년(기원전 372년)에 태어나 난왕(赧王) 26년(기원전 289
년)에 죽었다. 향년 84세.

제2절 윤리설

1. 성선론(性善論)

성선론은 맹자 학문의 근본사상이다. 자사는 성(誠)이 천도이고 또

사람의 본성이라고 했으나 맹자는 한걸음 더 나아가서 성(性)은 선(善)이라고 했다. 원래 성선사상(性善思想)은 옛날부터 있던 것이며, 「서경」의 〈고요모(皐陶謨)〉에서도 "하늘은 우리에게 인간관계에 있어 변하는 일이 없는 상성(常性)을 부여해 주었다. 그렇기 때문에 우리는 그 다섯 가지 상성에 따르는 도를 삼가 실천해야 하는 것이다. 오전(五典), 즉 '다섯 가지 상성(常性)'이란 군신, 부자, 형제, 부부, 붕우의 관계에 있어서 지켜야 할 모습(天敍有典 勅我五典 五惇哉)"이라고 했고, 「시경」에서도 "하늘이 만민을 낳았다. 사람이건 사물이건 물(物)이 있으면 거기에는 만반의 관계가 생겨난다. 그 만반의 관계에는 또 만반의 법칙이 존재한다. 인간계에는 인간이 따라야 할 당연한 법칙이 있다. 인간에게는 미덕을 좋아하는 상성(常性)이 있다. 즉 선을 좋아하고 악을 미워함은 인간의 상도(常道)이며 인간의 천성이다(天生烝民 有物有則 民之秉彛 好是懿德──大雅·烝民)"라고 했다. 또 「춘추좌전」에서도 "백성은 천지의 중(中)을 받고 태어난다"고 했다. 이것들은 모두 성(性)은 하늘에 뿌리를 둔 선한 것이라는 사상이다. 그러나 성선(性善)을 주장하고 그것을 자기 학문의 기초로 한 것은 맹자가 처음이다. "맹자가 말하기를 욕망하는 것 그것을 선(善)이라고 한다." 이것이 「맹자」의 선악의 표준이다. 이것만 가지고는 명료하지 않지만 다음에 이야기하는 것처럼 그 동기를 여러 가지로 조사하고 있는 것 등을 미루어 보면 그의 설은 동기론에 가깝다고 생각된다.

성선설을 주장함에 있어 그는 연역법과 귀납법 두가지 방법을 가지고 설명했다. 연역적으로는 「시경」과 「서경」의 설, 그리고 자사의 가르침을 이어받고 있다. 자사는 성(誠)이 본성이라고 했으니만큼 그것을 연역하여 인간의 성(性)은 선하지 않으면 안 된다고 이야기한다. 모든 인성(人性)은 하늘에서 부여받으며, 범성(凡聖)의 구별이 없이 모두 선하다. 그 증거로는 예컨대 미각에 있어서 내가 달다고 하는 것은 남도 달다고 한다. 내가 짜다고 하는 것은 남도 짜다고 한다. 귀로 듣는 소리에서도 그렇고 눈으로 보는 색채에서도 그렇고 그 싫어하고 좋아하는 것은 만인이 모두 같다. 단지 오관(五官)뿐만 아니라 마음

역시 옳다고 하는 것이 있어야 한다. 다만 성인(聖人)은 만인이 한결같이 옳다고 하는 것을 가지고 있을 뿐이다. 예를 들면 남들의 발 모양을 알지 못할지라도 짚신을 짜면 누구의 발에나 맞는다. 그것은 만인의 성이 같다는 증거가 된다. 다음으로 그는 귀납적인 심리적 근거를 가지고 예증을 들어서 성선을 증명했다. 즉, 사람은 누구나 직접 볼 수 없는 마음을 가지고 있다. 그것은 무슨 사단이 있을 때마다 드러나는 것이 아니던가, 예를 들어 어린아이가 막 우물에 빠지려는 찰나를 목격한다면 누구나 달려가서 그 아이를 구출하려고 한다. 그때의 마음을 분석해 보면 아이가 위험에 처한 것을 구출했다는 명예를 얻으려고 그렇게 하는 것은 아니다. 또 그것을 기회로 아이의 부모와 교제의 길을 트겠다는 생각으로 그러는 것도 아니다. 또 남들이 아이를 구출해 주지 않았다고 욕을 할 것이 두려워서 그러는 것도 아니다. 그것은 진심이 발동하여서 구출에 나서는 것이다. 이것을 통해서 보면 사람에게는 참고 볼 수 없는 마음이 있다. 그것을 측은지심(惻隱之心)이라고 한다. 즉, 측은지심은 인의 단(端, 본원)이다. 또 마찬가지로 수오지심(羞惡之心)은 의(義)의 단이다. 사양지심(辭讓之心)은 예(禮)의 단이다. 시비지심(是非之心)은 지(智)의 단이다. 사람에게는 이런 사단(四端)이 있다. 즉, 성이 선하다는 것은 의심할 여지가 없는 것이다.

당시는 전국시대여서 난신적자(亂臣賊子)가 꼬리를 물고 나타났고 윤리강상(倫理綱常)은 완전히 땅에 떨어진 시대였다. 만약 사람의 성이 선한 것이라면 그와 같은 나쁜 자들이 있을 까닭이 없다는 의문이 일어났다. 맹자는 이에 대하여 해명을 했다. 사람의 성은 원래 선한 것이지만 물욕이 사람들의 마음을 거칠게 만들어서 본성인 선은 물욕에 덮여 버리고 만다. 비유한다면 도로를 사람들이 다니지 않고 방치해 두면 풀이 자라나서 길이 보이지 않게 되는 것과 마찬가지로 본심인 선은 욕망 때문에 나쁘게 되는 것이다. 또 다른 예를 들면 우산(牛山)의 경우와 마찬가지인데, 우산도 옛날에는 나무가 울창했지만 도끼로 모두 찍어 내고 거기에 나무를 다시 심지 않고 소를 방목하고 양을 방목했기 때문에 풀포기 하나도 남아나지 않게 되어 민둥산이 되어 버리고 만 것이다. 지금 사람들은 우산이 민둥산인 것만을 보고 옛날부터 우산에는 나무가 없었던 것으로 생각하고 있다. 나무가 없는 것은 산의 본성이 아니다. 원래는 나무가 있었던 것이다. 인간이 선한 본심을 상실한 사람을 보고 원래는 선하지 않다고 하는 것은 마치 우산에 나무가 없는 것을 보고 원래부터 나무가 없었다고 하는 것과 마찬가지이다. 사람의 본성은 선한 것이지만 매일 접하는 외물이 본심을 함락시켜 본심이 사라지게 만든 것이다. 이런 식으로 설명을 하는 것이다. 그러나 만약 전적으로 선하다면 결코 악하게 될 염려는 없다. 예를 들어 물이 정말로 맑다면 결코 탁하게 될 까닭이 없다. 인성이 원래 선하다면 설령 외물이 아무리 유혹한다 해도 물욕이 일어날 우려는 없다. 그래서 맹자는 성은 선하다고 하면서 이타적 동정심을 가지고 성선론의 근거로 삼았었지만, 결국은 성에 악의 분자가 있다는 것을 인정했다. "식색(食色)은 천성"이라고도 하고, 혹은 "마음을 움직여 성을 참는다"고도 했다. 즉 사람에게는 이기적 욕망이 있다는 것을 인정하지 않을 수 없지만 그의 생각에 의하면 인간에게 소중한 성은 성선이라는 것이다. 그는 이것을 대자(大者)라 했고, 인간의 욕심은 인간에게 그렇게 중요한 것은 아니기 때문에 그 욕심을 소자(小者)라고 불러서 구별했다.

2. 선천양심론(先天良心論)

성선설을 주장한 결과로서 그는 필연적으로 선천양심론(先天良心論)을 주장하지 않을 수 없게 된다. 사람은 나면서부터 양심을 갖추고 있다. 그는 그것을 지칭하여 본심이라고도 했다. 그런 본심 혹은 양심이 있기 때문에 인간에게는 양지양능(良知良能)이 있는 것이다. 체(體)와 용(用)으로 나누어서 말한다면, 본심이 체이고 양지양능은 그 작용이다. 맹자는 이렇게도 설명했다. "사람이 배우지 않고도 잘하는 것은 양능이고, 생각해 보지도 않고 아는 것은 양지이며, 아이들도 그 어버이를 사랑할 줄을 모르지 않으며, 성장함에 따라서 그 형을 존중할 줄을 모르는 아이는 없다." 이것이 즉, 양지양능이라고 했다,

맹자는 그래서 선천양심론자이고, 또 선천지식론자이다. 앞서 말한 측은지심, 수오지심, 사양지심, 시비지심은 우리 양심의 고유한 것, 즉 양심의 내용이다. 맹자의 이 양지설(良知說)을 후에 명나라의 왕양명(王陽明)이 조술했다.

3. 덕론(德論)

공자는 지인용(智仁勇) 삼덕(三德)을 아울러서 지칭했고,「중용」에서는 이것을 조술하여 지인용은 천하의 삼달덕(三達德)이라고 했다. 맹자는 인의예지(仁義禮智)의 사덕(四德)을 말했는데, 한나라의 동중서(董仲舒)에서부터 인의예지신(仁義禮智信)을 오상(五常)의 도라고 일컫게 되었다. 맹자는 인의예지 사덕을 말하면서도, 특히 인의를 중시했다. 맹자는 양(梁)나라의 혜왕(惠王)에게 답하기를, "왕께서는 하필이면 이익을 말씀하십니까. 오직 인의가 있을 따름입니다(王 何必曰利 亦有仁義而已矣——梁惠王上)"라고 했고, 또 "인은 사람의 안택(安宅)이며 의(義)는 사람의 정로(正路)이다"라고도 했다. 맹자 이전에 이미 증자 10편,「중용」 등에 인의를 병칭한 것은 있었을지라도 맹자가 인의를 극구 주장하고서부터 유가의 정설이 되어서 후세에 공맹인의(孔孟仁義)의 가르침으로 지칭되기에 이르렀다. 그가 인의를 중시하여 교설한 이유는 무엇일까. 대체로 공자는 인을 교설한다. 공자의 인은 차별적인 박애인데, 또 사해동포가 모두 형제라고 하는 점 같은 것은 박애로 오해받을 우려가 있다. 당시에는 양주(楊朱)·묵적(墨翟)의 학이 크게 유행하여 천하 사람들은 양주의 학을 신봉하지 않으면 묵적의 학을 신봉한다는 양상이었다. 양주의 학은 위아주의(爲我主義)로서, 비유한다면 자기의 머리털 하나를 뽑으면 그것이 천하의 이익이 된다고 할지라도 그것을 뽑지 않겠다는 극단적인 개인주의이다. 그리고 묵자(墨子)는 겸애(兼愛)를 주장하여 갑을(甲乙) 가릴 것 없이 겸애를 해야 한다고 했다. 남의 부모 보기를 나의 부모 보듯이 똑같게 보아야 한다고 했다. 순수한 박애주의자이다. 묵자의 겸애는 인에 가깝고 의(義)가 모자라며, 양주의 위아(爲我)는 의에 가까우면서 인이 모자란다. 그래서 맹자는 인의를 주장하여 양가(兩家)의 설을 동시에 배척한 것이다.

맹자의 성선론의 근본원리에서 추리해 본다면 인의예지 사덕은 천연고유의 것이 아니어서는 안 된다. 결코 외계에서 경험적으로 얻은 것은 아니다. 그렇기 때문에 맹자는 "측은지심은 인이고, 수오지심은 의이며, 공경지심은 예이고, 시비지심은 지이다. 인의예지는 외부에서 녹여 없앨 수 있는 것이 아니며 우리는 이것을 굳게 가지고 있다"고 했고, 또 "인의예지는 마음에 뿌리박고 있다"고도 했다. 그럼에도 불구하고 맹자는 또 "측은지심은 인의 단(본원)이고, 수오지심은 의의 단이며, 사양지심은 예의 단이고, 시비지심은 지의 단이다"라고 한 것이다. 한편에서는 측은지심은 인이라고 단언하고, 다른 편에서는 인의 단(본원)이라고 하는 것이다. 이것은 한쪽은 생략한 것이기 때문에 맹자의 생각으로는 사람에게 사단의 마음이 있는 것이다. 이 사단의 마음을 확충해 간다면, 예컨대 불이 처음으로 일어나고 샘이 처음으로 솟는 것과 마찬가지로 그 시작은 조그마하지만 점점 커져 간다는 것이다. 그렇지만 단이라는 글자의 해석 여하에 따라서 논의는 둘로 나뉜다. 주자는 단을 단서(端緒)라고 해석한다. 인의예지의 사덕은 선천적으로 마음에 구비되어 마음에 뿌리박고 있는 것이다. 측은지심은 말하자면 자기의 마음에 구비되어 있는 인덕의 단서가 드러나 보인 것이다. 원래 인간은 인의예지라고 하는 훌륭한 것을 가지고 있기는 하지만 욕심 때문에 가려져 있는 것이다. 마침 때를 만나고 상황에 따라서 그 인의예지라는 본성의 선한 단서가 나타나는 것이다. 그 단서를 발견했을 때 그것을 꽉 잡아 놓치지 않고 사욕을 제거해 가도록 한다면 원래의 본성으로 되돌아갈 수 있다는 것이 주자의 설이다. 그러나 이토 진사이(伊藤仁齋)설에 의하면 단은 단서가 아니라 단본(端本)이다. 주자가 말하듯이 인의예지가 원래 구비되어 있는 것이 아니라 인의예지가 될 종자가 구비되어 있는 것이어서 측은지심은 인은 아니지만 인이 될 종자이다. 이 종자를 길러 가면 그 결과는 훌륭한 인이 된다. 원래 유교에는 결코 노장학(老莊學)처럼 복성복초(復性復初)라는 생각은 없다. 주자의 설은 알게 모르게 노장학파의 의견을 혼합한 것이지 맹자의 참뜻에는 해당되지 않는다고 한다. 아무래도 확충이라는 개념을 이야기하는 이상은 단본이라고 하는 것이 온당한 듯하지만 나는 주자의 설을 취한다. 왜냐하면 맹자의 성선론은 「중용」의 "하늘이 명하는 것〔天命〕을 성(性)이라고 한다"는 것을 이어받은 것이며, 이것은 인성 속에 선의 일부가 있는 것이 아니라 천품(天禀)인 성은 전적으로 선하다는 의미이다. 성이 선하다면 논리상 당연한 결론으로서 선천양심론이 아니면 안 된다. 인의예지 사덕은 천부적이 아니어서는 안 된다는 것에 귀착되기 때문이다. 사람들은 인의예지를 굳게 가지고는 있지만 물욕으로 덮여 있어서 자기 스스로는 이 사덕을 가지고 있다는 사실을 모르고 있다. 그러나 본성인 선이 때에 따라서, 상황에 따라서 나타나니 그것을 사단이라고 한다. 이 사단을 점점 넓혀가면 된다는 것이다.

4. 수양공부

사람의 성은 선하지만 물욕에 덮여 타락해 간다. 어떻게 하면 본성인 선으로 돌아갈 수가 있을까. 그 수양공부에 관해 맹자는 어떻게 생각하고 있었던가. 맹자는 "학문의 도는 다른 것이 아니다. 그 방심을 추구할 뿐이다"라고 했다. 방심을 추구한다는 것은 무엇이냐 하면, 우리는 원래 훌륭한 마음을 가지고 있지만 이욕 때문에 본심을 잃고 있으니까 잃어버린 본심을 찾아 원래대로 되면 된다는 것이어서 이른바 복성복초를 말하는 것이다. 노장학파만이 복성복초를 주장한 것은 아니다. 그래서 방심을 추구한다는 것은 소극적인 태도처럼 보인다. 그러나 조금 면밀하게 생각해 보면 소극적인 방면과 적극적인 방면에서 고찰해 볼 수가 있는 것이다. 소극적인 방법은 ① 과욕(寡慾), ② 존야기(存夜氣)이고, 적극적인 방법은 ① 확충, ② 양기(養氣)이다. 물론 이 소극적인 방법과 적극적인 방법은 둘이 어울려서야 완전한 경지에 도달한다는 것은 말할 것도 없다.

(1) 소극적 방법
① 과욕(寡慾)

사람은 양심을 가지고 있기는 하지만 외물이 주야로 목전에 다가와 욕심을 도발하기 때문에 결국은 본심인 양심을 잃게 된다. 마치 풀이 무성하게 자라서 길을 막는 것처럼 물욕의 생각이 본래의 마음의 빛을 덮어 버리는 것이다. 그래서 본심인 선을 기르려면 첫째로 해야 할 일이 병근을 제거하는 것이다. 그 병근은 다욕(多慾)이라는 것이다. 욕심이 많으면 우리는 부덕의(不德義)하게 된다. 그래서 과욕이 좋은 일이 되는 것이다. 그러나 욕심에도 여러 가지가 있다. 예를 들면 이목 구비로 들어오는 감각이 모두 욕망의 대상이 되는데 그런 욕망을 완전히 무로 돌릴 수는 없는 일이다. 먹는다는 것은 인간의 욕망이기는 하지만 먹어서는 안 된다고 하여서 식욕을 모두 내버릴 수는 없는 일이다. 식욕을 모두 내버리면 죽게 된다. 욕망을 전폐하는 일은 불가하지만 욕심을 줄이는 일은 좋은 일이다. 맹자가 과욕을 주장하면서 노장학파처럼 금욕을 주장하지 않은 일은 참으로 온당한 일이었다고 생각된다.

② 존야기(存夜氣)

사람이 눈을 뜨고 있는 동안과 일상활동을 하고 있는 동안에는 여러 가지 일들이 눈에 들어오고 귀에 들려오면서 욕심이 일어나기 때문에 본성은 나쁘게 되어 가다가 결국은 사라져 버리고 만다. 그렇지만 밤이 되어서 만뢰(萬籟, 온갖 소리)가 고요할 때, 혹은 잠을 깼을 때, 혹은 아침에 처음으로 눈을 뜬 때에는 마음도 차분하여서 저절로 반성을 하게 된다. 정신이 순결하게 되고 티끌만한 사념(邪念)도 일어나지 않는다. 이것을 맹자는 야기(夜氣)라고 불렀다. 이런 야기를 차곡차곡 존양(存養)하면 사람은 훌륭하게 된다. 그러나 아침에 일어나고서부터는 또 나쁜 짓만을 골라서 한다. 매일같이 나쁜 짓만을 하고 있으면 마침내 야기도 본성인 선을 보존할 수가 없게 되어 버리고 만다. 비유하면 우산(牛山)의 나무와 같은 것이다. 산의 나무를 벌목하고 그 위에다가 소나 양을 방목하기 때문에 모처럼 이슬을 먹고 싹트기 시작한

새싹을 먹어 버리니 더 이상 나무가 자라나지 않게 되어 버리고 만다. 사람도 나쁜 짓만 하고 있으면 결국은 양심이 소멸되어 버리기 때문에 야기를 보존해야 한다는 것이니 이것은 대단히 재미있는 이야기이다.

(2) 적극적 방법

① 확충

사람은 모두 다른 사람에 대하여 참을 수 없는 일이 있는데 그것을 참는 경지에 이르면 인이다. 사람은 감히 할 수 없는 일이 있는데 그것을 하는 경지에 이르면 의이다. 그 참지 못하는 마음, 감히 하지 못하는 마음을 확충하여 자기의 참을성과 행동력, 다시 말하면 그런 행동들을 흔쾌히 할 수 있는 경지에 이르면 그것이 인이고 의이다. 측은·수오·사양·시비 4단심(四端心)을 확충시키면 한 점의 불이 마침내는 활활 타올라 마주 보고 다가설 수가 없게 되고, 벼룻물이 결국은 하늘을 적시게 되는 것과 마찬가지로 물욕도 그것을 막을 수 없게 되어 훌륭한 성인도 되고 현인도 된다. 이것이 즉, 확충의 효과이다.

② 양기(養氣)

맹자는 전설에 의하면 어릴 적에 맹모삼천(孟母三遷)의 교육을 받았다고 한다. 그는 대체로 자기의 어릴 때의 경험을 통해서 주거환경은 교육상 큰 영향이 있다는 것을 알고 있었다. 그래서 맹자는 "자양물이 몸을 튼튼하게 하여 주듯이 사람의 주거환경은 그 사람의 품격(기상)을 바꿔 주는 것이다. 크도다(居移氣 養移體 大哉——盡心上)"라고 했다. 즉, 주거환경은 그 사람의 정신에 영향을 준다는 말이다. 이것은 맹자 이외에는 별로 지적한 사람이 없다. 재미있는 설이다. 더구나 육체와 정신은 한층 더 중대한 관계가 있다는 것을 깨닫고 있는 것이다. 그래서 맹자는 정신적 수양 외에 육체적 방면의 수양도 필요하다는 것을 역설했다. 유명한 호연(浩然)의 장에서 "지(志, 사상·정신·의식)는 기(氣)의 총지휘관이다. 정신이 확립되어 있고 정신이 굳게 서 있으면 저절로 원기도 기력도 솟아나온다(志氣之帥也——公孫丑上)"라고도 했다. "지가 나타나면 기가 그 뒤를 따라 나선다(志至焉 氣次焉

──公孫丑上)"라고도 하면서 "지를 잘 지켜서 기를 마르게 하지 마라
(持其志無 暴其氣──公孫丑上)"라고 한 것은 그런 의미이다. 다시 말하
면 양기(養氣)를 말하는 것이다. 기란 무엇인가. 호연의 장에서 "기는
몸을 가득 채우는 것(氣 體之充也)"이라고도 하고, 또 "지금 그 엎어지
는 자와 달리는 자가 기이다(今夫蹶者趨者 是氣也──公孫丑上)"라고도
했다. 달린다든가 엎어진다든가 하는 것은 육체의 작용인데 맹자는
그것을 일컬어 기라고 하는 것이다. 그래서 기가 곧 육체는 아니지만
기에는 상당히 육체적 의미가 있다는 것이 이해될 것이다. 나는 기를
육체적 활력이라고 하면 어떨까 하고 생각한다. 정신작용이 육체에
영향을 주는 것은 물론이지만, 육체의 작용도 정신에 영향을 준다.
그래서 맹자는 "지(志)가 한결 같으면 기(氣)를 움직이고, 기가 한결같
으면 지를 움직인다(志壹則動氣 氣壹則動志也──公孫丑上)"라고 한
것이다. 만약 엎어지거나 할 때에 퍼뜩 마음을 움직여 주는 것은, 즉
기가 지를 움직이는 한 예인 것이다. 그래서 양기라는 것은 육체적
방면에서 정신수양을 한다는 의미이다. 그 결과 호연지기(浩然之氣)
를 양성하게 된다. 호연지기란 무엇인가. "감히 묻습니다. 무엇을 호연
지기라고 합니까"라고 묻자, "말로 대답하기는 어렵다. 그 기는 지극히
크고 지극히 굳세니 그것을 바르게 길러서 손상시키지만 않으면 천지
간에 가득 차게 된다. 그 기는 의로운 일과 정도(正道)에 맞는 일에
배당해 써야 한다. 그렇지 않으면 시들어 버리고 만다(難言也 其爲氣也
至大至剛 以直養而無害則塞于天地之間 其爲氣也配義與道 無是 餒也──公
孫丑上)"라고 대답했다. 즉 의리와 도리, 그리고 자기의 기가 일체가
되어야 하며, 그렇지 못하면 기는 시들어 버리고 만다는 것이다. "기는
의가 쌓여서 생겨나는 것이지 의가 밖에서 엄습해 온 것을 잡아내는
것이 아니다(是集義所生者 非義襲而取之也──公孫丑上)." 점점 의리는
쌓아 가는 수양의 결과로 얻어지는 것이지 일조일석에 얻어지는 것은
아니다. "자기가 한 행동이 뒤가 켕기고 양심에 가책이 되는 것이
있을 때에는 저절로 기가 시들어 버리고 호연지기가 사라져 간다(行有
不慊於心則餒矣──公孫丑上)." 자기의 행동에 꺼림칙한 데가 있어 조금

이라도 불만족한 점이 있으면 호연지기는 벌써 사라지고 없는 것이다. 스스로 반성하여 추호도 마음에 걸리는 것이 없는, 이른바 공명정대하고 하늘을 우러러 한 점 부끄러움이 없는, 그래서 "어떠한 부귀의 쾌락을 가지고도 그 정신을 녹여서 타락으로 이끌어 갈 수가 없고, 또 어떠한 가난의 고생을 가지고도 그 의로운 뜻을 바꿀 수가 없으며, 어떠한 권위나 무력을 가지고도 굴복시킬 수가 없다(富貴不能淫 貧賤不能移 威武不能屈——滕文公下)"는 상태에 도달한 것이 바로 호연지기이다.

제3절 결론

맹자는 두말할 것도 없이 정치가였다. 정치가라기보다는 정론가(政論家)라고 하는 편이 적당할 것이다. 그의 정치설로서 특색이 있는 것은 민본주의인데, "국민이 있고 국가가 있으며 그 다음에 그것을 통치하는 인군이 있다. 그렇기 때문에 경중을 말한다면 나라의 근본인 국민이 가장 귀한 것이다(民爲貴 社稷次之 君爲輕——盡心下)"라고 하고, 혹은 "일부(一夫)가 주(紂)왕을 주살했다는 소리를 들었지, 인군을 시해했다는 소리를 듣지 못했다"고 하는 등의 언사는 모두 공자의 사상과는 상치되는 것이다. 그리고 정전법(井田法)은 그의 지론인데, 이것은 잠시 제쳐놓기로 한다. 그는 기를 가지고 사람을 압도하는 기개는 있지만 결코 치밀한 학자는 아니어서 그 주장에는 다소 엉성한 데가 있다. 고자(告子)와의 성(性)에 관한 논의 등이 그것이다. 이것은 다음 장에서 이야기하는 순자와 비교하면 현저히 다르게 보이는 점일 것이다.

제7장 순자(荀子)

제1절 행적과 저서

순황(荀況)은 조(趙)나라 사람이다. 맹자보다 약간 뒤에 세상에 태어났다. 제나라 양왕(襄王) 때에 직하에 유학한 일이 있다. 진나라에 입국하여서는 소왕(昭王)을 위해 유도(儒道)를 해설했고 조나라로 가서는 효성왕(孝成王)을 위해 방법을 이야기했지만 어디에서도 채용되지는 못했으며, 만년에는 초(楚)나라의 춘신군(春申君)을 섬겨 난릉(蘭陵)의 영(令)이 되었는데 거기에서 일생을 마쳤다. 「순자」는 한나라 초에는 322편이 있었으나, 유향(劉向)이 그 중복되는 것을 제외시키고 32편짜리를 만들었는데, 그것을 「손경신서(孫卿新書)」라고 했었다.

한나라 선제(宣帝)의 휘인 순(詢)을 피해 손(孫)이라고 한 것이라고 주장하는 학자가 있으나 그것은 잘못이다. 한의 순열(荀悅)·순상(荀爽)처럼 아직 손이라고 한 예는 없다. "예(禮)에 혐명(嫌名)을 피한다"는 말이 있다. 그래서 순과 손은 음통(音通)이 된다는 설도 있지만, 그는 순국의 공손(公孫)이어서 손씨라고도 순(郇)씨라고도 했다는 것이 온당할 것이다. 당나라의 양경(楊倞)이 주석서를 쓸 때에 이름을 순자(荀子)로 고쳤다.

제2절 성악론(性惡論)

순자 학설의 입각점은 성악론이다. 맹자는 성선설을 주장했고, 순자는 정반대로 성악설(性惡說)을 주장했다. 「서경」의 소고(召誥)에 절성(節性)이라는 말이 있어 성악 사상이 옛날부터 없었던 것은 아니지만 순자는 전국(戰國) 말기에 태어나 세상이 하루가 다르게 악화되어 가면서 거의 짐승과 다를 것이 없었고, 자식이 아비를 죽이는 자가 있고, 신하가 인군을 시해하는 자가 있어 윤리강상(倫理綱常)이 땅에 떨어져 있었기 때문에 개탄을 금할 수 없어 세상을 구하겠다고 성악론을 주장한 것이다. 그는 "사람의 성은 악하다. 선은 위(爲)이다"라고 했다. 그러면 성(性)이란 무엇인가. 하늘에서 받은 그대로의 인간의 모습이다. 다음에 위(爲)라는 것은 사위(詐僞)라든가, 허위라는 의미가 아니다. 이것은 인위(人爲)라는 의미이다. 나무에 비유한다면 입목을 잘라서 아직 대패질을 하지 않은 것을 성이라 하고, 대패질을 하고 그림을 그린 것을 위라고 한다. 원래 토대가 되는 재목이 없다면 대패질도 할 수 없고 그림도 그릴 수가 없다. 또 대패질을 하고 그림을 그리지 않는다면 원재목 그대로는 아무런 쓸모가 없다는 것이다. 즉, 원래 타고난 바탕과 인위적인 수식, 다시 말하면 인위의 위를 가한 뒤에야 선하게 되는 것이다. 다음에 악이란 무슨 의미인가. 순자는 "무릇 천하의 이른바 선은 정리평치(正理平治)이고, 이른바 악은 편험패란(偏險悖亂)인데, 이것이 선악의 구분이다"라고 했다. 이것이 선악의 표준이다. 즉 그의 이른바 성악론은 행위의 동기를 지칭한 것이 아니라 행위의 결과, 천하가 다스려질 것인가 어지러울 것인가에 관해 논한 것이기 때문에 말하자면 결과론이다.

다음에 성은 하늘에 뿌리를 두고 있고 성인도 보통 사람도 같다는 생각은 맹자와 마찬가지이지만, 하늘에 관한 순자의 생각은 다른 유자(儒者)와는 다르다. 일반 유자는 하늘을 황천상제(皇天上帝) 같은 인격적인 신으로 여기고 그것을 종교적으로 해석하고 있지만, 순자는 하늘을 자연으로서, 과학적으로 해석하고 있다. 예를 들어 일반 유자는 폭풍이 분다든가, 혜성이 나타났다든가 하면 그것은 황천상제가 천하의 정치가 마음에 들지 않음을 경고한 것이라고 보았다. 따라서 인군된 자는 크게 경계하여서 덕치(德治)를 펼쳐야 한다고 했지만, 순자는 그것을 완전히 자연현상으로 돌리고 조금도 이상하게 생각하지 않았다. 예를 들면 요순문무(堯舜文武)의 시대에는 무슨 재이(災異)가 있었어도 이상할 것이 없다. 걸주(桀紂)의 시대에는 아무리 상서로운 일이 있었어도 조금도 유효하지 않았다고 하는 것이다. 이것은 과학이 진보된 현대의 눈으로 보면 아무런 이상할 것이 없는 당연한 소리이지만, 2천 수백년 전의 당시에 있어서는 참으로 탁견이라고 하지 않을 수가 없는 것이다. 여기에서는 이른바 사람의 성은 하늘에 뿌리를 두고 있는 것도, 황천상제가 명한 것도 아니고 자연현상이라고 보았으니 얼마나 탁견인가. 그래서 타고난 성품은 성인도 보통사람도, 군자도 소인도 동일하다. 현불초지우(賢不肖智愚)의 구별도 없으며 모두 같다는 것이다. 그 본성 그대로라면 악하지만 인위적으로 수식(修飾)을 해(즉 수양을 쌓아서) 선으로 가니 그 성품을 수식한 사람이 군자이다.

그가 이 같은 성악설을 주장한 데에는 상당한 심리적 기초가 있다. 우리의 탄생에는 이기적 성욕이라든가 정욕 같은 것이 작용했다는 것이다. 순자는 인간의 성정(性情)을 이기적 방면에서 본 것이다. 맹자는 사람에게 이타적 성정이 있다는 심리적 기초에 입각하여 성선론을 주장했지만, 순자는 그와는 반대로 인간에게 이기적 성정이 있다는 것을 토대로 하여서 성악설을 주장하게 되었다. 그의 생각에 의하면, 만약 사람이 태어난 그대로라면 인간은 이기적이기 때문에, 예를 들어 배가 고플 때에는 부모나 형제에 구애받지 않고 자기가 먼저 먹는 것이 통상적일 것이다. 그러나 차츰 교육을 통해서 자기가 먹고 싶을지라도 부모나 형제가 수저를 든 뒤에야 자기의 수저를 들게 만들면 그렇게 길들여질 것이다. 이런 것은 교육의 결과이다. 그래서 인성은 악하지만 그것을 교육하고 교정하면 선하게 된다는 것이다. 다시 말하면 성은 천취(天就, 하늘에서 받은)한 것이지만 교정될 성질을 가지고 있어 그것을 변화시킬 수가 있다는 것이다. 이와 같은 화성(化性)의 가능성이 순자 윤리설의 기초이다.

제3절 적위론(積僞論)

순자는 적위론을 주장한다. 성은 악하여 인위적으로 수식해야 한다고 하느니만큼 이것은 사람의 성은 변화시킬 수가 있다는 가정 위에서 있는 주장이다. 예를 들어 구부러진 나무는 바로잡으면 다시 곧게된다. 둔한 철도 단련하면 예리한 철이 된다. 사람도 마찬가지여서, 처음에는 성악할지라도 사법예의(師法禮義)를 가지고 바로잡아 가면 선하게 되는 것이다. 성인만이 그런 것이 아니다. 어느 누구이건 이 사법예의를 가지고 수양하면 훌륭하게 될 가능성이 있다. 가능성이 있으면서 모두가 다 성인이 되지 못하는 것은 적위, 즉 수양이 부족하기 때문이다. 만약 충분히 수양을 쌓는다면 어느 누구라고 성인이 못 될 까닭이 없는 것이다.

만약 그가 말하듯이 과연 성이 악한 것이라면 어떻게 하여서 사법예의가 가능한 것인가. 어떻게 하여서 사법예의를 배워야 한다는 것을 알게 되는 것인가. 순자는 이에 대한 대답으로서 충분히 명료하지는 않지만 아무튼 설명을 했다. 그의 말에 의하면, 사람이 선한 행위를 하는 것은 성악하기 때문이다. 추하면 아름다워지기를 원하고, 빈천하면 부귀하게 되기를 원한다. 자기의 수중에 없기 때문에 없는 것을 갖고 싶어하는 것은 인지상정이다. 즉, 성악하기 때문에 선을 부러워하고, 예의를 가지고 있지 못하기 때문에 애써서 그것을 구하려고 한다는 것이다. 그러나 이런 설명은 철저한 것이 못 된다. 가령, 그가 말하듯이 자기가 가지지 못한 것을 부러워하는 것이라면 자기는 미인인데 추인(醜人)이 되기를 바라고, 부귀한데 비천해지기를 바란다고 할 수 있겠는가. 그러나 이런 비난은 벽설(僻說, 정당하지 못한 설)이라고는 해도 원래 사물은 비교해 보는 데에서 비로소 선하고 악한 구별이 나오는 것이다. 만약 인성이 악한 것이라고 해도 외부에 선인이 없다면 선도 악도 비교해 볼 수가 없기 때문에 자기가 악한 줄을 몰라 선을 바라는 일도 없게 될 것이다. 그래서 이런 설명은 만족스럽지가 못한 것이다. 이것은 맹자가 성선설을 주장하면서도 악의 기원을 설명

하는 데에 궁색했던 것과 마찬가지로 순자 또한 성악론을 주장하면서
도 선의 기원을 설명하는 데에는 궁색했다. 인성의 반면(半面)만을
보고 반면을 소홀히 하고 있기 때문이다. 그래서 맹자가 성선을 주장
하면서도 악을 인정한 것과 마찬가지로, 순자는 성악을 주장하면서도
선을 인정하지 않을 수가 없었다. 그는 "사람은 성질이 아름답고 마음
에 분별하여 아는 것이 있다고 해도 반드시 어진 스승을 찾아서 배워
야 한다"고 했다. 성이 악하다면 성질이 아름답고 어쩌고가 있을 수가
없는 것이다. 순자는 인성의 반면만을 보고 그것을 기초로 하여 성악
론을 주장했기 때문에 결국은 궁색하여서 다른 반면을 인정하지 않을
수가 없었다.

제4절 예론(禮論)

인성은 악하되 사법예의를 가지고 그것을 교정하고 변화시킬 수가
있다고 순자는 말한다. 사(師)는 예를 가르치는 사람이기 때문에 그를
본뜨고 그를 존경하니까, 사법예의 가운데에서 순자가 특히 중시한
것은 예이다.

원래 예에는 세 가지 의미가 있다. 첫째는 정치적인 법칙, 둘째는
사회적인 전례(典禮), 셋째는 윤리적인 예의이다. 정치적인 예와 사회
적인 예는 잠시 제쳐두고 여기에서는 윤리적인 예에 관해 고찰하기로
한다. 순자는 "예는 인도(人道)의 극(極)이다"라고도 했고, 또 "예는
사람이 밟는 길"이라고도 했다. 그의 생각에 의하면 예는 성인이 마련
한 것이지 인성에 저절로 있는 것은 아니다. 인성을 자연 그대로 방치
하면 세상이 어지러워지고 다스려지지가 않기 때문에 사람의 성정을
교정하여 세상을 바로잡기 위해서 성인이 예를 마련한 것이다. 즉,
그 목적은 첫째는 인간의 성을 교정하기 위하여, 둘째는 천하국가의
치평(治平)을 바라서이다. 이 점에 대해서도 순자의 생각은 맹자와는
정반대였다. 맹자는, 예는 인성에 구비되어 있다고 했고, 순자는 인성에

구비되어 있지 않고 성인이 만든 것이라고 했다.

　이런 예론은 비판받을 만한 것이다. 만약 성인, 보통 사람의 구별 없이 순자가 말하듯이, 동등하게 성악한 것이라면 어찌하여 옛날의 성인은 성인이 될 수가 있었던 것인가. 예를 들어 갑(甲) 성인이 예를 만들었다고 치자. 그렇다면 그 갑 성인 이전에는 예는 없었을 것이다. 그러니 그 사람도 원래는 성악하니까 예가 없었다면 성인이 될 방법이 없었을 것이 아닌가. 예는 결코 인성을 교정하기만 하는 것은 아니다. 역시 인성에 저절로 구비되어 있고 인성에 근거가 있는 것이다. 예는 언제 누가 정했다고 할 수 없고 점차로 형성된 것이다. 그것은 사람의 본성에 뿌리를 두고 있는 것이어야 한다. 성인은 그것을 마름질하고 모양을 만든 것이다. 그 예는 인성에 뿌리를 두고 있다는 것을 순자도 결국은 승인하지 않을 수가 없었다. 이런 점에 있어 그의 설은 모순되어 있다. 즉, 예는 주관적·객관적으로 의거하는 데가 있다는 것이다. 주관적으로는 예는 사람의 성정에 바탕을 두고 있는 것이다. 예는 사람의 마음을 따르는 것을 근본으로 삼고 있다고도 할 수 있다. 예를 들면 장제(葬祭) 기타의 예는 옛날부터 전해져 왔기 때문에 어느 누구도 그 유래를 아는 사람이 없지만 훌륭하게 지켜지고 있다. 성인이 만든 것이라면 아는 사람이 없을 리는 없는 것이다. 또 객관적으로는 예에는 삼본(三本)이 있다. "천지는 생의 본(本, 근본)이고, 선조는 유(類, 일족)의 본이며, 군사(君師)는 치(治)의 본이다." 천지가 없으면 어찌 삶이 있으며, 선조가 없으면 우리는 어찌 삶을 받아 태어났겠는가. 군사가 없으면 어찌 세상이 다스려지겠는가. 그래서 위로는 하늘을 섬기고 아래로는 땅을 섬기며 조상을 받들고 군사를 받든다. 이 천지·선조·군사가 예(禮)의 삼본이다. 즉 예는 주관적으로는 인성에 따르고, 객관적으로는 천지·조상·군사라는 삼본에 따라서 이루어진 것이어서 성인일지라도 함부로 이것을 제정할 수는 없는 것이다. 법행편(法行篇) 속에 나오는 공수(公輸)라고 하는 옛날의 유능한 목수일지라도 먹줄을 더 치지는 못한다. "성인도 능히 예에 보태는 바가 없다. 예는, 중인(衆人, 일반인)은 본뜨면서도 그것을 모르지만 성인은 본뜨면서 그것을 안다"고 했다.

제5절 지정의(智情意) 삼분법

정신작용은 셋으로 나뉜다. "사람이 태어나면서 지(知)가 있으되 그 연유가 사람에게 있는 것을 지라고 한다"는 것은 지적 작용이 있다는 것을 말하는 것이다. 지가 일치됨이 있음을 지(智)라고 한다는 것은 지적 작용과 지덕(智德)의 구별을 인정한 것이다. 그는 물론 정적 작용(情的 作用)의 존재를 인정하고 호(好)·오(惡)·희(喜)·노(怒)·애(哀)·락(樂)의 육정(六情)을 열거했다. 좋아하는 사물을 좋아하는 것은 정이며, 좋아하기 때문에 갖고 싶어하는 것은 욕이다. 정이 발동하여 욕구가 되는 것은 인성의 자연스러운 귀결이다. 혹은 이것을 제지하고, 혹은 저것을 추구하는 것은 의지의 작용이다. 그는 이런 의지의 작용을 이름지어서 마음이라고 했다. 그리고 의지에는 가부(可否)를 판단하는 힘과 선택작용, 즉 순자가 말하는 이른바 여(慮)와 실행력이 있다는 것을 인정했다. 정은 반드시 악한 것은 아니며 그 욕구의 당부당(當否當)에 따라서 선이 되기도 하고 악이 되기도 한다. 즉, 선택 판단의 표준이 가장 중요한 것이다. 그는 그것을 형(衡)이라고 이름지었다. 그러면 무엇을 표준으로 삼는가. 그것은 말할 것도 없이 그의 이른바 도, 즉 예의이다.

제6절 논리설

중국의 논리설은 묵자에게서 시작되었다. 그 일파는 혜시(惠施)·등석(鄧析)·공손룡(公孫龍)인데 궤변을 농했기 때문에 명실혼란(名實混亂)을 초래했다. 그에 대하여 순자는 비평을 가했다. 천하가 혼란을 빚는 것은 명실(名實, 이름과 실체)이 혼효(混淆)를 빚어 돌아갈 곳을 모르기 때문이므로, 우리는 명실을 분명히 해야 한다고 했다. 그 대요는 「순자」의 정명편(正名篇)에 보인다. 그는 이름을 짓는 데에는 다음과 같은 세 가지 원칙이 있다고 했다.

첫째, 제명(制名)의 필요
둘째, 제명의 근거
셋째, 제명의 규범

모든 만물의 형태는 일정한 것이 아니다. 종종잡다하다. 또 우리 인간의 마음은 각각 그 얼굴이 다른 것과 마찬가지로 만인의 마음은 각양각색이다. 따라서 만약 만인이 각각 자기의 마음을 가지고 종종잡다한 이름을 만물에 붙인다면 갑이 붙인 이름은 을이 붙인 이름과 다르게 된다. 갑은 말이라고 부르고 을은 소라고 부를는지도 모른다. 그렇게 되면 명실이 혼란되어 분별할 수가 없게 된다. 그래서 인류사회에 공통의 이름을 제정할 필요가 있다.

둘째로, 그렇다면 이름을 붙일 때에 무엇을 근거로 하여 붙일 것인가. 그의 생각에 의하면 우리가 외물을 지각하는 데에는 오관(五官)이라는 것이 있다. 오관이란 이(耳)·목(目)·구(口)·비(鼻)·체(體) 다섯을 말하는 것인데, 외물의 형태나 색채는 눈을 가지고 보고, 음성을 듣는 것은 귀이며, 오미(五味)를 맛보는 것은 입이고, 냄새를 맡는 것은 코이며, 가렵다든가 아프다든가 덥다든가 춥다든가 매끄럽다든가 거칠다든가 가볍다든가 무겁다든가 하는 것을 지각하는 것은 몸이다. 즉 이목구비(耳目口鼻) 넷은 오늘날 분류법으로 보면 청각·시각·미각·후각에 상당하고, 체각(體覺)이라는 것은 오늘날의 학설로 말하면 촉각(觸覺)·근각(筋覺)·통각(痛覺)과 온각(溫覺)에 상당한다. 이 오관을 가지고 만물을 지각하기 때문에 감관이 다르면 우리의 지각도 달라지게 된다. 그래서 지각의 성질에 따라서 만물의 이름을 정하지 않을 수 없게 된다. 그런데도 만인의 감관은 유사하기 때문에 그 지각도 유사하다. 그 유사점을 비교 연구하여 규약을 정하고 이름을 제정해야 하는 것이다. 그런 식으로 모든 사람이 감관을 가지고 지각을 한다. 그 감관, 즉 지각은 만인이 대차가 없다는 것이다. 이것이 명칭을 제정할 때의 근거이다.

셋째는, 제명의 규범인데, 이름을 지을 때에는 그 이름과 실물을 상응하게 하지 않으면 안 된다. 명칭에는 모두 단명(單名)과 겸명(兼名)이 있다. 단명이란 단수의 이름이며 일자(一字)이다. 겸명은 2자 이상 복수의 이름이다. 단명으로 그 내용을 표현할 수 있으면 단명을 쓴다. 단명으로 내용을 표현할 수 없으면 겸명을 쓴다. 예를 들면, 말[馬]이라고 하여도 지장이 없다면 말이라는 단명을 쓰는 것이다. 그 털 색깔도 아울러서 표현하려면 단명인 말이라는 이름만 가지고는 알 수가 없다. 그런 때에는 백마(白馬)라는 겸명을 사용해야 한다. 많은 단명과 겸명에 공통되는 점이 있으면 그것들을 포괄하는 공명(共名)이라는 것이 형성된다. 한 필의 말도 만 필의 말도, 백마도, 황마도 우리는 모두 그것을 말이라고 한다. 즉, 그런 경우에는 말은 공명이다. 공명에 내포되는 범위는 넓으며 겸명에 내포되는 범위는 좁다. 이것은 논리학에서 이른바 외연과 내포의 관계를 말하는 것과 같다. 귀납적으로 많은 공명에서 공통점을 찾아서 그것을 물(物)이라고 부른다. 다시 말하면, 만물을 총괄하여 물이라고 한다는 말이다. 이것이 즉 대공명이다. 말[馬]이라든가, 풀[草]이라든가, 새[鳥]라든가, 나무[木]라든가 하는 것은 공명이다. 즉, 대공명 아래에 공명이 있고, 공명 아래에 별명(別名)이 있다. 그래서 공명은 별명과 대공명의 중간이 된다. 만물을 유별하여 그 공통점을 가지고 공명을 짓고 점차로 귀납적으로 대공명을 지으며, 한편으로는 대공명을 나누어서 대별명(大別名)을 지으며 점차 연역적으로 세별하여 나누되 더 이상 나누어지지 않는 데에서 멈추는 것이 순자의 생각이다. 대체로 만물에는 모두 고유의 이름이 있는 것은 아니다. 다만 우리가 말하는 물에는 이런 이름을 붙이자고 약속하여 정한 것이고, 이미 약속을 정한 이상은 그 약속이 이름을 바로잡을 때의 표준이 되는 것이다. 이것이 제명의 규범이다.

제7절 정치설

순자도 맹자와 마찬가지로 천하를 다스리는 구체적인 방법을 이야기한 것은 물론이지만 나아가서 사회의 조직, 국가의 성립이라는 문제까지 언급한다. 사회가 성립되는 이유는, 첫째는 인류가 사회적 동물이기 때문이다. 둘째는 외계에 적응하기 위해서이다. 인류가 모일 때에 만약 제각기 자기의 욕심대로 하려 들다가는 서로 다투다 고립을 초래하게 되고, 고립되면 개인의 힘을 가지고는 맹수를 당해 낼 수가 없는 것이다. 그래서 외계에 적응하기 위해 단결을 굳게 할 필요가 있는 것이다. 셋째로 이미 모인 이상 인간은 아무리 재능이 있는 사람일지라도 혼자서 백 가지 기술에 다 정통할 수는 없으니까 분업제도가 필요하게 된다. 넷째로 이미 분업제도가 제정된 이상 각기 그 직분을 지켜야 사회제도가 유지될 수 있는 것이다. 이런 네 가지 이유가 작용하여 사회조직이 형성된다. 사회조직이 형성된 다음에는 국가가 성립된다. 국가가 성립되는 요소로서는, 첫째는 토지가 있어야 한다. 둘째로 그 토지에는 백성이 살고 있어야 한다. 토지가 있고 백성이 살고 있는 위에, 셋째로는 법제가 이루어져 백성의 단결을 굳건히 해야 한다. 넷째는 군주가 통치권을 가지고 있어야 한다. 이 토지와 백성과 법제와 군주의 네 가지 조건이 완비되고서야 비로소 국가는 성립된다. 이것은 근본적으로는 지금의 정치학과 다를 것이 없다고 생각된다. 기타 훌륭한 주장도 있으나 여기서는 생략한다. 대체로 이 순자라는 인물은 맹자와 마찬가지로 정치적 방면에 중점을 두고 있기는 했지만, 채용되지 않아 결국은 자기의 도를 시행해 보지는 못한 사람이다. 역시 정치가라기보다는 차라리 정론가였다고 하는 것이 옳다. 혹은 정치학자라고 하는 편이 적당할는지도 모르겠다.

제8절 결론

전국 때에 제자백가가 나와 여러 가지 주장을 폈는데 그 가운데서 공자는 학문을 조술했고, 공자의 가르침을 발양한 사람으로는 앞에 맹자가 있었고 후에 순자가 있었다. 맹자는 자사의 뒤를 이어서 세상에 나와 공자의 주관적 교리, 즉 인을 조술하였고 인의(仁義)를 교설했다. 순자는 자하의 계통에 속하며 염옹(冉雍)을 가장 존경했다. 염옹이라는 인물은 특별히 예를 중시한 사람이다. 순자는 염옹에 근거를 두고 공자의 객관적인 교리, 즉 예를 조술했다. 맹자는 양주(楊朱)·묵적(墨翟) 등의 이단적인 논설을 변박(辯駁)하고 공자의 도를 밝히는데에 공적이 있었으며, 순자는 주로 경서(經書)를 후세에 전하는 데에 공적이 있었다. 사마천은 순자와 맹자를 아울러 논하여 「맹순열전(孟荀列傳)」을 지었다. 당나라의 한퇴지(韓退之)는 순자를 대순(大醇)하면서 소자(小疵, 약간의 흠)하다고 했다. 송나라의 소동파(蘇東坡)가 순자를 논하여 이사(李斯, 진시황의 신하이면서 분서갱유의 주창자)는 순자의 제자인데, 후에 진시황제를 섬기면서 유자(儒者)를 구덩이에 파묻고 〔坑埋〕 경서(經書)를 불태워 버렸다. 이사가 그런 짓을 한 것은 순자가 나쁘기 때문이다. 순자는 오만불손하고 매우 잘난 척했던 사람이다. 그렇기 때문에 순자의 제자인 이사도 그런 짓을 한 것이라고 논했다. 이것은 이른바 적본주의(敵本主義)여서 사실은 신법(新法)을 시행하여 천하에 해독을 끼친 왕안석(王安石)을 논한 것인데, 왕안석을 순경(荀卿)에 비유하면서 왕안석의 문하 여혜경(呂惠卿)을 이사에 빗대어 논한 것이다. 그러나 정자·주자도 순자를 몹시 싫어했다. 첫째는 순자가 「비십이자편(非十二子篇)」을 짓고 그 속에서 자사와 맹자를 비난한 일과, 둘째는 순자가 성악론을 주장하면서 맹자의 성선론을 비난한 일 때문에 정주(程朱)는 순자를 이단사설(異端邪說)처럼 생각한 것이다. 송나라의 왕응린(王應麟)은 「곤학기문(困學紀聞)」을 짓고 「비십이자편」은 잘못된 것이라고 했다. 비십이자(非十二子)가 아니라 비십자(非十子)이다. 자사, 맹자 두 사람은 후세 사람들이 넣은 것이다. 그

증거로는 「한시외전(韓詩外傳)」을 보면 비십자로 되어 있지 않으냐고
했다. 그러나 이 설은 잘못이다. 순자가 자사와 맹자를 비난한 것은
별로 문제될 것이 없다. 같은 공자의 제자일지라도 자유(子游)·자장
(子張) 등이 공자가 세상을 떠난 뒤에 서로 다투었을 정도이니까 순자
가 자기의 소신을 가지고 자사·맹자를 비난했다고 해도 아무 문제될
것이 없다. 정자와 주자는 성악편(性惡篇)을 크게 비난하고 있는데,
그것은 대단히 좋지 않은 일이다. 인간은 성선(性善)의 측면이 있음과
동시에 성악(性惡)의 측면도 있다. 순자는 성악을 주장하면서 그것을
교정하여 선으로 향해야 한다고 역설했고, 맹자는 성선을 주장하면서
그 선으로 돌아가야 한다고 했으니 목적은 같은 것이다. 특히 송유
(宋儒)의 기질변화의 설은 순자의 화성설(化性說)과 같은 것이며, 송유
의 본연·기질론은 맹순이자(孟荀二子)의 성론(性論)을 종합하여서 이루
어진 것이다. 이것을 비난하는 것은 옳지 않은 일이다. 공자 이후 순자
까지가 선진(先秦)시대의 유교철학의 대요이다.

제8장 노자(老子)

제1절 행적과 저서

주나라 말기의 세상이 어지럽던 때에 나타나서 유가(儒家)와 대항하면서 천하의 사상계를 양분하여 그 하나를 지배한 것은 도가(道家)이며, 그 개조(開祖)는 노자이다.

노자는 성이 이(李), 이름은 이(耳), 자(字)는 백양(伯陽)이다. 초(楚)나라의 고현려향곡인리(苦縣厲鄕曲仁里)의 사람이다. 공자와 때가 비슷한데 약간 선배이다. 주나라 수장실(守藏室, 문서보관소)의 사(史, 관리자)였다. 공자가 찾아가서 예를 물은 것은 그때의 일이다. 노자는 천하토붕와해(天下土崩瓦解, 천하가 난세를 빚는 것)의 양상을 보고 도저히 도가 시행되지 않을 것을 알고 관직을 사직하고 함곡관(函谷關)을 나가서 서쪽으로 갔는데, 그 후의 종적을 아는 사람은 아무도 없다. 원래 명리(名利)에 욕심이 없고 저서를 후세에 전한다는 것은 생각하지도 않은 일이지만 함곡관 관소(국경검문소)의 영윤(令尹)인 희(喜)의 간청을 받고 흔쾌히 「노자」 5천여 언을 지었다.

제2절 노자의 학계

노자의 학문은 어디에서 기원하는 것인가. 그 바탕을 두고 있는 것에 관해 여러 가지 설이 있는데, 첫째는 지세(地勢)의 영향에 기인한다는 설, 둘째는 인도 바라문의 영향을 받았다는 설, 셋째는 노자 이전의 학문을 대성시켰다는 설 세 가지가 있다.

첫째의 설, 즉 지세의 영향을 받았다는 설은 일본의 중국학자 후지다켄보(藤田劍峯)·다오카레이운(田岡嶺雲) 등이 1898년경에 제창한 것을 효시로 한다. 이해하기가 아주 쉬워서 한때 유력한 설이었다. 그 설에 의하면 중국의 학문은 추노(鄒魯)의 학과 형초(荊楚)의 학으로 분류된다. 추노의 학은 황하 유역에서 나온 것이며 공자의 학문이 이것을 대표하고, 형초의 학은 양자강 유역에서 나온 것이며 노장학파가 이것을 대표하고 있다. 북방은 홍수가 빈번하고 기후는 매서우며, 토지의 생산력이 기름지지 못하다는 불리한 환경에 지배되어 그 사상은 저절로 현세적이 된다. 이것을 대표한 사람이 공자이다. 이에 반하여 양자강 유역은 기후가 따뜻하고 땅이 기름지며 생활이 편안하다. 그래서 저절로 철학적이 된다. 이것을 대표한 사람이 노장(老莊)이다. 이 설은 이해하기 쉽고 재미있기 때문에 일시적으로는 유력했었지만 잘 조사해 보면 유감스럽게도 근거가 없는 것이다. 노자는 「사기」에 의하면 초나라의 고현(苦縣)에서 출생한 사람이다. 고현이라는 곳은 원래는 진(陳)나라에 속해 있었는데, 후세에 초나라에 병탄되었다. 지금의 하남성 귀덕부(歸德府)에 속해 있으니 양자강 유역은 아니다. 노자는 역시 북방 황하 유역에서 성장한 사람이다. 그래서 그럴 듯하게 이야기되는 설이면서도 근거가 없는 것이다.

둘째는, 인도 바라문의 영향을 받았다는 설인데, 프랑스의 라피트에 의하면 노자의 학설을 자세히 조사해 보면 중국 민족 특유의 사상과는 크게 상위를 보인다는 것이다. 첫째로, 노자의 사상에는 과거를 존중하는 사상이 없다. 다음으로 중국 특유의 사상은 실제적·구체적이지만 노자의 학설은 이론적·추상적이다. 이것이 확실한 증거가 되기에는 곤란한 점이 없지는 않지만 아무래도 중국 이외의 인도 바라문교의 영향을 받았으리라는 것이다. 다음으로 라크페리는 한걸음 더 나아가서 노자는 인도지방에서 이주해 온 사람이라고 보았다. 중국과 인도는 노자 이전의 옛날부터 왕래가 있었다. 노자에 관한 전설을 보면 노자는 수십 년 동안이나 어머니의 태 속에 있었기 때문에 태어났을 때에

는 머리털이 백발이었다고 한다. 그래서 노자라고 했다는 것이다. 이것
은 태어날 때에 백발이었다는 것이 아니라, 중국으로 이주해 온 때에
백발이었다는 말이다. 그리고 노자의 성은 이(李)요, 이름은 이(耳)이
며, 시호(諡號)를 담(耼)이라고 한다. 담은 귀가 크다는 말이다. 이름을
이라고 하고 시호를 담이라고 하는 것을 보면 노자는 귀가 컸었음에
틀림없다. 버마지방에는 실제로 귀가 큰 인종이 있다. 노자는 남쪽의
귀가 큰 나라에서 온 사람임에 틀림없다는 것이다. 또 이(李)라는 성은
노자 이전에는 없다. 이것은 히말라야 지방에는 자기 집에 무엇인가
특징이 있는 나무가 있으면 그 나무의 이름을 성(姓)으로 삼는 풍속이
있었다. 노자의 조상은 자택에 오얏나무[李]가 있었기 때문에 성을
이(李)라고 한 것일 것이다. 이들 증거를 가지고 노자는 인도지방에서
온 이주자라고 추정하는 것이다. 이 설은 견강부회(牽強附會)의 설이며
아무런 증거도 없다. 특히 백발을 하고 태어났다는 이야기는 후세에
지어 낸 이야기이지 결코 사실이 아니다. 동서로 지방을 달리하고
고금으로 때를 달리하여 나온 설에 암합하는 것은 흔히 있을 수 있는
일이지만, 노자의 설과 불교가 얼마간의 유사점을 가지고 있다고는
해도 확실한 증거가 없는 한, 이것도 믿을 만한 설은 못된다.

셋째는 예로부터의 가르침을 대성시켰다는 설이다. 이 설이 합당하
다. 노자의 학파를 오늘날에는 노장학파라고 부르지만 한나라 이전에
는 황로학(黃老學)이라고 했다. 황제는 과연 역사상의 인물일까. 그것
은 확실하지는 않으나 중국문명은 모두 황제에게서 시작된 것으로
후세에 믿어지고 있다. 그래서 노자의 흐름을 받은 사람들이 황제를
빌려서 황제의 설에 가탁한 것이다. 「노자」라는 책은 문장이 간고(簡
古, 간단하고 예스러움)하고 운을 맞춘 문장이다. 이것은 대단히 오래
된 글이라는 하나의 증거이다. 또 사마천이 노자의 학이 황제에 기반
을 두고 있다고 한 것은, 무언가 근거가 있어서 그랬을 것이다. 또
「노자」 속의 문장이 「열자」 속에서는 황제의 말로 인용되어 있는 것이
다. 그렇기 때문에 노자는 황제에 뿌리를 두고 있다고 보아도 좋은
것이다. 원래 중국인은 무엇이건 뿌리가 있다고 하지를 않으면 신용하

지 않으니까 유교에서는 요순을 조술했고, 유교와 밀고 당기고 한 묵자(墨子)는 우(愚)를 조술했으며, 노자 일파는 더욱 뛰어 올라가서 더욱 오래 된 황제에 뿌리를 두었다고 한 것임에 틀림없다고 생각 된다.

제3절 본체론

유교에서는 본체론(本體論)에 입각하여 정치도덕을 언급한다는 일은 없으나 노자는 유교와는 달리 본체론에 입각하여 정치도덕을 이야기한 다. 본체는 이러한 것이다. 본체가 이러하니까 인간 역시 이러저러하지 않으면 안 된다는 식으로 말을 한다. 그래서 노자의 말은 지극히 고상 하고 심원한 불변의 진리인 것처럼 들리는 것이다. 그래서 유교에서도 자사에 이르러서 유교의 도는 하늘에 뿌리를 두고 있다는 것을 도파 (道破)하여 도가(道家)에 대항한 일은 앞에서도 이야기한 바와 같다.

노자는 본체 자체를 대(大) 또는 도라 하고 그것을 만화(萬化)의 근본이라 하여 일(一)이라고 하니 결국은 일원론인데 「장자」는 그것을 태일(太一)이라고 했다. 이 대(大) 또는 태일은 본체이기 때문에 물론 상대계(相對界)를 초월하여 절대무차별이 되지 않으면 안 된다. 천하에 미(美)라는 것이 있음을 아는 것은 그것과 비교할 만한 추(醜)가 있기 때문이다. 선(善)을 아는 것은 불선(不善)이 있기 때문이다. 유와 무가 상대를 이루며, 난(難)과 이(易)가 상대를 이루고, 장단과 고저가 각각 상대를 이루고 있다. 이런 것은 현상계의 사실이다. 현상계의 것은 모두 상대적이지만 본체는 이와 같은 상대적 경계를 초월하여 절대무 차별이다. 또 본체는 시간과 공간을 초월해 있다. "형태는 없지만 혼돈 된 것이 있는데 그것은 하늘과 땅보다도 먼저 존재했다(有物混成 先天 地生——제25장)"라고 하고, 또는 "나는 그것이 누구의 아들인지를 모른다"고도 하고, 또는 "옛날부터 지금에 이르기까지 도(道)라는 이름 의 것이 있기는 있었다. 우리는 그것을 통해서 만물의 시작을 본다

(自古及今 其名不去 以閱衆甫——제21장)"라고 한 것은 본체의 시간적 초월성을 말한 것이다. 또 "이것을 맞이하면서도 그 머리를 보지 않고, 이것을 따르면서도 그 꼬리를 보지 않는다"고 한 것은 천하에 가득 찬 공간을 초월해 있음을 말하는 것이다. 우리는 오관을 가지고 지각하지는 못한다. 보려고 해도 보이지 않고, 들으려고 해도 들리지 않으며, 잡으려고 해도 잡히지 않는 것이다. 그 형체도 없고 그 이미지도 없어 황홀(恍惚, 무엇이라고 형용해 말할 수 없는)한 것이다. 그래서 그것〔道〕을 이(夷)라고도 하고 희(希)라고도 하고 미(微)라고도 하며, 혹은 곡신(谷神)이라고도 하고, 혹은 허(虛)라고도, 무(無)라고도 한다. 본체로부터 천지만물이 나오기 때문에 그것을 천지의 뿌리라고도 하며, 또 본체로부터 온갖 만물이 태어나는 것은, 비유하면 여자에게서 아이가 태어나는 모양과 같은 것이다. 그래서 그것을 현빈(玄牝)이라고도 한다. 현(玄)은 어둡고 알기 어렵다는 의미이다. 그래서 무(無)에서 유(有)가 나오고 그로부터 만물이 생겨나기 때문에 "천하만물은 유(有)에서 생겨나고, 유는 무(無)에서 생겨난다"고 하기도 하고, 또는 "무명(無名)은 천지의 시작이며, 유명(有名)은 만물의 어미"라고도 한다. 그러나 노자가 말하는 이른바 허무는 우리로서는 보고 들을 수가 없는 것이고 오관을 가지고 지각할 수가 없다는 의미의 것이지 결코 아무것도 없다〔無〕는 의미의 것은 아니다. 우리는 직각적으로 그것을 인지할 수가 있다. 이와 같은 허무의 사상은 정치적으로는 일체의 체제를 파괴하며, 윤리적으로는 모든 예법을 무시하는 결과를 가져온다.

다음으로, 만물발생의 순서에 관하여 노자는 "우주의 근원인 도(道)로부터 하나의 것이 태어난다. 하나의 것으로부터 둘의 것, 즉 음기(陰氣)와 양기(陽氣)가 태어난다. 둘의 것에서 충기(沖氣)를 합한 셋의 것이 태어나고, 셋의 것에서 만물이 태어난다. 만물은 음기(부정)와 양기(긍정)의 충기(통일)에 의해 조화를 이룬다(道生一 一生二 二生三 三生萬物 萬物負陰而抱陽 沖氣以爲和——제42장)"라고 했다. 이(二)란 무엇인가, 삼(三)이란 무엇인가 하는 것을 노자는 확실하게 설명하지는 않았지만 일(一)은 즉, 본체를 말하고, 이(二)는 아마도 음양의 이기(二氣)를 말한 것일 것이다. 삼(三)은 음양의 이기(二氣)와 충화(沖和)의 기를 지칭한 것일 것이다. 즉, 음과 양과 충화 셋으로 만물이 생겨난다는 것이다. 다소간은 역(易)의 설명과 유사한 점이 있다. 그는 본체로부터 만물이 발생함에도 불구하고 본체를 활동적이라고 하지 않고 정지적이라고 한다. 무거운 것은 가벼운 것의 뿌리이다. 조용한 것은 시끄러운 것의 인군(人君)이라고도 하고, 또 "뿌리로 돌아가는 것을 정(靜)이라 하고, 정을 복명(復命)이라고 한다" 운운하여 본체를 정지적인 것으로 보았다. 이런 점에 있어서 역(易)의 태극(太極)을 활동적이라고 생각하고 "생생(生生), 이것을 역이라고 한다"고 하거나, "천지의 대덕(大德)을 생(生)이라고 한다"고 한 것과 상위를 빚고 있다. 또 본체는 무위자연(無爲自然)한 것이고 만물은 저절로(자연적으로) 그로부터 발생한다. 본체는 결코 일정한 목적이 있어서 만물을 발생시키는 것은 아니다. 무위이면서 아무런 의사도 없고 아무런 목적도 없는데도 저절로 본체로부터 만물이 발생하여 멈추는 일이 없는 것이다. 만물을 발생시키면서도 그것을 내것이라고 생각하거나 그것을 주재(主宰)한다고 생각하지 않는다. 본체의 덕은 유현(幽玄)하고 헤아려 알 수가 없는 것이기 때문에 그것을 이름지어 현덕(玄德)이라고 한다. 현(玄)이란 유현하고 헤아려 알 수 없다는 뜻이다.

개괄적으로 말한다면 본체는 일원적인 것이면서 상대계를 초월하고 시간공간을 초월해 있다. 우리는 그것을 인식할 수가 없으니 그것을 임시적으로 허무라고 부르는 것이지만 그렇다고 결코 개무(皆無)는 아니다. 그 속에 혼연히 존재하는 것이 있다. 만물은 그로부터 발생하지만 본체는 활동적이 아니라 정지적이다. 목적을 가지고 있는 것이 아니라 무위자연이다.

제4절 윤리설

1. 목적

노자의 윤리설의 목적은 얄팍한 지혜를 이용하여 기교를 부리고 있는 가짜 세상 속을 벗어나 순박한 옛날 상태로 돌아가자는 데 있다. 다시 말하면, 유한한 현상계를 벗어나 무한한 본체와 합일하자는 것이다. 어린아이들은 천진난만하여 아무런 거짓이 없고 아무런 허식도 없어 마치 도의 자연무위함과 같은 것이니까 노자는 본체와 합일하는 일을 어린아이로 복귀한다고 하는 것이다. 즉, 지혜기교(智慧技巧)의 세상 속을 벗어나 천진난만한 옛날로 돌아가라는 것이니 노자의 근본적 가정은 우리가 갓 태어난 영아였던 옛날은 지선(至善)하다고 하는 것이다. 이런 점에서는 유교에서 성선설을 이야기하는 것과 비슷하다. 그리고 노자의 생각으로는 모든 경험적 지식은 죄악의 근본이며 쟁탈은 경험적 지식이 발달했기 때문이니, 지식이 없는 옛날로 돌아간다면 그와 같은 쟁탈전 같은 것은 없으리라는 것이다. 즉, 어린아이로 돌아가는 일이 우리의 종극적인 목적이라고 하니 노자의 윤리설은 절대적 소극론이라고 해도 무방한 것이다.

2. 청정염담(淸靜恬淡)

이런 목적을 달성하는 방법으로서는, 첫째로 청정염담이 있다. 말세와 같은 요계(澆季, 인정 풍속이 경박하게 되고 어지러워진 끝세상) 속에서 도덕이 땅에 떨어지고 쟁탈전이 꼬리를 물고 있는 것은 그만한 연유가 있는 것이다. 그런 세상을 구제하려면 그 원인을 먼저 알아야 한다. 그 원인은 여러 가지 유혹에 있다. 오색(五色)은 사람의 눈을 멀게 하고, 오음(五音)은 사람의 귀를 먹게 하며, 오미(五味)는 사람이 입을 간사하게 만들고, 이곳저곳을 뛰어 돌아다니면서 사냥을 하는 일은 사람의 마음을 뒤틀리게 하며, 진귀한 보물은 사람의 마음을 나쁘게 만드는 것이다. 이런 유혹들이 있어서 우리의 욕심을 불러일으킨다. 민지(民智)가 열리고 점차로 기교를 높게 되자 이욕(利慾)의

맛을 알게 되었다. 그래서 노자는 "인간에게 영리한 지혜와 약삭빠른 지혜가 생겨나면 반드시 그 반면에 크나큰 거짓이 생겨난다(智慧出有大僞——제18장)"라고도 하고, "백성(인민)의 약삭빠른 지식이 많아지게 되면 다스리기가 어렵게 된다. 공자는 덕치(德治)를 주장하였고, 묵자는 겸애로 천하를 다스릴 것을 주장하였다. 그러나 노자는 도로써 백성을 다스릴 것을 주장하는 것이다. 도로써 백성을 다스리는 데 있어서는 주지주의를 배척하고 자연주의를 내세운다. 지식에만 너무 치중하면 사람은 본래의 성품을 잃어버리고 인위적인 거짓 문명에만 치중하게 되기 때문이다. 타산적 사고에서 명상적 사고로 돌아가게 해야 한다는 것이다(民之難治 以其智多——제65장)"라고도 했다. 즉 죄악이 싹트는 것은 우리에게 이욕의 생각이 있기 때문이다. 그리고 이욕이 있는 것은 우리에게 육체가 있기 때문이다. "사람에게 큰 재난이 있는 것은 사람이 신체를 가지고 있기 때문이다. 우리에게 신체만 없다면 무슨 걱정거리가 있겠는가"라고도 했다. 즉, 육체를 가졌기 때문에 이익을 추구하기에 지칠 줄 모르고, 혹은 사냥을 한다든가, 혹은 음악을 듣는다든가, 혹은 색(色)을 즐긴다든가 하다가 마침내는 대도(大道)를 거역하여 근본으로 돌아갈 수가 없게 된다는 것이다. 즉, 노자는 기본적으로 염세관에서 출발했다고 하지 않을 수 없는 측면이 있다. 그래서 우리가 근본으로 돌아가는 방법은 육체를 가지고 있다는 생각을 잊고, 명리(名利)를 추구하는 마음을 단절하며 지혜를 내동댕이쳐 버려야 한다는 것이다. 즉, 청정염담하게 되지 않으면 안 된다는 것이다. 지혜를 내동댕이쳐 버리면 백성의 이익은 백배가 된다고도 했고, 청정은 천하의 바른 길이라고도 했다.

3. 무위자연

옛날의 순박한 세상에서는 사람들은 청정염담하여 명리가 무엇인지를 몰랐고, 대도(大道)는 완전히 시행되어 무위이화(無爲以化)하는 양상이었다. 그러나 후세에 이르러 점차로 지혜가 생겨서 서로 다투는 일이 끊이지 않게 되었다. 이런 폐단을 바로잡으려면 옛날의 무위자연으로 돌아가야 한다. 예를 들면, 폭풍대우(暴風大雨)는 종일종야(終日終夜) 계속된다는 법은 없는 것이다. 자연에 반하는 것이면 하늘이나 땅 같은 것이라고 해도 오래 간다는 법이 없다. 더욱이 사람된 자는 자연에 맡겨 두어야 하는 것이지 조금이라도 인위를 섞어 넣어서는 안 되는 것이다. 세상의 이른바 성인은 유위(有爲)의 뜻을 품고 백성을 구제하려고 하여서 인의예법을 설정했는데 그 때문에 세상은 도리어 어지러워졌다. "참다운 대도(大道)가 쇠퇴하게 되니까 인이라든가 의(義) 같은 덕목을 거론하게 된다. 인이라든가 의 같은 덕목이 운위될 때에는 그것이 바로 대도가 스러졌다는 증거가 된다. 사람에게 영리한 지혜와 약삭빠른 지혜가 생겨나면 반드시 그 반면에 크나큰 거짓이 생겨난다. 부모와 자식, 형제, 부부의 육친 사이에 불화가 생기니까 효행이라든가 자애 같은 덕목이 거론되는 것이다. 효행이나 자애가 운위될 때는 육친이 화합하고 있지 않다는 증거인 것이다. 국가가 혼란을 빚게 되면 충신이 나타난다. 충신이 운위되는 것은 국가가 혼란을 빚고 있다는 증거이다(大道廢 有仁義, 智慧出 有大僞, 六親不和有孝慈 國家昏亂有忠臣——제18장)." 즉, 충신효자가 나타나는 것은 육친이 화합을 이루지 못하고 국가가 혼란을 이루고 있기 때문인 것이다. 인과 의 같은 명칭이 생기는 것은 대도가 쇠퇴되었기 때문이다. 예는 진심이 모자라기 때문에 그것을 꾸미기 위해서 나온다. 진심이 있으면 예의는 무용지물이다. 성인이 인의예법을 제정하여 세상을 구하려고 한 것은 당치도 않은 잘못이다. 만약 옛날로 돌아가려고 생각한다면 일체의 약속(約束, 제약과 속박)을 버리고, 무위자연을 회복해야 한다. 도는 항상 무위이면서 무불위(無不爲)이며, 무위는 큰 것을 이루는 길이다.

4. 겸하부쟁(謙下不爭)

만약 공(功)을 이룬 때에라도 그 공을 자랑으로 여겨 다투는 마음을 가져서는 안 된다. 영만(盈滿, 가득참)은 하느님이 미워하는 바이니 겸허하지 않으면 안 된다. 비유하면 물과 같다. 물이 없으면 만물은

다 시들어서 생장하지를 못하는 것이다. 물만큼 공로가 있는 것은
없다. 그럼에도 불구하고 물은 항상 낮은 곳, 남들이 싫어하는 곳에
있으면서 결코 위로 올라가려고 하지는 않는다. 우리도 공로를 자랑하
지 말고, 다투는 마음을 갖지 말아야 하며, 시종 겸손함을 지켜야 한
다. 성인은 스스로 자랑을 하지 않으며 공이 있어도 다투지 않으니까
천하에서 시비를 거는 사람이 없다. 만약 공을 자랑하고 다투는 마음
을 가진다면 세상 사람들은 그 공을 인정하면서도 거기에 반대하는
경향을 갖게 되는 것은 옛날이나 오늘이나 마찬가지이다. 공이 있으면
서도 겸손하며 그 공을 공으로 생각하지 않으니까 오래 그 명성을
잃지 않는다. "봄은 봄으로서 해야 할 일을 마치면 그 지위를 여름에
게 물려준다. 여름은 가을에게 물려주고 가을도 겨울에게 그 지위를
물려준다. 사람도 일단 일을 마쳐 공명을 이루었으면 그 위치에서
물러나는 것이 하늘의 도에 따르는 것이 된다(功遂身退 天之道──제9
장)." 영만(盈滿)은 유지하기가 어렵고 부귀는 앙심(怏心)을 초래하는
법이다. 그래서 겸하부쟁(謙下不爭)·화광동진(和光同塵, 번뜩이는 재치나
부, 고고청정한 마음이 있어도 그것을 감추고 세속을 따름)하지 않으면
안 된다.
　앞에서 이야기한 청정염담(淸靜恬淡), 무위자연, 겸하부쟁 이 세 가지
처세의 길을 지키면 성덕(盛德)한 사람이 되고 도와 일체가 되며, 유한
한 현상계를 초탈하여 무한한 본체와 합일하게 되며 영구불멸, 천지와
더불어 장구하게 된다. 노자는 그 의미를 설명하여 잘 섭생하면 상주
불멸(常住不滅)하게 되고 땅을 갈 때에 외뿔 짐승이나 호랑이를 만나
피해를 입는 일이 없으며, 전쟁터에서도 살해당하는 일이 결코 없고,
호랑이가 와도 호랑이가 달려들 틈이 없으며, 칼로 베려고 해도 벨
틈이 없는 것은, 그 사람에게는 사지(死地, 살아 나올 길이 없는 것)가
없기 때문이라고 했다. 또 이와 같은 훌륭한 덕을 가지고 있는 사람은
어린아이와 마찬가지로 독충이 와서도 그 사람을 물지 못하고, 맹수가
와서도 잡아먹지 못하며, 독수리가 와서도 쪼지 못한다고도 했다. 내친
김에 이야기한다. 노자는 원래는 염세관을 가져서 우리의 신체는 죄악

의 뿌리라고 했지만, 한편으로는 잘 섭생하면 장생불사의 경지에 이른
다고도 했다. 이것은 사욕의 생각을 버리면 절대와 합일될 수 있다는
것을 설명한 말이다. 장자는 한층 더 재미있는 형용사를 써서 우리의
수양의 결과는 지인(至人) 혹은 신인(神人), 즉 후세의 이른바 신선이
된다고 했다. 그래서 한나라의 신선가(神仙家)는 도교를 형성하고 노자
를 그 시조로 삼게 되었다. 또 노자가 말한 섭생의 의미를 오해하여
약을 빚어서 그것을 마시면 선인이 된다고 생각하게까지 되었다. 진시
황제가 선약(仙藥)을 찾아오라고 서복(徐福)을 봉래산으로 보낸 일과,
한나라의 무제(武帝)가 신선술을 좋아하여 선약을 구한 일 같은 것이
그것이다. 노자는 물론 인간이고, 그 자손은 한나라에서도 벼슬을 하였
는데 후세의 도교에서는 노자를 태상노군(太上老君)이라고 하여 선인으
로 섬겼다.

제5절 정치설

노자의 정치설(政治說)은 그 윤리설과 가장 밀접한 관계가 있다.
노자는 "잘 세운 것은 빠지지 않고, 잘 안은 것은 벗어나지 않는다.
이 세상에서는 한번 세워 놓은 물건치고서 뽑혀지지 않는 것이 없고,
한번 안은 물건치고서 이탈되지 않는 것이 없다. 하지만 뽑혀지지
않고 이탈되지 않게 잘 세우는 방법이 있다. 그것은 사람의 마음속에
다 세우는 일이다. 이것(道)을 마음속에다 세우면(修) 그 덕(道)은
참된 덕이 될 것이다. 이것을 집에다 세우면 그 덕은 흘러넘치게(餘)
될 것이다. 이것을 한 고을에다 세운다면 그 덕은 영속하게 될 것이
다. 이것을 나라에다 세운다면 그 덕은 풍부하게 될 것이다. 이것을
천하에다 세운다면 그 덕은 두루 보편적인 것이 될 것이다(修之於身
其德乃眞 修之於家 其德乃餘 修之於鄉 其德乃長 修之於國 其德乃豐 修之於
天下 其德乃普——제54장)"라고 한다. 즉 일신을 닦는(修, 세우는) 것을
일컬어서 천하국가를 다스리고도 남음이 있다고 하는 것이니, 유가

(儒家)가 수신(修身)을 치국(治國)의 근본이라고 하는 것과 흡사한 것이다. 다만 노자는 무위자연을 최상의 윤리라고 하니까 정치상으로도 무위자연을 주장하는 것이다. 즉, 예악형정(禮樂刑政, 인위적 사회교육과 규제)을 그만두고[罷] 무위자연에 맡기면 세상은 다스려진다는 것이 노자 정치설의 근본이다. 지혜가 있기 때문에 미혹도 생기고 이욕(利慾)의 생각도 생기니 백성을 어리석게끔 해두면 천하는 절로 다스려진다. 즉, 백성을 어리석게 묶어 두어야 한다는 것이다. 후세의 법가자류(法家者流)가 백성을 어리석게 묶어 두는 우민정책(愚民政策)을 취한 것은 노자의 생각에 근거를 둔 것이었다. 이 점은 유교가 신민정책(新民政策)을 주장하는 것과는 다르다. 인군(人君)된 자가 천하를 대하는 방법에 삼보(三寶)가 있다. "자(慈), 검(儉), 애써 천하에 앞장서려고 하지 않는 것", 이들 셋이 삼보이다. 백성을 어여삐 여기면[慈] 은택이 아래 만민에게 돌아가고, 검소한 생활[儉]을 하면 국가의 비용이 절약되어 세금을 적게 거두어도 되고, 천하에 앞서지 않고 겸손하면 백성들은 그 덕에 감복한다. 그렇게 되면 천하는 잘 다스려지는 것이다. 마지막으로 노자의 이상국가의 사상을 들어 보자. 즉, 소국과민(小國寡民), 집기가 있어도 그것을 사용하지 않으며, 배와 수레[舟車]는 있어도 타고 갈 곳이 없으며, 병갑(兵甲)은 있어도 그것을 늘어놓을 곳이 없고, 백성으로 하여금 결승(結繩, 문자가 없던 태고시대에 새끼에 매듭을 맺어 의사를 전달하여 정치를 하던 일)의 정치로 돌아가게 한다. 다스림[治]의 극에서는 "백성은 각기 그 음식을 맛있다고 하고, 그 의복은 아름답다고 하며, 그 거소에서 편안하게 살고, 그 풍속을 즐기며, 이웃 나라를 서로 바라보고, 닭과 개의 울음소리가 서로 들리며, 백성들은 늙어도 저절로 죽을 때까지 서로 왕래하지 않는다"고 하는 것이다. 요컨대 무위(無爲)로써 백성을 변화시키고, 백성으로 하여금 어리석은 상태에서 벗어나지 못하게 하여 욕심도 없고 아는 것도 없이 각기 그 고장에 안주하게 하고 밖으로 구하는 것이 없게 만드는 것이 지치(至治)의 세상이라는 것이다.

제6절 결론

노자의 학문은 유교에 비하면 훨씬 심원한 취향이 있다. 그러나 유교도 도가도 마찬가지로 중국에서 나온 사상이고, 유교와 도가는 주나라 말기의 2대 사상이니 도가도 역시 중국적인 취향이 있다. 일견 노자의 사상은 유교와는 크게 상위하기 때문에 앞에서도 이야기한 것처럼 라피트, 라크페리 등은 "노자의 학은 중국에서 나온 것이 아니며, 바라문의 영향을 받은 것으로, 인도에서 왔을 것이다"라고 했지만 결코 그렇지가 않다. 첫째로, 노자의 윤리설은 말하자면 정치설인데, 수기(修己)를 치인(治人)의 근본으로 하는 것이다. 둘째로, 「노자」 전편을 통해서 끊임없이 어떻게 천하국가를 다스릴 것인가 하는 천하의 경륜(經綸)을 이야기하고 있는 것이다. 셋째로, 노자는 왕을 역중사대(域中四大)의 하나라고 하여 인군을 중시한다는 것이다. 넷째로, 노자는 성인을 두 가지 의미로 사용하는데, 좋은 의미의 성인은 존중하고 있다. 다섯째로, 옛날의 건언(建言, 위로 올리는 글)을 인용하고 또 고어를 인용하니 옛날을 숭상하는 사상이 있는 것이다. 이들 다섯은 모두 유교와 같은 것이며 중국적인 것이다. 다만 유교와는 입론하는 방법이 다를 뿐이다. 또 그 사상이 출세간적(出世間的)이고 염세사상(厭世思想)으로 경사되어 있는 것이 유교와는 다른 점이지만 그만한 이유가 있는 것이다. 즉, 세상이 모두 어지러워져 있는 때에는 한쪽에서는 난세를 혐오하는 사상이, 다른 한쪽에서는 어디까지나 난세를 구하려는 사상이 일어나기 때문에 유교와 도가는 난세에 대한 사상계의 두 가지 경향을 대표하는 것이다.

제9장 열자(列子)

제1절 행적과 저서

열자 이름은 어구(禦寇), 정(鄭)나라 사람이다. 정나라의 수공(繻公)과 같은 시대이며, 노자보다는 약간 뒤지고 장자보다는 선배이다. 자세한 행적은 알지 못한다. 저서는 「열자」 8편이 있지만 찬입(竄入, 잘못되어 섞여 들어간 것)이 많아서 대다수가 믿기 어려운 것이다. 그 가운데서도 '양주편(楊朱篇)'은 양주(楊朱)의 학설을 이야기한 것이고 열자와는 아무런 관계가 없다. 지금 여기에서는 「장자」에 인용되어 있는 열자의 주장과, 「열자」 속에서 후세의 찬입이 아니라고 생각되는 점을 종합하여 그 학설의 요지를 설명하기로 한다.

제2절 본체론

열자는 노자와 마찬가지로 허무를 본체라고 하며 "그 유형자는 무형에서 나온다"고 했다. 현상계의 것은 형(形)·성(聲)·색(色) 그리고 미(味)가 있지만 본체, 즉 조화는 아무런 인식할 만한 단서가 없으며 허무이기 때문에 무극(無極)이다. 또 만물은 모두 한쪽으로 치우쳐 있지만 오로지 본체만은 전지전능이다.

이것만이라면 노자에 비해 아무런 창견(創見)도 없다고 하겠으나 그가 노자의 설에서 한걸음 더 나아간 점은 본체로부터 만물이 발전해 나오는 순서를 논한 데에 있는 것이다. 노자는 무에서 유가 나온다는 것을 말하고 일(一)에서 이(二), 이(二)에서 삼(三), 삼(三)에서 만물이 나온다고 했다. 그런데 열자는 무에서 유가 되기까지 태역(太易)·태초(太初)·태시(太始)·태소(太素)의 4단계를 설정하고, 태역은 혼륜(渾淪)한 상태의 무이며 태초는 기(氣)의 시초, 태시는 형(形)의 시초, 태소는 질(質)의 시초로서, 혼륜에서 일(一)이 나오고, 칠(七)이 나오고, 구(九)가 나오며, 맑고 가벼운 것은 위로 올라가서 하늘이 되고, 탁하고 무거운 것은 내려와 땅이 되며, 충화의 기는 사람이 되고, 그로부터 만물이 발생한다고 논했다. 즉, 이런 점만이 노자의 설을 더욱 상세하게 설명하려고 시도한 것이다.

제3절 숙명설

열자는 역명편(力命篇)에서 역(力)과 생명(命)의 문답에 가탁하여 그의 숙명설을 이야기한다. 역이란 인력을 말하는 것이며, 명이란 숙명을 말하는 것이다. 역이 말하기를 대체로 사람의 수요(壽夭)·궁달(窮達)·귀천·빈부는 모두 나의 힘이 작용하는 것이라고 하자 명이 그것을 반박한다. 팽조(彭祖)는 8백 살이었는데 안회(顔回)는 수명이 겨우 48세였으며, 공자는 진채(陣蔡)의 들판에서 고생했는데 은주(殷紂)는 인군의 자리에 있었으며, 계찰(季札)은 오(吳)나라에서 작위도 얻지 못했었지만 진항(陣恒)은 제(齊)나라를 취했으며, 계씨(季氏)는 부귀영화를 누렸는데 백이(伯夷)는 수양산에서 굶어 죽었다. 만약 당신이 힘으로 좌우할 수가 있는 일이라면 어찌하여 그런 잘못된 일들이 일어나는 것이냐고. 역(力)은 그 논박에 한마디도 대꾸를 하지 않고 당신의 말이 옳다고 한다. 그러면 당신이 지배하는 것이냐고 물으니 명(命)이 대답하기를, "벌써 이것을 명이라고 하는 만큼 어찌 이것을 좌우할 수 있으리요. 나는 바로 이에 맡길 따름. 사람들 스스로 수(壽), 요(夭), 궁(窮), 달(達), 귀(貴), 천(賤), 빈(貧), 부(富)하게 되니 내 어찌 그것을 알겠소"라고 했다는 것이다. 여기에서 주의해야 할 점은 벌써 이것을 명이라고 하는 만큼 어찌 이것을 좌우할 수 있으리요라는 대답인데, 열자는 여기서 절대의 숙명관을 말하고 있는 것이다.

제4절 사생관(死生觀)

열자는 인생을 영해(嬰孩)·소장(少壯)·노모(老耄)와 사망(死亡)의 4기로 나누어서 보았다. 영해, 즉 적자(赤子)인 때에는 가장 덕이 높으며, 소장인 때에는 혈기왕성하고 욕심격렬하여 덕이 쇠퇴되며, 노모가 되면 욕심도 적어 적자의 전덕(全德)에는 미치지 못하지만 소장보다는 크게 훌륭하다. 사망하면 무극(無極)의 진(眞)으로 돌아간다. 즉, 죽음은 돌아가는 것이다. 삶은 말하자면 여행을 하는 것과 같은 것이다. 그래서 이 세상은 임시로 몸을 맡기는 여인숙이며 인생은 몽환(夢幻)이다. 잠을 오래 자서 50일에 한 번씩 깨는 사람은 꿈속에서의 일을 실(實)이라 하고 깬 때의 일을 망(妄)이라고 한다. 세상 사람들이 죽음은 즉, 돌아가는 것임을 알지 못하는 것은 이와 같이 잠을 길게 자서 50일에 한 번씩 깨는 일과 같은 것이다. 이렇게 말하면 열자는 죽음을 좋아하고 삶을 싫어하는 듯이 보이지만 열자가 어느 날 위(衛)나라로 가는 길에서 풀숲에 해골이 뒹굴고 있는 것을 보고 그것을 가리키면서 "나와 당신만이 알 뿐이다. 당신은 아직 죽지 않았고 아직 태어나지도 않았다. 당신은 과연 슬퍼해야 하고 나는 과연 기뻐할 자격이 있는 것인가. 결국 만물은 모두 기(機)에서 나와 기(機)로 돌아간다"고 한 것을 보면 열자에게는 사생(死生)을 하나라고 하는 감개가 있었다고 해야 할 것 같다.

제5절 윤리설

열자는 수양의 결과 마음을 마음대로 조종했고, 입을 마음대로 조종

했으며, 피아내외(彼我內外)의 구별을 몰랐고, 눈은 귀같이, 귀는 코같이, 코는 입같이 모두가 같은 것이 아닐 수 없으며, 그 육체 그대로 마치 허물 벗은 매미의 껍질처럼 바람도 탈 수 있었고, 물 위로 걸어 갈 수도 있었으며, 돌벽 속을 마음대로 드나들고 활활 타오르는 불길 속도 마음대로 드나들어 하지 못하는 일이 없었다고 했다. 「장자」에도 "열자는 바람을 마음대로 타고 다닌다"는 구절이 보인다. 그와 같은 즉신절대(即身絶對)의 경지에 들어가는 방법은 무심(無心)에 이르러 모든 것을 잊어버리는 데에 있다. 그는 재미있는 한 설화를 통해 그 뜻을 설명했다. 어부가 무심하게 바다 위에 배를 띄우고 있자니 오리 들이 날아와서 노는데 한번 해칠 마음을 먹고 그 오리를 잡으려고 하면 오리가 멀리 날아가서 다시는 오지 않았다는 것이다. 또 송화자 (宋華子)라는 사람이 망각병에 걸려서 온갖 일들을 잊어버리고 탕탕 (蕩蕩, 느긋)하게 천지가 있다는 것조차도 알지 못했는데 하루 아침에 병이 낫자 득실훼예(得失毀譽)의 정이 솟구쳐 올라와 그 번거로움에 견딜 수가 없었다는 것이다. 즉, 우리는 송화자라는 사람의 망각증과 마찬가지로 피아내외의 구별을 잊고, 어부의 무심처럼 무위(無爲)하게 자연에 맡기면 즉신절대의 경지에 들어갈 수가 있다는 것이다.

제6절 결론

열자의 특색은 무에서 유가 생겨나는 순서를 설명한 점과 즉신절대 의 경지에 이를 수가 있다고 한 것이다. 노자는 육체를 가지고 죄악의 바탕으로 삼았는데도 그가 그 즉신절대를 주장한 것은 그의 독특한 견해라고 하지 않을 수가 없다. 노자는 무위자연을 말한다. 그 가르침 을 받든 그가 일전하여 숙명설을 펴는 것은 당연한 일일 것이다. 숙명 설이 도덕적 견지에서 잘못된 사상이라는 것은 말할 것도 없다.

제10장 양주(楊朱)

제1절 행적

양주의 자(字)는 자거(子居)이며, 그의 학설은 인심에 잘 맞았기 때문에 한때 천하를 풍미했다. 맹자도 "양주묵적(楊朱墨翟)의 말이 천하에 가득 찼다"고 했으나, 「한비자(韓非子)」는 당시의 유력한 학파로서 유묵(儒墨)의 둘을 들고 양자(楊子)를 언급하지 않은 것을 보면 양자의 학은 묵자의 학만큼 유행을 보지는 못했던 것으로 보인다. 그 행적도 자세한 것은 알려진 것이 없다. 노자에게 배웠다고도 하고, 혹은 노자를 사숙했지 직접 배운 일은 없다고도 하는데 공묵(孔墨) 두 사람보다는 후세이고 맹장(孟莊) 두 사람보다는 앞선 사람일 것이다. 저서는 없다. 다만 「열자」와 「장자」를 주로 하여 「맹자」, 「한비자」 등에 보이는 것을 통해서 그의 학설을 볼 수가 있다.

제2절 숙명설

양자는 열자와 마찬가지로 숙명설을 주장한다. 양포(楊布)가 물었다. "여기에 사람이 있는데 그 연령·변설·재능·용모는 모두 백중(伯仲) 사이에 있는데도 그 수요(壽夭)·귀천·명예·애증은 심히 다릅니다. 그것은 어찌 된 까닭입니까?" 양자가 대답했다. "옛날 사람이 말하기를 그 연유를 모르지만 그것은 명(命)이다." 세상이 하도 어수선하여 바라는 일은 안 되고 바라지 않은 일은 된다. 그 까닭을 알지 못하는

것이 즉, 명이다. 수요·시비·순역·안위 등은 모두 명임을 알고 자연에
맡겨 두면 마음에 아무런 번민도 없게 될 것이다. 우리의 마음가짐은
참으로 그렇게 되어야 하는 것이다.

제3절 염세관

사람의 생사는 숙명이다. 그래서 이 세상은 우수(憂愁)가 영원히
몸에 남아서 유유하게 즐기는 날이 얼마 되지 않는다. 백년의 수명은
여간해서는 없다. 설령 있다고 해도 소아 시기와 노모(老耄) 시기를
제외하면 50년밖에 안 된다. 밤에 잠을 자는 시간과 낮에 멍하니 지내
는 시간을 제외하면 25년이 된다. 걱정과 고생으로 지새는 날이 또
그 반이라고 치면 백년이라고 해도 실제로는 십수년이나 마찬가지이며
그 속에서도 유유자적하는 시간은 얼마 되지 않는다. 참으로 덧없는
것이 인생이다. 인생이 이와 같은 애고(哀苦)의 삶이라면 빨리 죽는
것이 나을 듯하지만 사생(死生)도 명(命)이니 수고(愁苦)를 싫어하여
자살한다는 것도 마음대로는 되지 않는 일이다. 우리는 모름지기 자연
에 맡기고 스스로 즐기자는 까닭을 깨달아야 할 것이다.

제4절 쾌락주의

인생은 하루살이의 일생과 같고 수심(愁心)이 떠날 날이 없으며
수요·귀천이 모두 숙명적인 것이라면 우리는 무엇을 걱정하여서 일시
적인 허명(虛名)을 다투고 죽은 후의 여영(餘榮)을 꾀하며 계신공구
(戒愼恐懼)하여 자기의 마음을 제어하고 당년의 지락(至樂)을 잃어버리
는 것인가. 사후만세에 이름이 남은들 생전의 하루 환락만 같지 못하
다. 살아서는 현우(賢愚)의 구별이 있을지라도 죽으면 똑같이 부골
(腐骨)이 되고, 썩은 나무등걸 흙덩어리와 다를 바가 없으며, 훼예득상

(毁譽得喪)이 무엇인지를 알지 못하는 것이 아닌가. 세상 사람들이
이렇게 간단하게 눈에 띄는 도리를 알지 못하는 것은 수(壽)·명(名)·
위(位)와 화(貨) 네 가지 때문이다. 이런 네 가지 욕심 때문에 몸이
족쇄에 묶이고 예교(禮敎)에 구속받으면서 미몽에 빠져 깨어나지 못하
는 사람을 둔인(遁人)이라고 한다. 이와 같은 욕망을 잊고 초연히 하늘
에 따르는 사람을 순민(順民)이라고 한다. 순민이 되고자 한다면 모름
지기 의(意)가 하고자 하는 대로 할 뿐, 조금이라도 성욕을 억제하지
말지어다. 이것이 즉, 양생(養生)이다. 그렇게 즐기는 가운데 죽음을
기다리면 하루가 한달 같고, 일년이 십년 같다. 이것을 아는 사람이
즉, 달인(達人)이다. 그래서 오늘날의 데카당 같은 공손조(公孫朝)·공손
목(公孫穆)과 단목숙(端木叔) 세 사람을 들어서 그는 존경할 만한 달인
이라고 했다.

제5절 위아주의(爲我主義)

우리는 예교(禮敎)를 거들떠보지도 말고 성욕(타고난 욕망)을 한껏
신장시켜야 한다. 이것이 즉, 양생(養生)이다. 이렇게 우리는 혼자 즐겨
야 하는 것이다. 타인의 이익을 돌볼 필요도 없지만 그렇다고 타인을
해쳐서도 안 된다. 예를 들어 내 머리털 한 가닥을 뽑으면 그것이
천하의 이익이 된다고 할지라도 내 머리털을 뽑는 짓은 하지 않지만,
천하의 물건들을 모두 긁어 모아서 내 일신의 쾌락에 이용하는 일도
하지 않는다. 다시 말하면 그는 순수한 개인주의의 입장을 취했고,
사회 밖으로 초탈하여 사회와는 전적으로 몰교섭적이었던 것이다.
그렇기 때문에 그의 위아주의는 물론 이기주의이지만 결코 자기만능은
아니다. 즉, 절대적 이기주의는 아니라는 말이다. 맹자는 "양씨(楊氏)
는 위아주의여서 인군을 무시했다"고 비난했다. 그러나 양자(楊子)는
처음부터 인군을 무시할 의사가 있었던 것은 아니고 그저 개인주의의
입장을 취하다 보니 국가나 사회적 관계를 무시하게 되어 무군(無君)

과 동일한 결과로 귀착된 것이다.

제6절 결론

숙명설을 신봉하고 염세주의를 갖게 되는 것은 수양을 쌓아서 초월적 인생관에 도달하는 사람, 자포자기하여 세상 되어 가는 대로 맡기는 사람, 비관하여 자살하는 사람, 극단적인 쾌락주의로 달리는 사람 등 여러 가지 경우가 있다고 생각된다. 양자는 쾌락주의로 달렸고, 또 그 되어 가는 대로 맡기자고 한 사람이다. 노자사상(老子思想)의 영향을 받고, 스스로 즐기면서도 타인에게 해를 입혀서는 안 된다는 점을 역설하고 있는 것은 높이 살 만한 일이라고 하겠다.

제11장 장자(莊子)

제1절 행적과 저서

장자 이름은 주(周), 송나라 몽인(蒙人, 지금의 河南省 歸德)이다. 한때 몽(蒙)의 칠원(漆園)의 관리인을 맡아서 한 일이 있다고 한다. 거의 맹자와 시대를 같이하고 왕왕 혜자(惠子)와 논쟁을 벌인 일이 있으나 맹자와는 서로 만나 볼 기회가 없었다. 초나라의 위왕(威王)이 장자가 어질다는 소리를 듣고 초빙하여 경상(卿相)으로 삼으려고 했으나 장자는 껄껄 웃고 심부름을 온 사자(使者)에게 "교제(郊祭, 천자가 교외에서 천지신에게 드리는 제사)에 쓰는 희생용 소는 먹여 기를 때에는 소중하게 다루면서도 막상 제사를 지낼 때가 되면 무엇보다도 소중한 목숨을 버려야 한다. 경상(卿相)은 높은 자리이기는 하지만 이 희생용 소와 같은 것이다. 당신은 얼른 자리를 물러가 나를 더럽히지 마시오. 나는 차라리 시궁창 속의 버러지가 되어서 유유자적 하겠소"라고 했다. 이 일장의 설화는 그의 사람됨을 잘 보여 주는 이야기이다. 저서는 「한서」예문지에는 52편이라고 나와 있으나 현재는 33편인데, 진(晉)나라의 곽상(郭象, 자는 子玄)은 내편(內篇) 7, 외편(外篇) 15, 잡편(雜篇) 11이라고 했다. 내편은 장자(莊子)의 자필이고 외편과 잡편은 문하생 등의 손으로 씌어진 것이라 추정된다.

제2절 본체론

장자의 본체론은 노자와 같다. 그저 그 설명이 한층 더 정밀하며 한층 더 알기 쉽게 되어 있을 뿐이다. 즉, 무를 가지고 본체로 삼고 있다. 본체는 절대무차별이고 그 자체가 바탕이고 뿌리이고 천지만물의 근본이라든가 시간공간을 초월해 있다는 것은 앞의 노자의 장에서 이야기한 것과 같다. 다만 장자의 설명에서 재미있는 것은 본체의 편재성에 관한 것이다. 동곽자(東郭子)와 장자의 문답이 그것이다. 그 대의를 말하면 이렇다. 동곽자가 도는 어디에 있느냐고 묻는다. 장자가 거기에 대답하기를, "없는 데가 없느니라" 즉, 어디에도 있다고 했다. 그래서 동곽자가 어디에도 있다고 하여서는 알기가 어려우니 어디면 어디라고 구체적으로 말해 보라고 하니 이번에는 장자가 "도는 땅강아지와 개미[螻蟻]에게 있다"고 한다. 동곽자가 너무도 천(하등)하지 않느냐고 하니까 이번에는 장자가 또, "가라지와파[稊稗]에 있다"고 한다. 버러지 같은 것이라면 살아서 움직이고 있지만 이것은 동물이 아니니 "어찌하여 더 천한 것으로 내려가는가"라고 하니까 장자가 이번에는 또 "기와[瓦甓]에 있다"고 했다. "어찌하여 점점 더 심해지는가"라고 하니 장자가 이번에는 "똥오줌[屎溺] 속에 있다"고 했다. 너무도 사람을 바보로 만들고 있기 때문에 동곽자가 대답하지 않았다. 이것은 역시 도는 없는 데가 없다고 한 말과 다를 바 없는 것이다. 대종사편(大宗師篇) 속에서는 본체로부터 만물이 발전해 나온다는 것을 신화적으로 설명했는데, 너무도 각양각색의 신들이 등장하니 여기서는 생략하기로 한다. 다만 장자가 노자의 본체론에서 한걸음 더 나아가려고 시도한 것은, 노자는 무를 본체로 했지만 장자는 거기에서 한걸음 더 나아가 세상에서는 원래 시작이라는 것이 물의 시작이라고 하지만 한걸음 더 나아가서 무시(無始)라는 것이 있다. 하지만 다시 한걸음을 더 나아가 무시라는 것도 없었던 시대, 즉 무무시(無無始)라는 것이 있다. 그리고 세상 속의 온갖 것의 근본은 무이다. 하지만 무도 아직 없었던 때, 즉 무무(無無)라는 시대가 있다. 하지만 다시 한걸음 더 나아가서 이 무무도 아직 없었던 시대가 있다는 것이다. 열자는 무(無)와 유(有)의 연락에 많은 계단을 만들려고 했고, 장자는 무 위에서 다시 무무(無無), 무무무(無無無)라는 것을 생각해 보려고 한 것이다. 이것은 사고상으로는 생각해 볼 수 있는 일이지만 거의 아무런 의미가 없다.

제3절 인생관

1. 사생일여(死生一如)

생(生)이 있으면 사(死)가 있는 것은 현상계에서의 상대적인 관계인데 본체와 합일이 되면 결코 생사라는 것은 없다는 것이다. 사생을 초월하고, 상주불멸(常住不滅)이며, 처음부터 삶[生]도 없으며 죽음[死]도 없다고 하는 것이 장자의 사생관이다. 처음에는 사생에 관해 갈피를 못 잡고 있었다. 장자는 아내가 죽었을 때에 몹시 비탄에 잠겨서 "어찌나 혼자 능히 슬퍼하지 않을 수 있으리요"라고 했다. 죽음도 삶도 같은 것이라면 아내가 살았건 죽었건 슬퍼할 필요는 없는 것이다. 유명한 '장생장주(莊生藏舟)의 한탄'이라는 에피소드는 인생의 덧없음을 한탄한 것이다. 어부가 배를 골짜기의 갈대숲이 무성한 곳에 감춰 두고 이만하면 다른 사람들이 훔쳐갈 염려는 없다고 안심하고 있었는데 어느 날 밤에 한 유력자가 와서 배를 짊어지고 도망가 버렸다는 이야기이다. 장자도 처음에는 사생이 중대하다고 하였으나 점점 깨달음이 열려서 인생을 꿈이라고 보게 되었다. 사람이 꿈을 꾸면 꿈속에서 또 꿈을 꾼다. 깨어난 뒤에야 꿈이었다는 것을 안다. 하지만 인간에게는 크게 깨어난다는 일이 있다. 크게 깨어나면 이 인생은 큰 꿈이라는 것을 알게 된다. 사람이 이 세상 속에서 장관이라거나 대장이라고 하면서 자기는 위대하다고 뽐내고 있지만 꿈 속에서는 장관이건 대장이건 아무것도 뽐낼 일이 없다. 원래 긴 생애와 비교하면 한 번의 꿈은 한순간에 지나지 않는다. 만약 시간의 장단을 가지고, 꿈을 꾸고 있는 시간은 얼마 안 되는 시간이니까, 이것을 꿈이라고 한다면 영겁의 죽음과 비교하면 짧은 인생은 꿈이라고 할 수밖에는 없다. 즉, 죽은 뒤가 참으로 깨어 있는 때이고 사람이 세상에 있는 동안 꿈을 꾸고 있는 것이다. 장자는 전에 꿈에 나비가 되어서 펄펄 날아다니면서 여간 행복하지가 않았다. 그때에는 자기가 장주(莊周)라는 사실을 알지 못했다. 그러나 갑자기 잠을 깨고 보니 단단한 육체를 가지고 있는 장주였다. 자기가 꿈에 나비가 되었던 것인지 나비가 꿈에 장주가 되었던 것인지 알 수가 없었다. 이것을 일컬어 물화(物化)라고 한다. 즉, 인생은 이런 것이며 사람이 죽는 것은 꿈을 꾸고 있다가 깨어나는 것, 혹은 죽는 것이 아니라 화(化)하는 것이다.

사람이 죽는 것을 몹시 두려워하고 있는데 어찌 자기가 약상(弱喪)이라는 것을 알지 못하는가. 약상이란 약년(弱年, 젊은 나이)에 고향을 떠난 사람을 말한다. 젊은 때에 고향을 떠나 타향을 유랑하고 있으면 진정한 고향을 알지 못하기 때문에 현주소를 고향이라고 생각한다. 그래서 지금 사는 곳을 떠나 진정한 고향으로 가는 것이 싫어서 죽을 지경이다. 이 세상은 임시 여인숙이며 죽는 것은 고향으로 돌아가는 일이니 죽음을 무서워하는 일은 마치 이 약년(弱年)에 고향을 떠나 타향으로 유랑하다가 고향으로 돌아갈 것을 잊고 있는 것과 같은 것이다. 여희(麗姬)라는 가인(佳人)은 애(艾)땅의 봉인(封人)의 딸이었는데, 처음에 진(晉)나라로 끌려갈 때에는 처절하게 울부짖었다. 이윽고 왕비가 되고 왕과 침식을 함께 하면서 맛있는 음식을 먹고 훌륭한 거처에서 살면서 좋은 옷을 입고 살게 되자 마지막에는 그때에 왜 그렇게 울었더냐고 후회했다는 것이다. 이 이야기와 마찬가지로 지금 사람들이 죽는 것을 무섭다고 생각하고 있지만 막상 죽고 나면 그때에 왜 죽는 것을 무서워했었는지, 목숨을 아까워한 것을 이상하게 생각할 것이다. 그래서 삶은 싫어해야 하고 죽음은 기뻐해야 하는 것이다. 살아 있는 것은 예를 들면 신체에 혹이 있는 것과 같고, 죽는 것은 혹을 떼어 버린 것과 같은 일이다. 장자가 전에 해골과 만났을 때에 해골이 말하기를, 죽음이 즐거운 것은 남면(南面)하여 천하의 왕 노릇

하는 일보다도 즐겁다고 했다. 그래서 장자가 해골을 보고, 만약 당신에게 옛날의 살을 붙이고 옛날의 피를 주어서 번듯한 젊은 남자로 만들고, 당신의 부모·처자·형제·붕우를 모두 원형대로 소생시키면 어떻겠느냐고 했더니 해골이 얼굴을 찡그리면서 고개를 절레절레 저었다는 이야기이다.

하지만 이렇게 죽음은 즐거워해야 하고 삶은 싫어해야 한다는 것은 아직도 멀었다. 생사의 관념이 흉중에 있는 것이다. 죽음이나 삶이나 마찬가지이다. 기뻐할 것도 없으며 싫어할 것도 없다는 경지에 이르러야 비로소 사생일여(死生一如)의 경지에 도달한 것이다. 즉, 우리가 태어나는 것도 우리가 죽는 것도 모두 우연히 일어나는 것이다. 생사는 전적으로 우연이며, 자기의 상태가 때에 따라 바뀌지만 살아서도 괴롭다고 생각하지 않고 죽어도 즐겁다고 생각하지 않는다. 이런 경지에 도달한 사람을 제(帝)의 현해(懸解)라고 한다. 사생이라는 생각이 머리에 있는 동안은 말하자면 사람이 거꾸로 매달려 있는 것과 같은 것이다. 사생이라는 관념이 머리에서 모두 없어지게 되는 것은 그것이 풀린 것과 같은 것이다. 즉, 장자는 처음에는 염세관에서 출발했다가 마침내 초월적 인생관에 도달한 것이다.

2. 만물일체

현상계의 만물은 본체로부터 발전하기 때문에 필연적으로 인간이 되고 필연적으로 만물이 되는 것은 아니다. 혹은 만물이 되고 혹은 사람이 되는 것은 전적으로 우연한 일이다. 우리는 사람으로 태어나기는 했지만 사람이 만물의 영장도 아니고 최고의 것도 아니다. 사람으로 되었다고 해서 특별히 기뻐할 일은 아니다. 비유해 말한다면 명대장장이가 쇠를 연마하여 칼을 만들겠다고 할 때에 그 쇠가 명인이 나를 연마하니 나는 틀림없이 명검이 될 것이라고 생각하여서 지나치게 기뻐하여 깡충깡충 뛴다면 명인은 상서롭지 못한 쇠라고 생각할 것이다. 이런 경우와 마찬가지로 우리가 사람으로 태어난 것을 기뻐하여 사람이어야 한다. 사람이 아니면 안 된다고 한다면 조물주가 틀림없이 상서롭지 못한 자라고 생각할 것이다. 사람으로 태어나는 것도, 만물로 태어나는 것도 조물주가 그저 우연히 그런 것으로 만들었을 뿐인 것이다. 가령 우리가 쥐의 간이 되어서 산다고 해도, 또는 벌레의 팔꿈치가 되어서 산다고 해도 조금도 다를 것이 없는 것이다. 가령 조물주가 우리의 왼팔을 닭으로 바꿔 놓았다면 그때에는 '꼬끼오'하고 때를 알리면 된다. 우리의 오른팔을 활로 바꿔 놓았으면 우리는 도요새를 겨냥하면 된다. 우리의 궁둥이를 수레바퀴로 만들어 버렸다면 우리는 마음을 말로 바꾸어서 그것을 끌게 하면 되고, 우리는 그 수레를 타고 돌아다니면서 구경을 하면 된다. 이것이 즉, 달인(達人, 널리 도리에 통한 사람)이 하는 말이다.

3. 숙명설

무위의 자세를 견지하면서 자연에 맡겨야 한다고 교설하는 노자의 학설이 일변하여 숙명설이 되는 것은 당연한 결과일 것이다. 장자는 조물주의 마음에다 그대로 맡기자는 것이기 때문에 말할 것도 없이 숙명론자다. 부귀하게 태어나는 것도, 빈천하게 태어나는 것도, 현명하게 태어나는 것도, 불초(不肖)로 태어나는 것도 모두가 운명이다. 일체의 일이 모두 천명이라고 주장한다. 그러나 이것만이라면 일반의 숙명론자가 하는 소리여서 아무런 진기한 점이 없으나 장자는 한걸음 더 나아가서 절대적 숙명론을 주창하는 것이다. 인위(人爲)의 작용도 모두 천명이라고 하면서 인위라는 것은 일체 인정하지 않는 것이다. 공문헌(公文軒)과 우사(右師)의 문답을 보면 장자의 숙명론이 잘 이해된다. 공문헌이 우사를 만나 보니 우사는 한쪽 다리를 잘려 외발이었다. 놀라서 "이것은 안 되겠는걸. 하늘인가 사람인가" 다시 말하면, "타고 난 것인가 아니면 인위적으로 그렇게 된 것인가"하고 물었다. 물론 우사는 무엇인가 까닭이 있어서 다리를 잘린 것이니 말할 것도 없이 인위이다. 하지만 우사는 하늘이라고 한다. 즉, 이른바 인위적 행위를 몽땅 천명으로 돌려 버리니 절대적 숙명론이라고 하지 않을 수가 없다.

제4절 윤리설

1. 목적

상대적 유한의 세계를 벗어나서 절대적 무한의 세계에서 노니는 것이 장자의 구경(究竟)의 목적인데, 그 경지에 도달한 사람을 지인(至人)이라고도 하고 신인(神人)이라고도 하고, 혹은 진인(眞人)이라고도 한다. 즉, 이상적 인물이다. 지인은 불이 나도 불에 타 죽지 않으며, 물이 얼어도 춥지가 않고, 번개처럼 번득여 산을 깨뜨리며, 폭풍이 거칠게 일고 파도가 용솟음쳐도 한결같이 태연하게 있다. 혹은 구름을 타고 공중을 날기도 하고, 해와 달을 타고 사해(四海) 밖으로 노닐 수도 있다는 것이다. 이것은 지인의 마음이 무애(無碍)하다는 것을 형용한 것이다. 또 장자는 진인은 잠을 자도 꿈을 꾸지 않으며, 깨어 있을 때에는 조금도 걱정거리가 없고, 무엇을 먹어도 맛이 있다고 생각하지를 않으며, 깊고 깊은 호흡을 한다. 보통 사람은 목구멍으로 호흡하지만 지인은 발뒤꿈치로 호흡한다는 묘한 말을 하고 있는데 아마도 배로 호흡한다는 의미일 것이다. 이와 같은 신인이 되는 것이 장자의 목적이다.

2. 무위자연

이런 신인이 되려면 무위자연의 태도를 취하지 않아서는 안 된다. 사람에게는 지혜가 있다. 노자는 사람에게는 지혜가 있으니까 안 된다고 하는데, 장자는 지혜에 두 가지 종류가 있다는 입장이다. 우리의 지혜는 몹쓸 지혜이지만 신인의 지혜는 진지(眞智)라고 불리는 지혜이다. 신인은 진지를 통해 본체가 무엇인가를 알고 그것과 합일하지만, 일반인은 나쁜 지혜를 가지고 있기 때문에 노자가 말한 것처럼 좋지 않은 것이다. 그래서 우리가 수양하려고 하면 통상적인 지혜는 다 내버려야 하는 것이다. 우리는 나쁜 지혜를 가지고 있기 때문에 다툼질을 한다. 즉, 지(智)는 다툼의 무기인 것이다. 그러면 이런 지혜를 버리고 무위자연으로 돌아가지 않으면 안 된다는 것을 재미있는 비유를 들어서 설명하기로 한다. 남해(南海)의 천자를 숙(儵)이라 하고, 북해(北海)의 천자를 홀(忽)이라 하며, 중앙의 천자를 혼돈(混沌)이라고 한다. 어느 때에 숙과 홀, 두 사람이 서로 만났는데 혼돈은 그들을 위해서 융숭한 대접을 했다. 그래서 두 천자는 혼돈의 은혜를 갚자고 의논했다. 사람에게는 일곱 개의 구멍이 있는데 저 혼돈에게는 여섯 개밖에 없으니 구멍을 하나 파주자고 했다. 매일 두 사람이 가서 하루에 한 구멍씩 뚫었더니 이레째가 되자 혼돈은 그만 죽고 말았다. 이것은 참으로 흥미있는 비유이다. 무위자연에 맡겨 두었으면 좋았을 것을 구멍을 파서 이목(耳目)이 열렸기 때문에 득상(得喪, 얻는 것과 잃는 것, 성공과 실패)의 마음이 생겨 혼돈이라는 무위자연이 죽어 버리고 만 것이다.

3. 거성심(去成心)

성심(成心)이란, 불교의 이른바 집착·아집과 같은 것이며 차별적인 견해이다. 시비득상(是非得喪)의 의식이 있는 것은 이런 성심이 있기 때문이다. 이것을 조삼모사(朝三暮四)라고 한다. 어떤 곳에 원숭이를 기르는 영감이 있었는데 자기가 기르는 원숭이에게 도토리를 먹일 때에 아침에는 세 개, 저녁에는 네 개를 주겠다고 하였더니 뭇 원숭이들이 모두 성을 내면서 투덜거렸다. 그래서 이번에는 그러면 아침에 네 개, 저녁에 세 개를 주겠다고 하였더니 원숭이들이 기뻐했다. 어떻게 주거나 같은 일곱 개인데도 기뻐하기도 하고 성을 내기도 하는 것은 이른바 얕은 꾀가 있고 성심이 있어 참다운 시비가 이해되지 않기 때문이다. 우리가 시끄럽게 서로 다투는 것도 역시 성심이 있기 때문이다. 이런 성심을 버리려면 명(明)을 가지고 하는 것이 제일이다. 명, 즉 본체에서 본다면 시비의 구별도 없을 뿐만 아니라 옳고 그름도 없다. 예를 들면 사람이 습지에서 잠을 잔다면 틀림없이 류머티즘에 걸릴 것이다. 하지만 미꾸라지는 그렇지 않다. 사람은 나무 위에 있으면 언제 떨어질지 몰라서 전전긍긍하지만 원숭이는 즐거워한다. 사람이라면 흙탕이나 나무 위에서는 살지 못하지만 미꾸라지에게는 흙탕이 더 좋고 원숭이에게는 나무가 좋은 것이다. 주거로서는 어느 것이 가장 좋은 것인가. 사람을 표준으로 하지 않고 더욱 큰 기준에서 본다면 구별은 없는 것이다. 음식물도 마찬가지여서 사람은 쌀이나 고기를 먹으면 좋다고 하지만 사슴은 마른풀을 먹고 소리개나 까마귀는 쥐를 먹는다. 무엇이 가장 좋은 음식이겠는가. 사람은 밥이나 고기가 맛이 있다고 하지만 소리개나 까마귀는 쥐가 더 맛이 있다고 할 것이다. 모장(毛嬙)·여희(麗姬)는 유명한 미인이다. 사람들은 그런 미인이 좋다고 하지만 만약 연못가로 모장·여희가 간다면 물고기들은 괴물의 출현에 기겁을 해서 물속 깊숙히 숨어 버릴 것이며 새들은 놀라서 높이 날아가 버릴 것이다. 이런 까닭에 사람이 좋다고 하는 것이 반드시 좋은 것은 아니다. 절대에서 보면 시비의 구별은 없다. 자기의 성심을 위주로 하기 때문에 시비지심(是非之心)이나 옳고 그름의 구별이 나오는 것이지 절대에서 보면서 성심을 버린다면 그런 차별의 생각은 나오지 않는다.

4. 무욕

다음에는 무욕이 필요하다. 대체로 명리(名利) 둘은 가장 사람의 심술(心術)을 해하는 것이다. 그래서 신인은 명예를 걱정의 씨앗으로, 질곡(桎梏, 자유를 속박하는 족쇄 같은 것)으로 여긴다. 또 이익을 위해서는 자기의 참된 면까지도 잊어버린다. 어떤 때에 한 마리의 버마재비(螳螂)가 매미를 잡으려고 하자 그 버마재비의 뒤에서 한 마리의 까치가 그 버마재비를 잡으려고 했고 그 뒤에서 사람이 활로 그 까치를 쏘려 하고 있었다. 버마재비는 까치가 와 있는 것을 알지 못한다. 까치는 사람이 쏘려 하고 있는 것을 알지 못한다. 그런 식으로, 이익의 의식이 있을 때에는 자기의 배후에 큰 위험이 있다는 것을 깨닫지 못하는 것이다. 즉, 사람은 명리를 추구하는 마음을 갖기 때문에 여러 가지 번뇌가 생긴다. 그래서 사람은 반드시 욕심을 버려야 하는 것이다.

5. 심재좌망(心齋坐忘)

재(齋)는 금기(禁忌), 즉 터부를 말한다. 술을 마시지 않고 냄새나는 야채[葷]를 먹지 않는 것은 제사 때 지켜야 할 금기인데, 장자가 말하는 심재(心齋)는 이것과는 다르며, 마음의 금기를 말하는 것이다. 훈주(葷酒)는 사람의 기혈을 탁하게 하는 것이기 때문에 이것을 멀리하는 것을 재(齋)라고 한다. 물욕은 마음을 탁하게 하는 것이기 때문에 그것을 멀리하는 것을 심재라고 한다. 물욕을 멀리하는 방법은 칼을 쓰는 백정과 같이 해야 한다. 백정이 소를 요리할 때에는 육안으로는 보지 않는다. 심안(心眼)을 가지고 보고 그 칼을 사용한 것이기 때문에 결에 맞게 잘 잘린다는 것이다. 사람은 귀나 눈을 가지고 사물을 보거나 들어서는 안 되고 심안, 심이(心耳)를 가지고 보고 들어야 한다. 결국 우리의 마음은 허심탄회하게 되어야 하는 것이다. 마음을 비우는 것을 즉, 심재라고 하는 것이다. "아무도 없는 방안에 혼자 있으면 밤의 어둠 속에서도 흰 것이 보인다. 마음을 비워 두고 있으면 세상 돌아가는 일을 저절로 다 알게 된다. 즉, 반드시 좋은 징조가 깃든다(盧室生白 吉祥止止——人間世)"고 했다. 실중(室中)에 일물(一物)도 없으면 저절로 백광(白光)을 일으키는 것이다. 이와 마찬가지 이치로 마음이 허심탄회하게 되어 있으면 좋은 징조가 와서 머무는 것이다. 만약 사람에게 욕심이 있으면 설령 위풍당당하게 앉아 있는다고 해도, 외견상으로는 단정하고 고요하게 앉아 있는 것 같아도 그 사람의 정신은 어지럽게 요동치고 기는 어디로 가버렸는지 찾아볼 수도 없게 되어 있다. 이것을 일러 좌치(坐馳)라고 한다. 좌치는 못쓴다. 마음은 마른 나무와 불기 없는 재[灰]와 같이, 총명을 물리치고 앎을 잊으며 자기의 신체를 몽땅 잊어버려야 한다. 이것을 좌망(坐忘)이라고 한다. 좌망은, 즉 심재(心齋)의 효과이다. 심재좌망(心齋坐忘)은 불교의 좌선입정(坐禪入定)과 거의 비슷하다.

그런데 인간은, 마음은 잊기 쉬우나 신체는 도리어 잊기가 어려운 것이다. 맹자에도 있듯이 마음이 굽어 있는 사람치고 '어서 고쳐 주십시오' 하는 사람은 없지만, 가령 손가락이 꺾여 있거나 하면 고쳐 달라고 하는 것이다. 이것은, 마음은 잊기 쉬우나 신체는 잊기 어렵다는 증거이다. 장자는 심재좌망의 경지에 이르려면 사실상 육체가 큰 장해물이 된다는 것을 알고 있었기 때문에 사람은 신체를 잊지 않으면 안 된다는 것을 역설한 것이다. 애태타(哀駘它)라는 사람이 있었다. 두 번 보고 싶지 않을 만큼 추하게 생긴 사람인데도 누구건 이 사람과 만나게 되면 헤어지기를 싫어하는 것이었다. 여자들은 다른 사람의 정부인이 되기보다는 이 사람의 첩이 되는 것이 좋다고 한다. 남자도 여자도 그 사람을 대단히 경모한다. 육체를 중시할 것이 못 된다는 것은 이 예가 잘 말해 준다. 그래서 우리는 이와 같은 육체를 잊고 심재좌망을 해야 하는 것이다. 즉, 무위하게 자연에 맡기고, 성심을 버리고 시비지심을 갖지 않으며, 무욕함을 지켜 명리에 구애받지 않으며, 외기형해(外其形骸, 육체나 생명을 비롯한 형이하학적인 것은 모두 도외시하는 것)하여 심재를 견지하면서 앉아서 모든 일을 잊게 되면 절대무차별의 경지에 들어가게 된다는 것이다.

제5절 처세론

사람이 이 세상에 태어난 이상은 결코 혼자서 독불장군처럼 살 수는 없고 반드시 사회와 어떤 관계를 갖게 된다. 인군이 있고서야 우리를 다스리며, 부모가 있고서야 우리를 낳아서 길러 주게 되는 것이다. 이와 같은 인군과 부모에 대한 관계는 결코 인연을 끊을 수가 없는 관계이다. 장자와 같이 세상에서 걸릴 것 없이 자재하게 행동한 사람도 이 점은 인정한다. 인간세편(人間世篇)에 천하에 대계(大戒)가 둘이 있다고 했다. 그 하나는 명(命)이다. 다른 하나는 의(義)이다. 명은 자식의 어버이에 대한 것이며 선천적으로 가지고 태어난 것이다. 의는 신하의 군주에 대한 섬김인데 인위적이라고 할지언정 단절할 수 없는 관계이다. 이들 둘은 결코 회피할 수가 없는 것이다. 즉, 장자는 "어버이를 섬기는 자는 장소를 가리지 않고 그 뜻에 따르는 것이 효(孝)의 극진한 것이다. 인군을 섬기는 자는 일을 가리지 않고 그 뜻에 따르는 것이 충(忠)의 극진한 것이다"라고 한 것이다. 이 점에 있어서는 유교와 다를 것이 하나도 없다. 명나라의 설선(薛瑄)은 "이 말은 매우 옳다"고 했는데 과연 그대로이다. 대체로 그는 자하의 계통을 이어서 유교를 배운 사람이기 때문에 이 말을 한 것일 게다.

하지만 장자의 처세론의 본의는 이것이 아니다. 장자는 염담무위(恬淡無爲), 이 세상을 벗어나서 이른바 무하유향(無何有鄕), 광막한 들판에 노닐면서 천년을 다하며, 세상의 어지러운 변란에 대하여는 모른 체하고 초연하게 지내고 싶다고 생각했다. 결국은 사람은 무용해야 하며 아무런 이익에도 도움이 되지 않아야 한다는 것이 장자의 유일한 처세법이다. 예를 들면 뽕나무는 재목으로서 쓸모가 있으니까 잘려서 쓰인다. 배·귤·유자나 오이 같은 것은 그 열매가 식용으로 쓰이기 때문에 해를 입는다. 즉, 유용하기 때문에 열매를 딴다는 핑계로 가지가 잘리고 덩굴이 잘리거나 하여 자기의 신체를 손상당한다. 유용함은 나의 몸을 손상당한다는 이유가 여기에 있는 것이다. 옛날 어느 곳에 상수리나무가 있었다. 그 나무는 워낙 커서 그 잎이 울창하게 번성했고 그 나무 그늘에는 수천 마리의 소가 있었다. 둘레는 백명이 안아야 할 정도였고, 높이는 수십 척 위에서야 비로소 가지가 있고 그 가지만 가지고도 배를 만들 정도였다. 그러나 목수가 그 나무 곁을 지나면서도 거들떠보지도 않는다. 왜냐하면 그 나무는 아무런 도움도 되지 않기 때문이다. 배를 만들면 바로 가라앉아 버릴 것이고, 관을 만들면 바로 썩어 버릴 것이며, 기물을 만들려고 해도 도저히 손질을 할 수가 없다. 기둥으로 만들면 바로 벌레들이 파먹어 버린다. 그런 연유로 아무런 쓸모도 없으니 목수들이 제쳐놓았기 때문에 그렇게 크게 자랄 수가 있었던 것이다. 즉, 천수를 누릴 수가 있는 것은 쓸모가 없기 때문인 것이다. 옛날에 지리소(支離疏)라는 사람이 있었다. 턱으로 배꼽이 가려지며 어깨는 정수리보다도 높고 상투가 올라가 하늘을 찔렀으며 오관이 위에 있고 양쪽 넓적다리를 겨드랑이로 삼을 만한 불구자이지만 평소에는 바느질이나 빨래 헹구는 일을 하고도

생활이 되었다. 혹은 방아찧기 일 같은 것을 해서 열 사람 정도의
가족을 부양할 수가 있었다. 그런데 전쟁이 일어나서 조정에서 병사를
모집할 때에는 그런 신체로는 아무런 도움도 되지 않기 때문에 모든
사람들이 징병에 끌려갈까봐 걱정하고 있을 때에도 활개를 치며 활보
할 수가 있었다. 징용 같은 것이 있어도 그런 병신은 쓸모가 없기
때문에 소집장이 나오지를 않았다. 그러나 나라에서 병신들에게 은택
을 내릴 때에는 쌀도 받고 땔감도 받았다. 정말로 편리했다. 이와 같은
쓸모 없음의 쓸모 있음(無用之用)이 장자의 처세법이다. 이것은 극단적
인 예이지만 대체로 난세에 대한 극단적인 비분강개의 저항일 것이
다. 그러나 장자는 이런 처세법을 가지고 처신했기 때문에 일찍이
초나라의 위왕(威王)이 장자를 재상(宰相)으로 삼겠다고 했으나 장자는
껄껄 웃으며 사자에게 제사 때에 희생용으로 쓰는 저 소를 보라고
했던 것이다. 평소에는 좋은 음식을 받아 먹고 눈부신 장식물들을
달고 있으니까 괜찮지만 막상 제사 때가 되면 소중한 생명을 바쳐야
한다. 재상이 되는 것이야 좋은 일이지만 피가 마르고 살을 에는 고통
을 당해야 한다. 그것보다는 벌레가 되어 시궁창에서 사는 것이 고통
을 느끼는 일 없이 오래 살 수가 있다. 나는 희생용 소가 되기보다는
벌레가 되는 것이 나으니 재상은 질색이라는 것이다. 그 근본주의적인
무위자연으로부터 이와 같은 처세론도 연역된 것일 것이다.

제6절 결론

춘추시대에서 전국시대 걸쳐 난세에 나타난 2대 사조 중 하나는 세간
적(世間的)인 것으로 공자가 그것을 대표하고, 다른 하나는 출세간적
(出世間的)인 것으로 노자가 그것을 대표한다. 노자의 흐름을 잇는
사람은 열자·양자 등이며 장자에 이르러서 대성되었다. 노자 등은 역시
천하국가의 경륜(經綸)을 논했는데 장자에게서는 그런 점을 전혀 찾아
볼 수가 없다. 이것은 특히 주의해야 할 점이다.

제12장 묵자(墨子)

제1절 행적과 저서

묵자 이름은 적(翟), 송나라 사람이다. 공자보다는 약간 후세이고 맹자보다는 선배이다. 공수반(公輪般)이 초나라를 위해 운제(雲梯)를 만들어 송나라를 치려고 했을 때에 그는 자기의 평화주의적인 입장에서 그 전쟁을 중지시키기 위해서 밤낮을 가리지 않고 초나라로 가서 가설적인 전투를 하여 공수반의 공격을 잘 막고 마침내 초왕을 설득하여 송나라를 침략하겠다는 생각을 그만두게 한 일이 있다. 또 일찍이 송나라에 벼슬을 하여서 대부(大夫)가 되기도 했다. 그의 학문은 당시의 유교와 나란히 크게 성황을 누렸었다. 「맹자」에서도 "양주(楊朱)·묵적(墨翟)의 말이 천하에 가득 찼으며 천하의 말이 양(楊)에게 귀착되지 않으면 묵(墨)에게 귀착된다"고 했다. 「장자」의 천하편(天下篇)에는 묵가자류(墨家者流)가 성황을 이루었었다는 이야기가 있고, 「순자」에도 예론(禮論)·악론(樂論) 등의 제편에 묵자학파를 비난하는 말이 있다. 또 「한비자」의 현학편(顯學篇)에서는, 당시에 천하를 풍미한 학문은 공자와 묵자의 학문인데 공자학파는 나뉘어서 여덟이 되었고, 묵자학파는 나뉘어서 셋이 되었다고 했다. 묵자의 학문은 고대 중국에서의 사회학이라고도 할 만한 것인데, 그 의견은 다소 상궤를 벗어나 있기는 했지만 당시의 폐단을 상당히 정확하게 지적하고 그 시정책을 제시한 것이었기 때문에 한때나마 그렇게 큰 세력을 얻었던 것이라고 생각된다. 한대(漢代)에는 "공자는 굴뚝이 검게 될 때까지 일정한 장소에 머무는 일이 없었다. 묵자는 자리가 따뜻해질 때까지 일정한 장소에 머무는 일이 없었다(孔子無黔突 墨子無煖席——淮南子)." 공자, 묵자 모두가 도를 펼치기 위해 분주한 나날을 보냈다고 운운하면서 공자와 묵자를 병칭했었다. 저서는 「한서」 예문지에 '묵자(墨子) 71편'이라고 기록되어 있는데, 지금 있는 것은 53편이다. 그 가운데에서 제43편 비성문(備城門) 이하 11편은 병법(兵法)을 논한 것이어서 묵자의 학문을 보려면 그 11편을 제외한 나머지 42편을 보면 된다.

제2절 논증법

묵자는 자기의 주장을 세울 때에는 일정한 논증법에 따라 그 논의의 옳고 그름을 결정했다. 즉, 그는 논의의 표준으로서 3개조를 들고 있다. 첫째는 근본을 마련하는 것이 있어야 하고, 둘째는 근원을 따지는 점이 있어야 하고, 셋째는 활용할 수 있는 점이 있어야 한다(故言必有三表 何謂三表 子墨子言曰 有本之者 有原之者 有用之者——非命篇上). 그는 이것을 삼표(三表)라고도 하고, 삼법(三法)이라고도 했다. 비명편(非命篇)에서 상세하게 논의되고 있는데 상중하(上中下) 3편이 있고 조금씩 다르지만 종합하여 생각해 보면, 첫째로 근본을 마련하는 것이 있어야 한다는 것은 천귀(天鬼)의 뜻, 선왕(先王)들의 고사에 근본을 두는 것인데 천귀의 뜻에 따르고 선왕들의 언행과 합치되어야 한다는 것이다. 둘째로 근원을 따지는 점이 있어야 한다는 것은 선왕들의 저서에 비추어 보고 백성들이 보고 들은 것을 조사해 보는 것을 말하는데, 선왕들의 저서에 비추어 보아 잘못된 점은 없는지를 살펴보고 만인이 귀로 듣고 눈으로 본 사실과 합치되는가를 점검해 보는 것이다. 셋째로 활용할 수 있는 점이 있어야 한다는 것은 그것을 천하의 정치에 활용하여 과연 국가·백성의 이익이 될 것인지의 여부를 말하는 것이다. 만약 그것을 활용하여 만민의 이익이 된다면 그 이론은 타당성을 갖는 것이다. 이상의 세 가지 표준에 비추어 보고서야 이론의 옳고 그름을 결정할 수가 있다는 것이다. 첫째의 법은 연역법이다. 둘째의 법은, 선왕들의 저서에 비추어 보는 것은 연역법이지만, 백성들이 보고 들은 사실과 대조해 보는 것은 귀납법이다. 그리고 셋째의 법은 그 활용성의 유무를 살펴보는 것이기 때문에 귀납법이다. 이것이 묵자의 논증법이다.

제3절 천론(天論)

모든 사물에는 표준이 필요하다. 그렇다면 무엇을 표준으로 해야 할 것인가. 부모를 표준으로 해야 할 것인가? 부모도 완전한 부모만이 있는 것은 아니다. 학자를 표준으로 해야 할 것인가? 학자도 현명한 사람은 많지 않다. 그러면 인군을 표준으로 해야 할 것인가? 인군도 현명한 인군은 그렇게 많지 않은 것이다. 그래서 하늘을 표준으로 해야 하는 것이다. 하늘은 최고의 표준이다. 그렇다면 묵자가 말하는 이른바 하늘이란 무엇인가. 첫째로 하늘은 만물을 창조하고 천자(天子)·제후·백관(百官)·유사(有司)를 두어 정치를 맡아 하게 하며 사회의 안녕과 백성의 복지를 도모하게 하는 존재이다. 둘째로 하늘은 상하를 감독하고 있다. 천자로 하여금 만민을 다스리게 하고는 천자를 감독하고 있다. 천자를 감독할 뿐만 아니라 만민도 감독하고 있다. 천자가 잘못된 일을 하면 하늘에서 벌을 내린다. 우리들 백성도 나쁜 짓을 하면 천벌을 받는다. 군부(君父)에게 지은 죄라면 어떻게 속임수를 써서 감춰 둘 수도 있다. 예를 들면, 가출을 한다든지 산중으로 도망해 들어가거나 이웃 나라로 피신을 해 군부의 눈길이 미치지 않는 곳에 있으면 나쁜 짓을 해도 모르지만 하늘은 때와 장소에 구별 없이 환하게 모든 일을 비춰 보고 있기 때문에 눈을 속이고 숨어 있을 수가 없는 것이다. 셋째로 하늘은 상벌(賞罰)을 주재하고 있다. 선에는 상을 주고 악에는 벌을 준다. 이상의 3개조는 예로부터 중국 민족 일반의 생각과 다를 것이 없지만 그는 한걸음 더 나아가서 천지(天志), 즉 하늘은 무엇을 좋아하고 무엇을 싫어하는가를 논했다. 하늘이 좋아하는 것은 의(義)이며 하늘이 싫어하는 것은 불의(不義)이다. 왜냐하면 만약 불의한 때에는 천하 국가는 어지러워지고 의로운 때에는 천하국가는 원만하게 다스려지기 때문이다. 자기가 낳은 만물과 백성에 대하여 그 행복과 안녕을 바라는 것은 당연한 일이기 때문에 하늘이 사회의 안녕, 백성의 행복에 해가 되는 불의를 싫어하고 사회의 안녕에 필요한 의를 좋아한다는 것은 쉽사리 상상이 되는 일일 것이다. 의(義)의 내용은 무엇이냐 하면 그것은 말할 것도 없이 겸애교리(兼愛交利)이다. 즉, 묵자는 어디까지나 사회의 안녕, 백성의 행복이라는 표준에 입각해 논하는 것이다. 즉, 공리주의적인 입장에 서 있는 것이다.

제4절 유신론(有神論)

묵자는 하늘뿐 아니라 귀신(鬼)이라는 존재에 관해서도 많은 언급을 했다. 하늘은 최고의 표준이지만 동시에 귀신의 뜻에도 부응해야 한다고 하니 그는 당연히 유신론자이다. 귀신에는 천신(天神)·지기(地祇)·인귀(人鬼) 세 종류가 있다. 이 귀신은 역시 하늘과 마찬가지로 선을 상 주고 악을 벌 주는 권력을 가졌고, 또 하늘과 마찬가지로 어느 곳에서나 귀신은 놓치지 않고 인간을 살핀다. 그렇다면 귀신과 하늘의 관계는 어떠냐 하면, 묵자는 확실하게는 설명하지 않았으나, 하늘과 귀신을 비교한다면 물론 하늘이 최고의 표준이고 귀신은 한 단계 낮은 존재일 것이다. 그러나 귀신은 모두 하늘의 명령을 받아서 상벌을 행사하는지, 아니면 독립하여 상벌의 권한을 가지고 있는가 하는 점을 그는 확실히 설명하지 않았지만 생각하건대, 귀신은 자기의 범위내에서라면 독립적으로 가지고 있는 권한을 행사하고 큰 문제에 대해서는 하늘의 명령을 받는 것이다. 예를 들면, 일국의 대신이 큰 사건은 반드시 칙명을 받아서 처리하고 작은 일은 스스로 알아서 처리하는 것과 같은 관계일 것이라고 생각된다.

그는 귀신의 존재를 증명함에 있어 앞에서 이야기한 논증의 3법을 이용한다. 첫째로, 성인에 관한 일을 생각하건대 주나라의 무왕(武王)이 은의 주(紂)왕을 토벌했을 때에 제후와 함께 신에게 제사를 올렸다. 또 옛날의 성왕(聖王)이 천하의 정치를 할 때에는 조상의 묘(廟)에서·상을 주었고 사(社)에서 벌을 주었다. 또 종묘사직(宗廟社稷)의 제사는 지극히 정중하게 했었다. 이를 근거해서 보건대 옛날의 성왕(聖王)이 귀신의 존재를 믿고 있었음에 틀림없는 것이다. 둘째로, 선왕(先王)의 서책을 보면 선왕은 제사를 존중하고 귀신을 섬기는 데에 힘썼으며 그것을 천하 후세에까지 시범하기 위해서 일부러 서책을 짓거나 금석(金石)에 새겼던 것이 아니던가. 3대의 서(書) 어느 것이나 귀신의 존재를 이야기하지 않은 것이 없다. 또 백성들이 눈으로 보고 귀로 들은 사실에 비추어 보아도 옛날부터 백성은 귀신을 눈으로 보고 귀로 들은 것이 확실하다고 하면서 그는 많은 실례를 들었다. 셋째로, 귀신이 있다고 하고 천하의 정치에 그것을 반영하면 천하는 잘 다스려진다. 만약 귀신은 없다, 나쁜 짓을 해도 군부(君父)의 눈을 속일 수가 있다, 벌을 줄 사람이 없다, 좋은 일을 해도 남들에게 알려지지 않으면 상을 주는 사람이 없다고 하면 백성은 넘보고 나쁜 짓을 하게 되고, 혹은 칭찬해 주는 사람이 없어서 착한 일을 하지 않게 되니 천하는 어지럽게 되어 도무지 다스려지지 않는다. 귀신이 있다는 것을 믿기 때문에 모두 두려워하여 전전긍긍하니 잘 다스려지는 것이다. 즉, 귀신이 있다고 하면 천하에 이익이 있고 귀신이 없다고 하면 천하는 어지러워지니까 불이익하다. 이상의 3법에 비추어 보면 귀신의 존재는 의심할 여지가 없는 것이다.

제5절 겸애설(兼愛說)

묵자 주장의 주안은 겸애설이다. 묵자는 사회학자이고, 사회 백성의 안녕 행복이라는 근본 목적에서 이 겸애설을 주장하게 된 것이다. 나를 사랑하는 것과 마찬가지로 타인을 사랑하고, 자기의 어버이를 사랑하는 것과 마찬가지로 남의 어버이를 사랑하며, 자타 사이에 아무런 구별을 두지 않는 것을 겸애라고 한다. 이 겸애가 시행된다면 세상에 쟁란은 없을 터이다. 그런데도 세상 사람들은 모두 자기를 사랑하고 남을 사랑하지 않기 때문에 서로 빼앗고 서로 다투어 세상의 소란이 끊일 날이 없다. 도적이 사람을 해치고 사람의 물건을 훔치며, 제후들이 서로 싸우는 일 같은 것도 겸애를 하지 않기 때문이다. 그래서 겸애의 반대는 별애(別愛)이다. 자타의 구별, 피아의 차별 없이 사람을 사랑하고 사람을 이롭게 하는 것이 겸애이고 이에 반하여 자기를 사랑하고 남을 미워하며 남을 해하는 것은 별애(別愛)이다. 겸애지사(兼愛之士)는 친구 보는 것을 자기 보듯이 한다. 그리고 일단 기한병사(飢寒病死) 시에는 자기 일처럼 보살펴 준다. 별애지사(別愛之士)는 이에 반하여 친구와 자기를 구별한다. 친구의 어버이와 자기의 어버이는 다르다. 병재불행(病災不幸)이 있어도 거들떠보지 않는다. 겸애와 별애는 어느 쪽이 좋으냐 하면 이런 의미에서 본다면 별애는 나쁘고 겸애는 좋은 것이 당연하다. 여기서 말하는 별애는 대체로 양주(楊朱)의 무리들을 지칭한 것이라고 생각된다. 나는 묵자의 이른바 겸애와 별애의 중간에 한 가지가 더 있다고 생각한다. 나를 사랑하면서도 그의 이른바 별애처럼 남을 해하지는 않는다. 남을 사랑하지만 그의 겸애처럼 자기와 마찬가지로 사랑하지는 않는다. 얼마간 그 어간에 구별을 설정해 놓는다. 즉, 유교(儒教)의 박애는 묵자의 이른바 겸애도 아니고, 또 별애도 아니다. 양자의 한복판에 서는 것이 있다. 묵자가 이것을 간과하고 별애는 못쓴다, 겸애가 아니면 안 된다고 한 것은 치밀한 주장이 되지 못한다.

아무튼 그의 겸애설은 사랑에 친소(親疏)의 구별이 없기 때문에 유교와는 상당히 거리가 있다. 그래서 맹자는 묵자의 학문은 아버지를 무시하는 학문이라고 평했다. 묵자는 맹자의 말처럼 과연 자기의 아버지를 무시할 의사가 있었던 것이냐 하면 그렇지는 않다. 묵자의 생각에 의하면 남의 아버지를 사랑하면 남도 나의 아버지를 사랑할 것임에 틀림없다. 남의 아버지를 사랑하는 일은 즉, 나의 아버지를 사랑하는 결과가 된다는 것이니 순수한 몰아적(沒我的)인 애타(愛他)가 아니라 이기적인 애타이다. 결코 자기의 아버지를 무시하고 남의 아버지를 사랑하는 것은 아니다. 그러나 겸애설의 결과는 반드시 무부(無父)가 되기 때문에 맹자의 말도 타당성을 갖지만 묵자의 참뜻과는 다르다.

묵자는 논증의 3법을 가지고 겸애를 주장했다. 첫째로, 하늘의 뜻〔志〕, 귀신의 뜻을 생각해 보자. 하늘은 물론 겸애를 하고 있다. 하늘은 모든 존재를 마찬가지로 사랑하고 있다. 천하에는 여러 나라가 있는데 모두 같은 하늘의 나라이다. 사람에게는 장유귀천(長幼貴賤)의 구별이 있지만 모두가 하늘의 아들이다. 그래서 하늘은 모든 나라를 동등하게 보고, 모든 인간을 동등하게 보며 겸애하고 있다. 둘째로, 이것을 옛날 성인의 언행에 비추어 보고 성인의 서책에 비추어 보아도 옛날의 성인, 예컨대 요(堯)·순(舜)·우(禹)·탕(湯)·문(文)·무(武)처럼 모두 만민을 마찬가지로 사랑했다. 셋째로 겸애를 천하에 펼친다면 천하는 반드시 잘 다스려진다. 남 사랑하기를 자기를 사랑하듯 한다면 도덕도 없고, 쟁란도 없고, 천하는 잘 통치된다. 즉, 이 3법을 통해서 보아도 겸애의 좋은 점을 알 수가 있는 것이다. 묵자의 겸애설은 그리스도교의 박애와 흡사하다. 신은 사랑이라고 하는 말은 천지(天志)는 겸애라고 하는 말과 같다. 다만, 묵자가 남의 어버이를 사랑하는 것은 자기의 어버이를 사랑하는 결과가 된다고 한 것은 그리스도교의 순수한 박애와는 다른 점이다.

제6절 비전론(非戰論)

묵자는 사회 백성의 행복을 위해 비전론을 주장한다. 전쟁은 수많은 무고한 백성들을 살상하고 나라를 망치는 것이며 그야말로 불인불의(不仁不義)하다. 가령, 여기에 사람이 있는데 남의 밭에 들어가 복숭아를 훔치고, 가축우리에 들어가 닭·돼지·말·소 등을 훔쳤다고 하면 누구나 그것은 나쁘다고 할 것이다. 만약 죄 없는 사람을 죽이거나 남의 옷을 빼앗는다면 누구나 그것을 의롭지 못하다고 할 것이다. 이로 미루어 본다면 한 사람을 죽인 것이 불의이고 그 죄가 죽음에 해당한다고 하면, 열 사람을 죽인 것은 열배의 불의이며 열 번 죽어 마땅하고, 백 사람을 죽인 것은 백배의 불의여서 백 번 죽어 마땅한 죄이다. 천하의 군자 어느 누구도 이것을 불의하지 않다고 할 사람은 없을 것이다. 그러나 전쟁의 경우에는 무고한 양민을 죽이고 남의 나라를 빼앗는 것이기 때문에 사람을 죽이고 남의 닭을 훔치는 일보다도 훨씬 죄가 큰데도 천하에서 그것이 불의하다는 것을 보지 못하고, 도리어 그것을 칭송하고 의롭다고 하는 것은 크나큰 모순이다. 예를 들면 여기에 검은 돌이 하나 있으면 검은 돌이라고 하지만 검은 돌이 1백개나 2백개 있으면 흰돌이라고 하는 것과 마찬가지 일이라고 통론하는 것이다. 또 전쟁이라는 것은 백해(百害) 있으되 일리(一利) 없고, 전쟁을 하려면 겨울에는 춥고 여름에는 더워서 안 된다. 봄, 가을이 전쟁하기에는 가장 좋은 시기이다. 그러나 봄에 전쟁을 하면 모내기를 못 한다. 가을에 전쟁을 하면 수확을 못 한다. 모내기도 못 하고 수확도 못 하면 기근이다. 그렇게 되면 전쟁터에 나간 사람들이 고생할 뿐 아니라 기타 만민도 고생하는 것이다. 또 전쟁을 하려면 여러 가지 군수품이 필요하다. 그 비용은 얼마나 들는지 아무도 모른다. 뿐만 아니라 행군 도중에 병이 드는 사람도 있다. 싸우다가 죽는 사람도 있다. 참으로 어마어마한 재난인 것이다. 하지만 전쟁을 유리하다고 하는 논자는, 제(齊)·진(晉)의 군공(君公)은 사방 백리의 영토였지만 지금은 광대한 영지를 가지고 있는데 이것은 전쟁의 결과로 손에 넣은 것이니 전쟁은 이렇게 이익이 있는 것이 아니냐고 하지만 이것은 잘못된 계산이다. 과연 한두 강국은 이익을 얻기도 했지만 기타의 무수한 소국은 대단한 불이익을 당하고 있는 것이 아닌가. 예를 들면 여기에 의사가 있어 그 약을 먹은 사람이 만명인데 그 중에서 평온한 사람은 4, 5명밖에 없다면 그 의사는 훌륭한 의사라고 하겠는가 아니면 서툰 의사라고 하겠는가. 전쟁에 의해 이익을 얻은 나라는 한둘이고 불이익을 당한 나라는 무수히 많다면 전쟁은 유익한 것인가 유해한 것인가.

말할 것도 없이 유해한 것이다. 그리고 전쟁은 천민(天民)으로 하여금 많은 천민을 죽이고 천읍(天邑)을 공격하게 하니 하늘도 전쟁을 좋아하지 않는다. 성인도 전쟁은 좋다고 하지 않았다. 또 국가의 이익도 아니다. 백성이 행복도 아니다. 그렇기 때문에 전쟁은 나쁜 것이다.

제7절 근검주의

1. 절용

사람의 생활에 불가결한 것은 의식주 세 가지이지만, 그 밖에도 배라든가 수레와 같은 교통기관도 필요하고 혹은 무기라는 물건도 필요하다. 이것은 생활의 필요조건이지 결코 생활을 즐기자는 도구는 아니다. 먹지 않으면 죽는다. 집이 없으면 비, 이슬에 노출된다. 혹은 옷을 입지 않으면 춥다. 전적으로 생존의 필요상 옷도 있고 가옥도 있으며 음식물도 있으니 음식물은 맛이 훌륭한 것이 아닐지라도 목숨만 이어 주게 하면 되고, 가옥은 장식이 없을지라도 비바람을 피하면 되고, 옷은 화려하지 않을지라도 추위와 더위만 막아 주면 된다. 또 배, 수레는 교통수단만 되어 주면 족하다. 꾸미는 장식은 무용하다. 또 무기도 물론 필요하지만 이런저런 장식을 다는 것은 쓸데없는 짓이다. 그런데도 세상 사람들은 무용한 장식 때문에 비용도 늘어나고 세금도 무거워지고 그 때문에 고생들을 한다. 결국은 사치를 엄금하여 비용을 절약하지 않으면 안 되는 것이다.

2. 절상(節喪)

다음으로 백성의 행복을 위해서는 장례식을 간략하게 하지 않으면 안 된다. 유교와 같이 성대한 장례식을 하고 3년상을 치르는 것은 좋지 않은 일이다. 가령 왕공(王公)·대인(大人)이 3년상을 모시게 되면 3년 동안 천하의 정치가 없게 된다. 백성은 3년 동안 경작에 종사할 수가 없다. 부인은 옷감을 짜지 못한다. 여러 공업가들은 사람에게 필요한 기구를 제작하지도 못한다. 그 결과 공급이 부족하여 사회 일반의 불이익임과 동시에 3년상을 모시는 사람은 3년 동안 생산적 사업에 종사할 수가 없으니까 그 동안 수입이 절무(絶無)하게 되어서 대단한 곤란을 겪을 것임에 틀림없다. 또 장례식을 성대하게 치르려면 관도 좋은 관을 써야 하고 관 속에 금·은·주옥 같은 것을 넣어야 되니 천하에서 그만큼의 유용한 재물을 사장시키는 일이 된다. 그래서 유교에서 하는 성대한 장례식은 좋지 않은 것이다. 관은 오동나무의 3촌판이면 충분하다. 사체에는 3중의 의복을 입혀 주면 된다. 또 구덩이를 팔 때에도 너무 깊게 파면 품이 많이 드니 관이 메워지고 썩는 냄새가 밖으로 새어 나오지 않을 정도만 되면 충분하다. 또 봉분도 광대하게 하지 않고 표시나 될 정도면 된다. 장례식이 끝나면 얼른 모든 일을 거두도록 한다. 이것이 성왕(聖王)의 법이라는 것이다. 이것은 한쪽에서만 보자면 당시의 후장구상(厚葬久喪)의 폐해를 지적한 시정책이어서 좋은 일이다. 그러나 묵가자류의 주장은 전혀 인정(人情)을 고려하지 않은, 완전히 실리주의로 경사된 것이기 때문에 맹자가 크게 비난했다. 사람은 옛날에는 장례식도 하지 않고 계곡이나 들판에 시체를 버렸던 것인데, 나중에 그곳을 지나면서 보니 부모의 유체(遺體)를 까마귀라든가 소리개 같은 것들이 와서 먹고 있었다. 참담한 광경이니 마음으로 견디기 어려워서 장례식이 발생하게 된 것이다. 모든 유교의 의례는 결코 이불리(利不利)를 따져서 그렇게 하는 것이 아니라 사람의 인정에 의거하여 그렇게 하는 것이라는 소리를 듣고 묵가자류의 이지(夷之)라는 사람이 입을 다물고 대답을 못했던 일이 있다. 순자도 이런 절상론(節喪論)을 비난했다.

3. 비락(非樂)

묵자는 실리주의적인 사람이기 때문에 음악이나 미술 같은 것은 무용하다고 한다. 유교 쪽에서는 예악(禮樂)이 정신수양상 유효할 뿐만 아니라 예악의 정치가 시행되는 것을 이상적인 천하라고 했다. 그런데 묵자는 그것을 비난했다. 물론 당시의·왕후(王侯)들은 성대하게 음악연을 열고 밤새껏 연회에 탐닉하는 양상이었고 그 때문에 백성들로부터 무거운 세금을 징수하여 백성들이 몹시 시달렸기 때문에 이런 설을 주장한 것도 사실이다. 공자도 "사람들은 줄곧 음악, 음악하고 음악만 찾는다. 그러나 종을 치고 북을 두드리는 일만이 음악은 아니다. 음악의 본질은 사람의 마음을 부드럽게 해 주는 데 있다(樂云樂云 鐘鼓云乎哉——「論語」陽貨)"라고 한 것처럼 당시에는 음악의 참뜻은 이해되지 않고 남용되고 있었던 것이다. 묵자는 그런 점을 비난한 것일 것이다. 사람은 생활상 의식주 세 가지가 필요하다. 또 노동자들은 휴식을 취해야 한다. 백성을 다스리려면 백성이 의식에 고통당하지 않고 편안하게 생활할 수 있게 하여야 한다. 그런데 인군이 음악연을 한다고 하여서 추위가 방지되는 것인가, 배가 불러지는 것인가? 막상 전쟁이 나거나 도적이 일어났을 때에 음악을 연주하여 쳐들어온 적들의 병사가 도망을 가고 도적들이 물러가 준다면 다행이겠지만 그렇게는 되지 않는다. 또 만약 아래 백성들이 음악에 푹 빠져서 직무를 태만히 한다면 자기의 재산을 잠식할 뿐이지 결코 천하의 이익을 일으키고 해를 제거하는 원인이 되지는 않는다. 그래서 음악은 무용한 것이다. 이것은 상당히 한쪽으로 치우친 극단론인데, 물론 묵자는 당시의 폐해를 시정해 보려는 생각으로 이런 편견에 찬 주장을 한 것일 것이다.

제8절 비명론(非命論)

다음으로 묵자는 겸애설의 관점에 서서 숙명설을 비난했다. 숙명론자의 주장에 의하면 사람의 빈부귀천, 나라의 치란흥폐(治亂興廢)는 모두 운명이다. 인력을 가지고는 어떻게 할 수 없는 것이라고 한다. 지금 이런 숙명설을 천하의 정치에 빗대어 보고, 백성들이 견문한 것과 대조해 보며, 성왕(聖王)의 서책에 조회해 보고, 성왕의 업적에 대입시켜 본다면 어떻게 될 것인가. 모든 일은 인력을 가지고는 어떻게도 할 수 없는 것이며, 어떤 사람은 아무리 애를 쓰고 노력을 해도 운명은 어쩔 수 없어 출세하지도 못하는데, 한편에서는 운이 트인 사람은 애를 쓰지 않아도 저절로 출세하게 된다. 빈부귀천이 모두 운명이라고 하면 아무도 분발하여 애쓰려는 사람이 없을 것이다. 세상의 치란은 숙명이고 인력을 가지고는 어떻게도 할 수 없는 것이며, 인군이 손가락 하나 까딱하지 않아도 세상은 다스려지고 반대로 애를 써도 질서가 잡히지 않는 것이라고 한다면 조금도 정치에 힘쓸 사람은 없을 것이다. 그렇기 때문에 이런 숙명론을 실제로 응용하면 반드시 천하의 해가 되고 만다. 또 이것을 백성들이 견문한 내용과 비교하면서 고찰해 보면 만민은 누구도 운명이라는 것의 실체를 구경한 일도 없거니와 운명의 목소리를 들은 일도 없는 것이다. 천하 사람들은 아직껏 운명이라는 것이 어느 언저리를 걷고 있는 것을 본 일도 없다. 또 옛날의 성왕의 서책을 찾아보고 성왕의 고사(古事)에 비추어 보아도 성왕은 선을 상 주고 악을 벌 주었을 뿐이다. 숙명론자가 말하듯이 착한 일을 해도 이익되는 것이 없고 악한 일을 해도 해되는 일이 없다는 법은 없다. 즉, 숙명론은 잘못이라는 것이다. 묵자는 대체로 하늘을 인정하고 하늘에는 상벌의 권능이 있다고 하여 일종의 천명설(天命說)의 입장을 취한 것인데 이렇게 숙명을 부정하는 것은 묘한 모순이 아닐까 생각된다.

제9절 결론

묵자의 설은 양자(楊子)와는 정반대이다. 묵자는 이타주의, 사회주의를 주창했고, 양자는 이기주의, 개인주의를 주창했다. 그래서 양자는 노자의 흐름에 속하고 묵자는 차라리 공자와 가깝다. 다만 유가(儒家)는 주제(周制)를 취하기 때문에 문질빈빈(文質彬彬)한 예악의 정치를 중시했고, 묵자는 대우(大禹)를 본으로 삼고 예악을 경시했으며 근검을 위주로 했다. 아무튼 시세에 거칠게 대항한 면이 있기 때문에 묵자의 주장에 과격한 면이 있는 것은 어쩔 수 없는 일이다.

제13장 명가(名家)

제1절 등석(鄧析)

춘추전국시대에 유교와 노장학파, 즉 세간적 학파(世間的 學派)와 출세간적 학파(出世間的 學派) 외에 무시할 수 없는 세력을 형성했던 일파에 명가자류(名家者流)가 있다. 명가는 윤문자(尹文子)의 이른바 "이름〔名〕을 가지고 형(形)을 점검하고, 형을 가지고 명을 정한다"인데 명을 가지고 실질의 여하를 조사하고 또 실질의 여하에 따라서 명을 정하는 것이다. 즉, 물(物)의 정의를 극진하게 하여 이름과 실질의 상위가 없도록 하거나 명칭 속에 들어 있는 개념의 분석을 시도하고 나아가서는 궤변을 농하게 된 것이다. 등석(鄧析)·혜시(惠施)·공손룡(公孫龍)의 무리가 그 두드러진 인물들이다.

등석은 득의의 궤변을 휘두르면서 정자산(鄭子産)의 정치를 비난했기 때문에 정치를 어지럽히는 자라고 하여 살해되었다고 「순자」, 「윤문자」 등에 기록이 보이는데 「좌전」에서는 정자산이 아니라 치전(駟顓)이 죽였다고 했다. 「좌전」의 설이 맞다고 생각한다. 「순자」의 비십이자편(非十二子篇)에서는 "등석이 기괴한 변설을 하고 기이한 언사를 농하기를 좋아했다(而好治怪說玩琦辭)"고 한다. 그는 궤변론자 중 한 사람이다. 등석의 저서는 「백자전서(白子全書)」 속에 무후편(無厚篇)·전사편(轉辭篇) 2편이 있는데 여기에서는 크게 궤변을 농하는 점 같은 것은 보이지 않는다. 「순자」의 불구편(不苟篇)에 등석·혜시의 주장이 인용되어 있는 것을 보고서 그의 설을 알 수가 있다. 거기에는 어떤 논법을 가지고 논했는가 하는 상세한 설명은 없이 그저 그 결론이 인용되어 있다. 첫째로, 산과 연못은 평등하다. 산과 연못은 같은 평면이다. 산은 높고 연못은 낮지만 그것은 같은 평면이다. 또 천지도 평등하다. 하늘은 높고 땅은 낮지만 하늘과 땅은 같은 평면이다. 그리고 제진(齊秦)이 합치된다. 제(齊)나라와 진(秦)나라는 같은 곳이다. 제나라는 지금의 산동성의 동쪽이고 진나라는 지금의 섬서성(陝西省)의 서쪽이지만 이들 두 나라는 같은 곳이라는 입론을 전개하고 있다. 어떤 이유를 들어서 그것을 증명했는가. 즉, 우주의 광대함이라는 점에서 생각하면 산과 연못과 같은 얼마 안 되는 높이의 차이나 제·진 두 나라의 거리 같은 것은 무시해도 좋을 만하다는 것이다. 다음으로 그들은 또 낚시바늘에 수염이 있다고 한다. 낚시바늘로 물고기가 낚인다. 그것은 물고기의 입수염이 원래 낚시바늘에 붙어 있었던 것이다. 또 알에 털이 있다고 한다. 알에서 새가 태어나서 자라나면 털이 난다. 무(無)에서 유(有)가 나올 리는 없기 때문에 알 속에 새털이 자라날 능력이 있었던 것이다. 그래서 털이 알 속에 있다고 한 것일 것이다.

제2절 혜시(惠施)

혜시는 장자와 시대를 같이하였으며, 한때 양(梁)나라의 상(相)이 되었다. 저서가 많았다고 하는바 「장자」의 천하편(天下篇)에 "혜시는 방술이 많아서 그의 저서는 다섯 수레나 된다(惠施多方 其書五車)"고 기록되어 있다. 저서가 다섯 수레에 실을 정도로 많았다. 현재는 앞에서 든 「순자」 불구편(不苟篇)에 있는 몇 구절과 「장자」에 인용된 바에 따라 연구가 가능할 뿐이다. 혜시는 어지간히 변설에 능했던 사람으로 보인다. 위왕(魏王)과 제왕(齊王)이 약속을 했는데 제왕이 그 약속을 어겼기 때문에 위왕이 크게 노하여 제왕을 치려고 한 일이 있었다. 그때에 혜시가 사람을 데리고 와서 위왕에게 간하면서 이런 우화를 이야기했다.

달팽이에는 뿔이 있다. 그 뿔의 왼쪽에 촉씨(觸氏)라는 나라가 있다. 오른쪽 뿔에는 만씨(蠻氏)라는 나라가 있다. 어떤 때에 이들 두 나라는 서로 영토를 다투어 대단히 큰 전쟁을 벌여서 사상자가 수만 명이 발생하고 도망가는 자를 쫓다가 15일 만에 돌아왔다는 이야기가 있다. 지금 무궁한 우주에서 생각해 본다면 위나라와 제나라의 싸움은 달팽이의 뿔 위에서 하는 싸움과 같은 것이라고 했기 때문에 위왕은 망연자실했다는 것이다. 와우각상쟁하사(蝸牛角上爭何事)라는 숙어는 이 혜시의 이야기에 연원을 두고 있는 것이며, 이것은 「장자」의 칙양 편(則陽篇)에 실려 있다. 혜시의 학문은 등석(鄧析)과 유사하며, 그 한두 가지를 예로 들어보면 이렇다. 닭은 다리가 셋이다. 발은 두 개밖에 없지만 이 두 개의 발 외에 걷기 위한 발이 있다. 즉, 보행에 사용하는 발과 실제로 우리가 보는 발 두 개를 아울러서 세 개가 된다. 또 나는 새는 그림자가 움직이지 않는다. 또 활에서 떠난 화살이 가지도 않고 멎지도 않는 때가 있다고 한다. 이것은 그리스의 궤변론자들의 생각과 완전히 일치한다. 과연 새가 날고 있으면 그 그림자는 움직이고 있지만 갑의 순간에는 갑의 그림자가 있고 을의 순간에는 을의 그림자가 있어 그림자는 새로이 생기니 움직이는 것은 아닌 것이다. 또 화살은 물론 날고 있지만 어떤 순간을 포착하면 날고 있는 화살도 조금도 날고 있지 않다. 혹은 조금도 멈추고 있지 않다고 할 수가 있는 것이다. 또 흰 개는 검다. 왜냐하면 외눈박이 개는 묘구(眇狗)라고 한다. 그로부터 추리해 본다면 눈이 크면 대구(大狗)라고 하고 눈이 검으면 흰 개도 흑구(黑狗)라고 해도 무방한 것이다. 한 자가 되는 막대가 있다. 매일 반씩 잘라서 버린다고 해도 천만년 후에도 없어지지는 않는다. 이것을 우리가 사고상으로는 무한정하게 반씩 자를 수 있다는 것이다.

제3절 공손룡(公孫龍)

1. 행적과 저서

공손룡, 자(字)는 자병(子秉), 조(趙)나라 사람이다. 평원군(平原君)의 객(客)이 된 일이 있다. 저서는 「한서」 예문지에는 14편이라고 되어 있는데 지금은 5편만이 남아 있다. 공손룡은 혜시의 학문을 신봉하고 그 학설을 조술했다고 「장자」의 천하편에 기술되어 있다. 그의 주장으로 가장 유명한 것은 백마비마론(白馬非馬論)과 견백론(堅白論)이다. 즉 이 둘은 공손룡의 학문의 생명이다. 공자의 자손인 공천(孔穿)이라는 사람이 공손룡을 만나서 "선생님의 높으신 성가는 일찍부터 듣고 있습니다만 다만 한 가지 백마비마론을 취소해 주신다면 기꺼이 제자가 되겠습니다"라고 했는데, 공손룡은 "그것은 안 된다. 나의 학설에서 백마비마론을 제외시킨다면 나는 달리 아무것도 가르칠 것이 없다"고 대답한 일이 있다.

2. 백마비마론(白馬非馬論)

백마는 말이 아니라는 것은 도대체 무슨 뜻인가. 말〔馬〕이란 형상에다 붙인 이름이다. 그리고 백마(白馬)의 백(白)이라는 것은 말의 색깔에다 붙인 이름이다. 형상에다 붙인 것과 색깔에다 붙인 것은 완전히 별개의 것이다. 형상에다 붙인 것에는 색깔이라는 관념은 들어있지 않다. 즉, 백마란 형상에다 붙인 이름과 색깔에다 붙인 이름 두 가지가 합쳐져 있는 이름이다. 그런데 백마라는 명칭 속에 들어 있는 개념과 말이라는 명칭 속에 들어 있는 개념은 광협의 차이가 있다. 즉, 백마는 말이 아니라고 할 수가 있는 것이다. 그러나 백마가 있으면 천하에 말이 없다고는 할 수가 없는 것이다. 적어도 흰말이라도 있으니 천하에 말이 있다고 한다. 그렇다면 어찌하여 백마는 말이 아닌가. 공손룡이 말하기를 과연 백마가 있다면 천하에 말이 없다고는 하지 못한다. 그러나 말을 갖고 싶다고 하면 백마도 황마(黃馬)도 흑마도 다 해당된다. 그러나 백마를 갖고 싶다고 하면 흑마, 황마를 가지고는 안 된다.

즉, 백마라는 개념과 말이라는 개념의 내용이 다르기 때문에 백마는 말이 아니다. 그러나 모든 경우에 천하에 색깔이 없는 말은 없으며, 반드시 어떤 색깔을 가지고 있다. 황색이라든가 흑색이라든가 여러 가지의 색깔이 있다. 그들 색깔이 있는 말은 모두 말이 아니라고 한다면 천하에는 말이 없다고 할 수밖에는 없다. 공손룡이 말하기를 말에는 물론 색깔이 있다. 황색이라든가 흑색이라든가 백색 같은 것이 있다. 만약, 천하에 색깔이 없는 말이 있다고 한다면 천하에는 말이나 있을 뿐이지 백마도 흑마도 황마도 없을 것이다. 즉, 말이라고 하는 개념과 백말이라는 개념은 다르다. 즉, 백마는 말이 아니라는 말이 되는 것이다. 이런 논의는 말하자면 하나의 단어에 들어 있는 개념의 분석을 시도한 것이라고 할 수 있다.

3. 견백론(堅白論)

단단하고 흰 돌이 여기에 있다. 그것을 쥐어 보면 단단하다. 눈으로 보면 희다. 즉, 단단하다는 성질과 희다는 성질 그리고 돌이라는 물질 세 가지 개념이 집합된 것이다. 그래서 견백석(堅白石)은 세 가지 속성을 갖고 있다. 이들 세 가지 속성을 갖고 있는 것을 그는 장삼(藏三)이라고 한다. 그런데 공손룡은 말하기를, 이것은 셋이 아니다. 둘이다. 이것은 단단한 돌과 흰 돌 둘이다. 형상에 이름을 붙이는 일은 잠시 제쳐놓고 이번에는 단단하다는 것과 희다는 것만을 이야기해 보자는 것이다. 돌을 쥐어 보면 단단하다는 것은 알 수 있지만 쥐어 보아도 그것이 흰지 아닌지 알 수 없다. 또 눈으로 보고 그것은 희다고 한다고 해도 보기만 해서는 단단한지 단단하지 않은지 알 수가 없다. 즉, 단단한 돌이라는 것은 근각(筋覺)을 통해서 아는 것이고, 흰 돌이라는 것은 시각을 통해서 아는 것이다. 그렇기 때문에 견백석은 하나가 아니라 둘이라는 것이다. 이 경우에 그는 지각의 분석을 시도한 것이다.

요컨대 공손룡은 개념과 지각의 분석을 시도한 것이어서 동양에서의 분석적 연구법의 단서를 연 것이었는데도 그를 이어서 그 건전한 발달

을 시도한 사람이 없었던 것은 유감스러운 일이다. 그리스의 소피스트
는 중국에서도 등장했지만 소크라테스 같은 인물은 등장하지 않았던
것이다.

제14장 관자(管子)

제1절 행적과 저서

춘추전국의 난세를 다스리는 데에는 노자의 염담무위(恬淡無爲)를 가지고는 불가능하다. 또 유가(儒家)의 당우삼대(唐虞三代)의 덕을 설명하고 정전법〔井田法, 주대(周代)의 토지제도. 1리사방(九百畝)의 밭이나 논을 정(井)자형으로 아홉 등분하여 여덟 집에 그 1구획(百畝)씩을 나누어주어 경작시키고 중앙의 한 구획은 공전(公田)으로 하여서 여덟 집이 공동 경작하게 하였다. 그 수확물은 세금으로써 나라에서 수납했다〕을 복구시키라고 하는 것도 적절하지 않다. 다만 법가자류(法家者流)가 주장하는 것이 가장 적절했다. 신불해(申不害)·상앙(商鞅)·한비자는 법가자류 가운데 가장 쟁쟁한 인물들인데, 그들은 관중(管仲)을 법가(法家)의 시조로 꼽았다.

관중의 자(字)는 이오(夷吾), 제나라의 환공(桓公)을 섬겼고, 제나라로 하여금 천하의 패자(霸者)가 되게 하였고, 제후를 구합(九合)하여 천하를 일광(一匡, 천하의 질서를 바로잡고 통일을 이룸)하였고, 왕실을 존중하고 이적(夷狄)을 물리쳐 크나큰 훈공을 세운 사람이다. 공자도 일찍이 그를 일컬어서 인(仁)이라고 했다. 자세한 전기는 「사기」의 열전, 제세가(齊世家), 「좌전」, 「국어(國語)」 등에 있으며 여기서는 생략한다. 「관자」 86편은 한나라의 「유향(劉向)」이 정리한 것이 있는데 10편은 망실되고 지금은 76편밖에 전하지 않는다. 그 책은 너무도 잡박(雜駁)하여 예로부터 그것을 의심한 사람이 적지 않다. 아마도 어느 한 사람이 쓴 것이 아니고, 또 같은 시대에 이루어진 것도 아닐 것이다. 다만 경언(經言) 9편은 취할 만한 것이되 다른 것은 믿기가 어렵다. 소라이(徂徠)가 관중은 출세와 성공을 다해 밤낮으로 마시고 노는 일에 탐닉했었기 때문에 책을 써서 후세에 전할 것을 소망할 이유도 없었을 것이라고 한 것은 적절한 말이라고 생각된다.

제2절 정치설

「관자」의 정치주의는 제1권인 목민편(牧民篇)에 다 들어 있다. 그의 정치법에는 세 가지 강령이 있다. 첫째는 백성을 부(富)하게 하는 일이다. 자세히 말하면 농사의 시기를 놓치지 말아야 하고 창고를 잘 지키는 데 있다. 즉, 백성의 양곡이 모자라는 일이 없게 하는 일이다. 둘째는 백성을 교화하는 일이다. 자세히 말하면 백성을 교화하는 일은 군주의 일신에 있다. 군주가 법도를 잘 지키면 만민은 모두 그것을 본받아 친족이 화목하게 지내고 예(禮)·의(義)·염(廉)·치(恥) 사유〔四維, 국가·사회의 평화를 유지하는 중요한 네 가지 도(道)〕가 펼쳐지면 인군의 명령이 잘 이행된다. 셋째는 신명(神明)을 존숭하는 일이다. 자세히 말하면 산천의 신들을 존숭하고 종묘(宗廟)를 받든다. 이것이 치국(治國)의 3강령이다.

그가 "창고 속의 식량이 풍족하게 되면 사람은 비로소 예절을 의식하게 되고, 일상생활에 필요한 의식이 풍족하게 되면 비로소 명예라든가 치욕 같은 것을 생각하게 된다(倉廩實則知禮節 衣食足則知榮辱——牧民)"라고 한 말은 가장 널리 알려져 전해지고 있다. 백성에게는 생활상의 곤란이 없고 부족한 것이 없게 된 다음에 교화를 펴야 한다는 것이다. 맹자가 "항산(恒産)이 없으면 항심(恒心)이 없다"고 한 것도 같은 의미이다. 그래서 그는 첫째로 백성들을 부유하게 하는 방법을 취한 것이다. 예를 들어 배를 만들고 전차를 만들거나 훌륭한 궁전을 지으려면 세금도 많이 물려야 되고 징용으로 동원해서 백성들을 써야 한다. 이런 것은 민력을 고갈시키는 일이다. 원래 토지는 어떤 일정한 시기에야 오곡을 생산하는 법이다. 백성은 무한정으로 노동하지는 못하며 필요한 때에는 휴식을 취해야 한다. 그런데도 인군이 끝없는 욕망을 채우기 위해서 백성들을 부린다면 백성들의 원성을 사게 되고 상하가 불화를 빚게 된다. 그렇기 때문에 인군은 욕망을 자제하고 사치를 금하며, 절검을 첫째로 하여서 민력을 휴양시켜야 한다. 그와 동시에 적극적으로 백성들을 부유하게 하려면 첫째는, 산림 경영을 잘하여 수목을 재배하고 그 남벌을 방지하며, 소택에서 물고기를 잡는 어업도 남획을 막기 위해서 허가하는 계절을 정해야 한다. 그렇게 해야 물자가 풍부해진다. 둘째는, 치수공사를 잘하여서 관개의 편의를 도모해야 한다. 그렇게 해야 농토가 확장되어 농산물의 증수를 기할 수가 있다. 셋째는, 집 주변에 뽕나무나 삼나무를 심게 하여서 의복을 만들 재료가 풍부해지도록 한다. 넷째는, 목축을 장려하고 집 주위에는 야채를 심게 한다. 다섯째는, 사치허식으로 흐르는 일이 없게 하여서 낭비를 막고 경비 절약을 도모한다. 이 다섯 가지 방법을 활용하면 백성의 자신이 점점 늘어간다.

한편으로는 또 백성을 각자의 직업에 충실하게 하고 또 숙달시키기 위해서 사농공상(士農工商)의 주소를 일정한 곳에 설치하고 무사들의 집합소에는 무사들만, 농민은 농민끼리만, 목수는 목수끼리만, 장사꾼은 장사꾼끼리만 모여 살게 한다. 그렇게 하면 그 자녀들이 모두 어릴 때부터 무사는 무사, 농민은 농업, 목수는 목공, 상인은 상업을 견문하게 되어 숙련하게 되며 다른 일에는 마음이 가지 않으니 직무에만 힘쓰게 된다. 관자는 백성의 주거를 21구로 나누고 공업가와 상업가를 각 3구, 무사들이 있는 곳을 15구로 정했다. 일본에서도 옛날에는 곳에 따라 이런 제도가 있었다. 예를 들면 의사(醫師)도 3대를 지나지 않으면 대의(大醫)가 될 수 없다고 했다. 그러나 상인의 아들이 반드시 상업에 맞는 것은 아니었다. 이런 일은 일리일해(一利一害)가 있는 것인데 그 당시에는 적절한 면이 있었던 것 같다.

이런 방법을 가지고 나라를 부유케 했고 예의염치(禮義廉恥)를 중시했으며 인재를 등용하고 신명(神明)을 존중하면서 정치를 했기 때문에 제(齊)나라는 크게 잘 다스려져서 환공(桓公)은 천하의 선두주자가 된 것이다. 관중은 법가자류(法家者流)에서 시조로 받들기 때문에 그렇게 인정되고 있기는 하지만 한비자 같은 순수한 법가와는 크게 취향을 달리한다.

제15장 신불해(申不害)

제1절 행적과 저서

신불해는 정(鄭)나라 사람이다. 원래 빈천한 사람이었으나 한나라 소후(昭侯)의 부름을 받고 나아가 상(相)이 되어 자기의 경륜을 폈다. 한나라는 초·진(楚·秦) 2대 강국의 틈바구니에 끼여서 외교의 어려움에 시달림을 받고 있었으나 그 국세를 유지할 수 있었던 것은 신불해의 힘도 크게 작용했기 때문이다. 저서는 「사기」에는 2편이라고 나와 있으나 「한서」 예문지에는 6편이라고 나와 있다. 현재는 「옥함산방집일서(玉凾山房輯佚書)」 속에 그 단편이 실려 있다.

제2절 통치술

「사기」에서는 그의 학은 황로(黃老)에 뿌리를 두고 형명[刑名 또는 형명가(刑名家)라고 하며 중국 고대의 법가(法家). 특히 형명(刑名)의 일치를 주장한 학파. 형(刑)은 형(形)과 통하며 실(實)이라는 뜻. 명(名, 그 사람이 한 말)에 따라 그 실(實, 행위)을 벌 주고 언행의 일치를 요구하며 그 일치, 불일치에 따라 엄중하게 상벌을 주어야 한다고 주장했다)을 위주로 한다고 했는데 「한비자」가 왕왕 신불해의 의견을 인용하고 있는 것으로 미루어 보아도 그는 물론 법치론자였던 것임에 틀림없다. 그는 법과 영(令)을 무겁게 보았는데, 군주의 위엄을 높여 주는 것은 영이라고 했다. 영이 시행되지 않으면 군주의 실(實)은 없다고 했고, 또 군주는 반드시 법을 명시하여 의를 바로잡되 저울에 올려놓고 경중을 달듯이 분명하게 해야 한다고 했다. 그는 옛날에 황제가 천하를 다스린 것, 요(堯)가 천하를 다스린 것도 법을 가지고 했다고 했다. 황제 때의 일은 유원한 일이니 제쳐놓는다고 해도 「서경」을 통해서 요의 사적을 생각해 보면, 요의 정치는 결코 법을 가지고 한 것은 아니었다. 즉, 이것은 신불해가 사람들의 신용을 널리 모으기 위해서 한 말에 지나지 않는다. 그런데 신불해가 말하는 법이란 오늘날의 법률과는 다소 의미가 다르다. 그의 생각에 의하면 법이란 공적(功績)을 보아서 작위를 주고 재능에 따라서 관직을 주는 것을 말한다. 다시 말하면 인군이 나라를 다스리는 데 있어 군신(群臣)을 임명하고 그것을 통어하는 것을 말한다. 신불해는 또 그것을 수(數)라고도 했다. 「한비자」의 숙어에 따르면 술(術)이 된다. 그는 법이라는 말을 사용하기는 했지만 사실은 신민을 통어하는 술을 말한 것이다. 모든 인군은 현명한 신하를 얻어서 천하를 통치해야 한다. 그런데 주변에서 사람을 쓴다면 자기의 귀로 들을 수도 있고 눈으로 볼 수도 있지만 멀리 떨어져 있으면 직접 견문을 할 수가 없다. 어쩔 수 없이 견문이 천박하게 된다. 그래서 사람을 채용하려면 자기의 지혜에만 의지하지 말고 법술(法術)에 맡겨야 하는 것이다. 군주는 또 결코 자기의 호불호(好不好)를 말해서는 안 된다. 백성들은 정말로 방심할 수 없는 존재여서 어떻게 하는 것이 군주의 마음에 드는 것인지 끊임없이 살펴보고 있다. 만약 군주가 현명한 사람을 좋아하면 군주는 무욕한 사람이라고 판단하고 자기도 무욕한 사람인 것처럼 꾸미고, 기타 온갖 기교를 다 부려서 군주의 마음에 들려고 한다. 그래서 군주는 사람을 잘못 보게 된다. 그런 까닭에 군주는 자기의 호불호를 백성에게 드러나지 않게 하는 것이 좋다. 그러면 백성은 거짓으로 꾸밀 수가 없기 때문에 군주는 사람의 참모습을 잘못 보게 되는 일이 없다는 것이니 이 점에 있어서 신불해는 노자의 무위자연설에 입각해 있는 것이다. 즉, 노자의 무위자연은 신불해의 술(術)을 시행하는 비결인 것이다.

제16장 상앙(商鞅)

제1절 행적과 저서

상앙은 위(衛)나라의 서공자(庶公子)였으며, 어릴 때부터 형명학 (刑名學)을 좋아했다. 진나라 효공(孝公)에게 출사했고, 변법자강책 (變法自强策)을 상주하여 충분히 경륜을 폈으니 진나라가 강대하게 된 것은 상앙의 힘이 컸다. 효공이 서거하고 태자가 대를 이어서 들어 서게 되자 일찍부터 불평을 품고 있던 무리들이 들고 일어나서 비판했 기 때문에 그는 결국은 차열형(車裂刑)을 당하고 말았다. 저서는 「한지 (漢志)」에 29편이 있다고 나와 있으나 현재 전하는 것은 24편뿐이다.

제2절 부국법(富國法)

그의 정책은 부국강병을 목적으로 한다. 부국의 첫째 방법으로서 그는 농본주의를 주장한다. 그 대요는 농전편(農戰篇)에 나온다. 대체 로 한 나라 안에서 백 명이 농업에 종사하고 한 사람만이 다른 업무에 종사하는 나라라면 그 나라는 반드시 천하의 강국이 된다. 열 명이 농업 에 힘쓰고 한 사람이 다른 업무에 종사하는 나라는 강대하다. 만약 열 명 가운데에서 다섯 사람이 농업에 종사하고 다섯 사람이 다른 업무 에 종사하는 나라가 있다면 그 나라는 위태롭다. 즉 인구의 1퍼센트만 이 농업 이외의 다른 업무에 종사하는 경우에는 나라들 가운데에서 왕이 되고 1할만이 다른 업무에 종사할 때에는 강한 나라이지만 5할까지가 다른 업에 종사한다면 위태롭다는 것이니 나라의 강약은 백성이 농업에 종사하는 비율의 다소에 달려 있다고 생각하고 있는 것이다. 그래서 그는 온갖 방법을 동원해서 농업을 장려하고 토지를 개간하게 하여 국부(國富)의 충실을 도모한 것이다. 그 방법으로서는 첫째로, 학문을 높이 여기지 않는다. 학문을 높이 여기지 않으면 인지(人智)가 개발되지 않아 백성들이 순박우직(淳樸愚直)하다. 그 결과로 다른 데에 눈을 팔지 않고 교류를 하지 않으면서 오로지 농사에만 힘을 쓰고 그 직무를 게을리하지 않게 되기 때문에 나라가 부강해진다는 것이다. 그래서 그는 시(詩)·서(書)·예(禮)·악(樂)·선(善)·수(修)·인(仁)·염(廉)·변(辯)·혜(慧) 십사(十事)가 있으면 나라는 반드시 약화된다고 보고 문학약국론(文學弱國論)을 주창했다. 그는 시서(詩書)를 불태웠다. 그 사례는 「한비자」의 화씨편(和氏篇)에 보인다. 후에 진(秦)의 시황제 때에 이사(李斯)가 책을 모아서 그것을 함양(咸陽)에서 불태우고 유생들을 땅에 파묻어 검수(黔首, 백성)를 어리석게 만드는 우민정책을 취한 것은 상앙의 시책에 뿌리를 두고 있었던 것이다. 이 점은 노자가 "사람에게 약삭빠른 점, 영리한 점이 생기면 반드시 그 반면에 커다란 거짓이 생겨난다(智慧出有大僞)"라고 하여서 지혜를 배척한 데에 뿌리를 두고 있다. 둘째로, 농업을 천시하지 말고 농민을 받들어야 하는 것이다. 지혜가 있어 변설에 능한 자가 있을지라도 관에 채용해서는 안 된다. 농업을 하지 않고도 다른 일예일능(一藝一能)이 있어 그것으로 관직에 채용된다는 일이 있게 되면 농사를 짓는 일은 힘만 들고 못쓴다고 생각하게 되어 농업에 종사하지 않게 된다. 따라서 논밭이 황폐해진다. 그렇기 때문에 일체의 기예(技藝)를 가진 선비를 채용하지 않는 것을 원칙으로 하여 농사에 힘쓰게 해야 한다. 셋째로, 무위도식하는 무리들로 하여금 강제적으로 농업에 종사케 한다. 넷째로, 장사꾼이 쌀을 사모으고 농민이 쌀을 파는 것을 금해야 한다. 쌀의 매매를 허가하면 장사꾼은 풍년인 때에는 많은 쌀을 싸게 사두었다가 쌀값이 오른 때에 그것을 팔아서 많은 이익을 챙긴다. 그러나 쌀의 매매를 허가하지 않으면 그런 이익을 챙길 수가 없어

장사꾼도 역시 농사지을 생각을 하게 된다. 다섯째로, 여인숙을 폐지한
다. 여인숙이 없어지면 여행하는 일이 몹시 불편하기 때문에 저절로
사람들이 바깥 출입을 하지 않게 되어 모두 농사에 힘쓰게 된다. 여섯
째로, 술과 고기의 값을 높게 책정하고 그 세금을 무겁게 한다. 술과
고기의 값을 높게 책정하고 그 세금을 무겁게 하면 관리일지라도 사치
스러운 생활을 못 하게 된다. 술이건 고기건 마음대로는 살 수가 없으
니까 저절로 저축을 하게 된다. 이것이 즉, 민력을 휴양시키는 일이며
백성도 스스로 농업에 정진하게 된다. 일곱째로, 관소(關所, 세관)를
거쳐서 수입하는 화물의 세금, 시장의 세금을 무겁게 한다. 즉, 이금세
(釐金稅, 일종의 통과세)와 영업세를 높게 하는 것이다. 세금이 높기
때문에 비싸게 팔지 않으면 안 된다. 물가가 높으면 농민은 사지를
않는다. 세금은 반드시 내야 하는데 장사는 되지 않아 이익이 남지
않으니 차라리 농사를 짓는 것이 낫겠다는 생각을 하게 된다. 이렇게
여러 가지 방법을 사용하여 농민을 극력 보호하니 천하의 백성들은
모두가 농사에 힘쓰기를 도모했다. 당시는 전국시대(戰國時代)였고
천하는 7개국으로 나뉘어 있었다. 삼진(三晉), 즉 한(韓)·위(魏)·조
(趙)의 땅은 지금의 하남성, 하북성과 산서성 남쪽의 반분(半分), 즉
황하 유역인데 일찍부터 문명이 개화되어 인구가 조밀한 땅이다. 진나
라는 지역은 넓었지만 인구가 극히 적었다. 그래서 상앙은 진나라의
농토를 개간시키려고 다른 나라에서 사람을 데려오는 방법을 취했다.
그 밖에도 토지를 개간시키는 방법으로서 부자형제가 일가(一家)에
동거하는 것을 금하고 분가법(分家法)을 제정하였고, 또 옛날부터 시행
되어 왔던 정전법(井田法)을 폐지하고 동서남북의 휴도(畦道), 즉 천백
(阡陌, 길. 특히 경작지 사이의 농로. 동서를 陌 남북을 阡이라고 한다. 일설
에는 동서를 阡, 남북을 陌이라고도 한다. 전하여 경작지)을 개간하여 경지
의 정리를 행하고 수입의 증가를 도모했다.

제3절 강병책

강병법(强兵法)으로서 그는 전적으로 상벌(賞罰)을 이용하여 백성을 내몰아 싸우게 한다는 방법을 취했다. 신상필벌(信賞必罰)이라는 것은 법가자류(法家者流)의 소중한 격언인데, 그는 이 신상필벌을 가지고 백성을 다스려 가면 용기 있는 자는 더욱더 용기를 내게 되고 겁 많은 자도 도망을 가다가 벌을 받기보다는 자진하여 죽음이 있는 싸움터로 나갈 터이니까 강병이 된다는 것이었다. 그 장려 방법은 적의 목을 하나 자른 자는 1계급을 진급시키며, 만약 관리가 되고 싶어하는 자가 있으면 봉록(俸祿) 50석(石)을 받는 관리직에 임명하는 것이다. 지방장 관, 즉 지사(知事)를 2천 석이라고 했으니 50석이라면 지극히 낮은 관직임에는 틀림없지만 아무튼 관리는 관리이다. 목을 둘 자르면 2 계급을 진급시키며, 관리가 되겠다는 자는 백석(百石)을 받는 관리에 임명한다. 그래서 나라의 백성들이 모두 분발했기 때문에 이만저만한 강병이 된 것이 아니었다. 그는 또 한 나라의 용기를 고무한 결과 국민이 모두 살벌한 기풍을 갖게 되었는데 나라에 싸움질하는 풍조가 성행하게 될 것을 우려하여 진공(秦公)을 위해서 전쟁하는 일에서 강한 사람에게는 상을 주었지만 만약 사사로운 일로 국민 사이에 싸움 을 하면 무거운 형벌을 가했기 때문에 당시의 백성들은 공전(公戰) 에는 용감하고 사투(私鬪)에는 겁쟁이였다. 그래서 규율 있는 군대가 형성되었다. 「한비자」가 이것을 비평한 것이 있다. 목 하나를 자르면 1계급을 진급시키는 것은 좋다. 그러나 목을 자른 상으로서 50석 내지 1백석을 받는 관직에 임명하는 것은 좋지 않다. 왜냐하면 적의 목을 자르는 일에는 용기가 있으면 되지만 관리의 일을 보려면 지혜가 없어 서는 안 된다. 예컨대 의사는 질병이나 약에 관한 지식이 없으면 못 하는 일이다. 참수(斬首)의 공을 가지고 관리에 임명하는 것은 마치 질병이나 약에 관해 아무것도 모르는 사람을 의사 노릇을 하게 하는 것과 같은 일이기 때문에 아무래도 「한비자」의 말이 옳은 것 같다.

제4절 내치

상앙이 국내를 통치한 방법에 대해서는 자세히 알 수 없으나 그는 5인조와 10인조라는 조합을 만들어서 연대책임을 지게 했다. 만약 5인조 가운데에서 죄를 저지른 사람이 있을 때, 그것을 감추면 조합의 소속원 모두의 허리를 자르는 형벌〔腰斬〕에 처했다. 그것을 지체 없이 신고하면 적의 목을 자른 것과 같은 상을 준다고 했기 때문에 조합의 소속원이 모두 상호 감시자가 되었다. 그리고 죄를 저지르지 못하도록 서로 막았다. 그래서 죄를 저지른 사람은 숨을 곳이 없게 되었다. 상앙이 후일에 위급하게 되어 도망갔을 때에 여관 주인은 상앙인 것을 모르기 때문에 상앙의 법에 신분이 확실하지 않은 사람은 재워서는 안 된다고 되어 있으니까 재워 줄 수가 없다고 거절했다. 상앙은 자기가 만든 법률 때문에 자기가 불이익을 당했다. 상앙은 그때에 "법을 제정한 폐단이 이 지경에까지 이르렀는가"하고 탄식했다는 것이다. 아무튼 그런 식이어서 진나라에서는 나쁜 사람이 없어지게 되었고, 치안이 확립되어 길에 떨어진 것이 있어도 줍지를 않았으며, 산에는 도둑조차 없었다.

그는 나라를 다스리는 데 있어서 첫째가 법(法), 둘째가 신(信), 셋째가 권(權), 이들 셋이 중요한 요소라고 했다. 법률은 군민(君民)이 모두 존중하지 않으면 안 된다. 또 법률을 제정한 이상 신의를 가지고 군민이 함께 그것을 지키지 않으면 안 된다. 그리고 권은 군주가 혼자서 장악해야 하는 것이다. 좀더 자세하게 말한다면 군주가 만민을 다스림에 있어서 만약 법률을 가지고 하지 않고 즉, 저울이나 자를 가지고 물건의 무게나 길이를 재지 않고 눈짐작으로 잰다면 아무리 숙련된 사람일지라도 결코 틀리지 않을 수가 없는 것이다. 그래서 나라를 다스리려면 법률은 반드시 필요한 것이다. 그리고 법률을 제정한 이상 법에 정한 사항은 결코 위배하는 일이 없도록 해야 한다. 아무리 친한 사람이라고 해도 나쁜 짓을 하면 반드시 벌을 주어야 한다. 설령 소원한 낯선 사람이라고 해도 착한 일을 하면 반드시 상을 주어야 한다. 즉, 신상필벌을 철저하게 지켜야 하는 것이다. 상앙이 처음으로 진나라의 정치를 맡아서 하게 되었을 때 신상필법을 백성에게 시범하기 위해서 한 나무기둥을 성의 남문에 세워 놓고서 그것을 북문으로 옮기는 사람에게는 금 10량을 주겠다고 공포했다. 모두가 의심을 하고서 어느 누구도 옮기려는 사람이 없었다. 다음에는 금 50량을 주겠다고 공포했다. 그래서 어떤 사람이 시험삼아서 나무를 남문에서 북문으로 옮겼더니 과연 50량의 상금이 지급되었다. 그러나 법령을 공포해도 잘 시행되지 않았다. 그때에 태자가 법을 범했다. 상앙이 말하기를, 법률이 잘 시행되지 않는 것은 윗사람들이 지키지 않기 때문이라고 했다. 하지만 태자를 벌 줄 수는 없기 때문에 그 보좌관을 벌했다. 그로부터 백성들은 그 신상필벌에 승복하게 되었다는 것이다. 다음으로 권력은 군주가 혼자서 전권을 가지고 군신들을 부릴 수 있는 도구이다. 권을 잃지 않으면 위엄이 있지만 권을 잃으면 신민들로부터 업신여김을 당하게 되어 그 자리가 위태로워진다. 요컨대 법·신·권 삼자는 가장 중요한 것이다.

제5절 형(刑)의 의의

상앙은 엄중한 형벌을 운영함에 추호도 용서가 없었다. 원래 형법에 대해서는 권선징악을 위해서라거나 범죄자를 개심시키기 위해서라는 등의 여러 가지 해석이 있다. 그는 형벌은 간사(姦邪)를 금지하기 위한 것이고, 상은 금령(禁令)이 지켜지게 하기 위한 보조적 방법에 지나지 않는다고 생각했다. 그래서 형벌이 많으면서 포상이 적으면 그 나라는 강하다고 했다. 형벌은 즉, 징악이 목적이기 때문에 가벼우면 효과가 없다. 무거운 형벌을 시행하지 않으면 안 된다. 형벌을 가볍게 하면 넘보고서 죄를 범하는 것이다. 그러나 형을 무겁게 하면 백성들은 두려워서 감히 범법을 하려는 자가 없다. 범법을 하는 자가 없으면 형벌을 설정해 놓고도 그것을 쓰지 않게 된다. 중형을 설정하는 것은

종국적으로는 형벌을 무용지물로 만들자는 데 그 이상(理想)을 두고
있다. 그러나 상앙은 천성이 냉혹한 사람이었다고 「사기」에서 논하고
있는데 아주 합당한 평인 것 같다.

제17장 한비자(韓非子)

제1절 행적과 저서

한비(韓非)는 한(韓)나라의 제공자(諸公子)이다. 이사(李斯)와 함께 순자의 제자가 되었었는데 가장 형명법술(刑名法術)의 학을 좋아했다. 한나라가 하루하루 약해지고 잠식되어 가는 것을 보고 가끔 상주문을 올려서 한왕에게 간했지만 왕은 그 간언을 받아들이지 않았다. 진나라의 왕은 한비의 저서를 읽고 그 인물됨을 흠모하여 서둘러 병사를 출동시켜 한을 치고 한비를 강화사절로 보내라고 하여서 마침내 강화사절로 온 한비와 회견을 할 수가 있었지만 이사 등은 한비의 재능을 시기하여서 모함을 하여 한비를 죽음으로 몰아갔다. 한비는 말더듬이였지만 문장은 당대의 제일이었고 저서는 「한지(漢志)」에 55편이라고 기록되어 있다. 이만저만 세상 인정에 밝은 것이 아니어서 촉(蜀)나라의 유비(劉備)가 한비자·신불해의 책은 사람의 지혜를 늘려 주는 책이라고 평한 일이 있을 정도이다. 또 제갈공명은 유비의 아들, 즉 촉(蜀)의 후주(後主)에게 「한비자」를 읽게 한 일이 있다.

제2절 한비의 위치

법을 존중하고 신상필벌을 시행하는 일은 상앙이 진나라의 통치에 활용한 주무기였다. 또 인재를 등용함에 있어서 재능을 감별하여 적재적소에 배치하는 일은 신불해가 한나라를 통치하는 데 힘을 보태 준

주무기였다. 한비는 법술을 즐겨서 연구했다고 한다. 즉, 한비의 성격은 벌써 법가가 될 바탕을 가지고 있었던 것이다. 원래 한나라에는 소후(昭侯)를 도와서 한을 통치한 신불해의 유풍여택(流風餘澤)이 남아 있어서 한비가 자연히 신불해의 술에 대하여 흥미를 갖게 되었던 점은, 마치 저 공자가 노나라에 태어나서 주공(周公)의 유풍여택에 의해 주공을 이상으로 삼았던 것과 마찬가지이다. 또 그때의 시세(時勢)도 법가의 설이 가장 타당성을 갖게 하기에 적합했다. 이런 이유로 한비는 법술을 연구하여 신불해와 상앙의 법술을 아울러 갖게 된 것이다. 법가자류의 학문은 참으로 한비에 이르러서 대성을 본 것이다.

단지 법가뿐만 아니라 한비는 그 당시의 2대 사상, 한쪽에서는 유교, 다른 한쪽에서는 도가의 사상을 취하여 자기의 자양분으로 삼았다. 공자가 인을 교설하고 맹자가 그것을 이어받아서 의를 교설했으며, 순자가 또 그것을 이어서 예를 이야기했으니 시세의 변천에 따라서 그 설도 점차로 구체적인 모습을 띠게 된 것이다. 한비는 순자에게서 배웠으니 순자가 예를 이야기한 뒤에 법을 이야기한 것은 당연한 일이다. 한비는 또 한편으로는 노자의 학문에 대해 흥미를 가지고 있었다. 원래 법가자류는 그 종국은 노자의 무위자연을 위주로 하는 것이며, 한비도 노자에 관해서는 상당한 조예도 있었고 「한비자」속에는 '유로(喩老)', '해로(解老)' 2편이 있을 정도이니 노자의 학설로부터 많은 영향을 받았다는 것은 추찰하기에 어렵지 않다. 「사기」에서는 한비를 평하여 "형명법술(刑名法術)의 학문을 좋아했고 그 바탕은 황로(黃老)에 두고 있다"고 했는데 참으로 지당한 평이다. 한비의 학문은 신상(申商)의 법술을 아우르고 유도(儒道)의 사상을 겸비한 것이어서, 그는 선진(先秦) 사상계의 대성자라고 할 만한 지위를 가지고 있는 것이다.

제3절 법치론의 입각점

그의 법치론의 입각점은 순자의 성악론이다. 순자가 성악론의 심리적 기초로서 인간의 이기적 정욕에 착안한 것과 마찬가지로 한비도 인간이 이기적 욕심을 가지고 있다는 것을 기초로 하고 있다. 순자는 인성은 악하며 사람은 이기적이니 예를 가지고 그 성을 교정하고 이기적 욕망을 제어해야 한다고 주장했는데, 한비는 다시 한걸음 더 나아가서 사람을 다스리는 데에는 예만 가지고는 부족하니 법을 가지고 다스리지 않으면 안 된다고 했다. 곧 법치(法治)가 필요하다는 것이다. 즉, 순자는 윤리적 제재를 말했고 한비자는 법률적 제재를 말한 것이다. 굽은 화살이 저절로 곧게 되기를 바라다가는 백년이 지나도 곧은 화살은 한 가닥도 안 나온다는 것이다. 저절로 둥근 나무가 나오기를 기다리고 있다가는 천년이 지나도 수레바퀴를 만들 수가 없을 것이다. 사람도 이와 같아서 나면서부터 곧은 사람은 없다. 법을 가지고 곧게 만들어야 하는 것이다. 모든 사람의 성품은 난(亂)을 좋아한다고 했다. 이런 점은 전적으로 순자의 성악론에 입각해 있는 것이다.

그의 생각에 의하면 사람의 행위 동기는 모두 이기적인 데에 있다. 예를 들어 의사가 상처를 빠는 일이 있다. 그것은 특별히 골육지친이기 때문에 그러는 것이 아니다. 치료비를 받을 수 있기 때문에 그러는 것이다. 마차꾼은 세상 사람들이 모두 부귀하게 되어서 마차를 타 주기를 바란다. 또 장례용품점에서는 천하 사람들이 빨리 죽어서 관이 잘 팔리게 되기를 희망한다. 이것은 어느 경우나 자기의 이익을 위해서 그런 생각을 갖는 것이다. 사람의 품을 사서 경작을 시키려면 일꾼에게 푸짐한 음식을 먹이고 품삯을 주어야 한다. 그것은 일꾼을 불쌍히 여겨서 그러는 것이 아니다. 그렇게 좋은 대우를 하면 나의 논밭을 잘 갈아 줄 것이라고 생각하기 때문에 그러는 것이다. 또 고용된 사람이 힘들여서 열심히 일하는 것은 주인을 불쌍히 여겨서 그러는 것이 아니다. 그렇게 하면 주인이 품삯을 올려 주고 음식을 푸짐하게 대접하리라고 생각하기 때문이다. 사회적인 개인의 행위는 모두 이기적인 계산에서 나오는 것이다.

심지어 그는 부자간의 친애, 부부애도 모두 이기적 타산에 근거를 둔다고 말한다. 어릴 적에 부모가 양육에 정성을 쏟지 않으면 자녀는 성장한 뒤에 부모의 양육 방법이 나빴던 일을 원망한다. 또 아이가 자란 뒤에 효행이 부족할 때에는 부모는 분노한다. 부모자식간에 분노하기도 하고 원망하기도 하는 것은 양쪽이 모두 자기의 이익이라는 생각을 가지고 있기 때문이다. 부모는 남자아이를 낳으면 기뻐하고 여자아이를 낳으면 살해했다. 남자도 여자도 모두 자기의 자녀인데도 여자아이이면 살해하는 것은 남자아이를 낳으면 도움이 되지만 여자아이는 기르기에 힘만 들고 득 되는 일이 없기 때문이다. 즉, 부모라고 해도 이익, 불이익을 개재시켜서 자녀의 문제를 생각하는 것이다. 부부관계도 마찬가지이다. 아내가 사랑을 받을 때에는 가깝게 취급되지만 사랑이 식으면 소원히 취급받는다. 속담에 "그 어미가 사랑을 받으면 그 자식도 귀여움을 받는다"는 말이 있거니와, 그 반대로 어미가 미움을 받으면 그 자식도 아비의 사랑을 못 받을 것임에 틀림없다. 남자는 50이 되어도 호색적인 마음이 쇠퇴하지 않지만 여자는 30이 되면 퇴색한다. 퇴색한 부인이 호색적인 남성과 같이 살아 보아야 귀여움을 못 받을 것은 뻔하다. 그렇게 되면 자기가 모처럼 낳은 아이가 대를 잇지 못하게 되지 않을까 하는 걱정을 하게 된다. 그래서 후비(后妃)는 제발 왕이 얼른 죽어 주어서 자기가 낳은 아이가 대를 이어 왕위에 오르게 되었으면 하고 바란다. 이것은 왕을 미워해서 그러는 것이 아니라 얼른 왕이 죽는 편이 자기에게 이익이 되기 때문이다. 부자간의 친애, 부부간의 사랑이라고 해도 믿을 것이 못된다면 하물며 군신(君臣)의 관계는 미루어서 알 만한 일이다. 신민(臣民)은 결코 인군을 사랑하기 때문에 충성을 다하는 것이 아니라 인군을 섬기면 이익을 얻기 때문이다.

옛날의 순박한 세상에서는 경작을 하지 않아도 음식물이 있었고 옷감을 짜지 않아도 의복이 충분했다. 즉, 생활상의 곤란이 없었기 때문에 싸울 일도 없었던 것이다. 어디에 가나 물은 질펀하게 있기 때문에 누구도 물을 아까워하는 사람이 없는 것과 같은 이치이다. 그런데 현재는 점점 더 인구가 늘어났다. 두 사람의 부모에게서 다섯 명의 자녀가 태어나고, 다섯 명의 자녀가 다시 다섯 명씩의 아이를 낳는다. 즉, 조부의 대에서 손자의 대까지는 두 사람이 스물다섯 사람으로 늘어나는 것이다. 이렇게 인구는 점점 증가하는 데도 토지에서 나오는 소출은 그 비율로 증가되는 것이 아니다. 죽을 힘을 다해도 식량이 모자라니 더욱더 생활이·곤란하게 된다. 배가 고프면 문란하게 된다는 것은 상식이다. 이런 세상에서는 법률을 가지고 통치하는 것밖에는 도리가 없다는 것이 그의·법치론의 기초이다.

제4절 법치지상설

옛날에 송나라에서 어떤 농부가 어느 날 밭을 갈고 있자니 토끼가 달려오더니 밭 가운데에 있는 나무 그루터기에 부딪쳐 죽고 말았다. 이것은 참 횡재라고 생각하고 농부가 다음날부터 밭갈기를 그만두고 나무 그루터기 곁에서 지키고 있자니 그런 횡재가 매일 있는 법은 아니어서 토끼를 잡지도 못하고 웃음거리만 되었다는 이야기가 있다. 유가(儒家)나 묵가의 설은 마치 송나라 농부의 에피소드와 마찬가지로 지극히 변통할 줄은 모르고 어리석게 지키기만 하는 태도와 같은 설이다. 오늘날과 같은 세상에서 덕정(德政)을 편다는 일은 나무 그루터기를 지키면서 토끼를 잡으려는 일과 같은 것이다. 상벌을 엄중하게 하여도 여전히 세상 속의 백성들은 문란하게 되니 옛날과 지금과는 정치하는 방법도 달라지지 않으면 안 되는 것이다. 지금과 같은 험한 세상에서 법률을 가지고 다스리지 않는다면 마치 사나운 말을 고삐도 없이 다루려는 것과 같은 일이다. 인군된 자가 법률이라는 고삐를 가지고 백성을 다루어 나가지 않는다면 금방 엎어지는 사태를 당하게 될 것이다. 오늘날의 세상에서는 인애(仁愛)만을 가지고 백성을 다스리기에는 부족한 바가 있다. 예를 들어 불초(不肖)한 아들이 있다고 치

자. 부모가 몹시 꾸지람을 해도 고쳐지지를 않고 동네 사람들이 비난을 해도 태연하다. 선생이 훈육을 해도 도무지 좋아지지를 않는다. 부모의 사랑, 선생의 지혜, 혹은 동향 사람들의 행실을 통해 이끌어주어도 나쁜 아들은 여전히 나쁘다. 그러나 관리가 법률을 가지고 나쁜 짓을 하면 잡아다가 벌을 주겠다고 하면 그 아들은 매우 두려워하면서 서둘러 행실을 고쳐 나쁜 짓을 하지 않게 된다. 이것과 마찬가지로 옛날과 같이 인애를 가지고 교정을 하려고 해도 효과가 오르지 않지만 법률을 가지고 다스리면 당장에 다스릴 수가 있다. 한비자는 이런 식으로 유교와 묵자의 인애의 정치를 비난함과 동시에 노장학파(老莊學派)와 명가자류(名家者流)도 모두 배척하는 것이다. 노자는 무위염담이라는 것을 말하고 무욕이 아니면 천하가 평화를 이루지 못한다고 한다. 또 명가자류는 어벙벙한 말을 가지고 궤변을 논하고 있다. 명가는 천하의 혹술(惑術)이다. 원래 세상에 태어나서는 자식은 어버이를 섬겨야 하고 신하는 인군을 섬기지 않으면 안 된다. 그러기 위해서는 염담만 가지고는 안 된다. 또 세상에 나아가서는 충신이나 성(誠)이 없어서는 안 된다. 어벙벙한 말로 속여서는 오래 가지 못한다. 다만 우리 법치주의만이 가장 유효하다. 법이란 똑떨어지게 조문이 정해져서 그것을 어기면 벌을 받고 그것을 지키면 상이 돌아간다는 것이 백성에게 투철하게 인식되어져야 하는 것이다. 법률을 정한 이상은 반드시 지켜져야 한다. 예를 들면 법률은 거울이 물건을 비추는 것과 같은 것이다. 거울이 움직여서는 물건을 비추지 못한다. 또 저울로 물건을 다는 것과도 같은 것이다. 저울대를 움직이다가는 물건을 정확하게 달 수가 없다. 그래서 법률을 정한 이상은 신분의 귀천, 친소(親疏)에 불문하고 모두 일정한 법률에 따라서 규율되어야 하는 것이다.

제5절 중형론(重刑論)

한비자는 상앙과 마찬가지로 형벌을 무겁게 하는 입장을 취했다.

가령 우리가 길을 걷고 있을 때에 비단 한 자락이 떨어져 있다고 치면 누구나 그것을 주울 것이다. 하지만 거기에 새빨갛게 단 백량짜리 황금덩어리가 있다면 어떤 도적이라고 해도 손에 화상을 입을 터이니까 집는 사람이 없을 것이다. 즉, 집어들어도 아무 탈이 없으며 반드시 해를 입는 것은 아니라고 하면 아무리 작은 물건이라도 주울 것이다. 그러나 그것을 주우면 반드시 자기가 화상을 입으며 큰 해를 입을 것임에 틀림없다고 하면 황금 백량이 떨어져 있어도 줍는 사람이 없을 것이다. 이런 이유 때문에 형벌은 무겁게 해야 하는 것이다. 형벌이 무거우면 누구도 감히 그것을 범하지 않는다. 원래 형벌이라는 것은 양민(良民)을 벌하는 것이 아니라 악인을 벌하는 것이기 때문에 형벌을 무겁게 하여서 악인이 생겨나지 않는다면 양민은 덕을 보는 것이다. 옛날에 제(齊)나라의 경공(景公)이 안자(晏子)에게 그대의 집은 시장 부근에 있어 시끄러울 터이니 좀더 한적한 장소에 집을 세워 주겠다고 하자 안자가 나는 가난하여 아침 저녁으로 시장에서 장을 보아야 하니 그런 별장 같은 곳은 시장이 멀어 불편하기 때문에 곤란하다고 대답했다. 그래서 경공이 껄껄 웃고 그러면 그대는 물가(物價)에도 소상할 것이니 현재 무엇이 싸고 무엇이 비싸냐고 물었다. 안자는 대답하여, 요즘에는 구(屨)는 값이 매우 싸고 용(踊)은 값이 매우 비싸다고 대답했다. 구는 두 발을 다 가지고 있는 성한 사람들이 신는 신발이고 용은 발이 잘린 남자가 신는 신발이다. 경공이 깜짝 놀라서 그것은 어찌 된 연유냐고 물으니 요즈음에는 형벌이 많기 때문에 용이 잘 팔려서 그렇다고 대답했다. 이것은 안자가 중형을 풍간(諷諫)한 말이었다. 그래서 경공은 형벌을 줄였다는 이야기이다. 한비는 이것을 평하여 이것은 옳지 않다고 했다. 형벌의 많고 적음이 문제가 아니라 그 형벌이 상당한 것인가 부당한 것인가 하는 것이 문제이다. 경공에게 안자가 개진한 논의는 잘못된 것이다. 원래 밭에서 잡초를 솎아 내는 것은 농작물의 발육을 좋게 하기 위해서다. 형벌을 무겁게 하는 목적은 잡초를 충분히 뽑아 내려는 것이다. 그래야 양민이 덕을 입으니 형벌은 무겁게 해야 하는 것이다.

제6절 인재등용술

법을 가지고 천하를 다스림에 있어서 나라는 크고 넓으니 한 사람의 손을 가지고는 모자란다. 그래서 반드시 인재를 등용해야 한다. 법률이 아무리 정돈되어 있을지라도 인재가 없으면 공염불이다. 그런데 막상 인재를 쓰려고 하면 신민(臣民)은 여러 방법을 동원하여 군주에게 잘 보여서 채용되려고 하기 때문에 군주는 왕왕 신하의 재능을 오인하게 된다. 그렇기 때문에 일국의 정치는 법과 함께 술(術)이 필요하다. 술이란 인재를 식별하여 적재적소에 배치하는 일이다. 즉, 신불해가 한(韓)을 통치한 방법이다. 한비자는 이 술을 참험(參驗)·참오(參伍) 또는 형명참동(刑名參同)이라고도 했다. 명성이 혁혁한 자가 과연 그만한 인물인지의 여부를 살펴보고 그 사람을 등용할 때에 참험·참오 혹은 참동의 방법에 비춰 보아야 하는 것이다. 참험이라는 방법은 어떤 사람이 여러 재능(직무)을 가지고 있다고 하면 실제로 그 이상의 공을 나타내서도 안 되고 또 그 이하의 것을 해서도 안 되는 것이다. 한 예를 든다면 옛날에 한나라의 소공이 낮잠을 잤을 때에 전관(典冠), 즉 머리에 쓰는 관(冠)을 담당하고 있는 관리가 의복을 덮어 주었다. 소공이 잠에서 깨어 보니 의복이 덮여 있었다. 이것은 좋은 조치였다. 감기가 들지 않도록 조치한 것일 것이다. 누가 했느냐고 묻자 전관이 했다고 대답했다. 소공이 전관에게 상을 주려니 했는데 뜻밖에도 벌을 주었다. 전의(典衣)가 해야 할 일을 전관이 한 것이다. 즉, 자기의 직무 이외의 일을 했기 때문에 전관에게 벌을 준 것이다. 또 전의도 직무를 태만히 했다는 이유로 벌을 주었다. 한비가 이것을 평하여 말하기를 전관이 의복을 덮어 주었으니 소공이 감기가 들지 않은 것은 좋은 일이지만 그것보다도 자기의 직무 이외의 일을 하는 것은 장래에 법질서를 어지럽히는 원인이 된다. 그래서 전관이 직무를 범한 죄로 벌을 준 것이다. 소공의 예는 참으로 참험의 법을 잘 시행한 것이라고 하지 않을 수가 없다. 상앙은 법을 가지고 진나라를 통치했고 신불해는 술을 가지고 한나라를 다스렸다. 이 두 사람은 서로 보완되어야 하는 것이지 어느 한쪽이 없어도 안 된다. 두 가지를 겸전하여 사용해야 하는 것이다.

제7절 주도(主道)

신민(臣民)이 인군을 섬기는 것은 그저 이익을 얻기 위함이다. 인군은 참험이라는 방법을 사용하여 인재를 등용하려고 하지만 신하는 또 온갖 방법을 동원하여 군주를 속이고 자기의 이익을 챙기려고 한다. 군주가 무엇을 좋아하고 무엇을 싫어하는지를 살펴보고 군주의 마음에 들기 위해 온 힘을 다 쏟는다. 그렇기 때문에 군주는 신민을 대할 때에는 모름지기 허정(虛靜)을 견지해야 한다. 이런 견해는 노자의 학설에 뿌리를 둔 것이다. 군주가 자기의 좋아하고 싫어함을 덮어 두고 애증(愛憎)의 의식을 드러내지 않으면 신하는 허식을 농하려고 해도 근거삼을 만한 것이 없기 때문에 저절로 타고난 본바탕〔素〕을 드러낸다. 그래서 인군은 신하의 능부(能否)를 가려 볼 수가 있게 된다. 이것이 인재를 등용하는 경우에 첫째로 필요한 점이다. 만약 군주가 현(賢)을 좋아한다는 사실이 명백해지면 신하는 모두 현명함을 자랑하려 하게 된다. 옛날에 연왕(燕王) 회(噲)는 현(賢)을 좋아했었는데 자지(子之)는 현을 꾸며서 그 나라를 빼앗아 버렸다. 현을 좋아하는 것은 참으로 좋은 일이기는 하지만 그것조차도 이렇게 폐해를 가져오는 것이다. 그렇기 때문에 좋아하고 싫어함은 절대로 드러내서는 안되는 것이다.

대체로 천하에 팔간(八姦)이 있다. 즉, 동상(同牀)·재방(在旁)·부형(父兄)·양앙(養殃)·민봉(民萌)·유행(流行)·위강(威強)·사방(四方)이 그것이다. 첫째로, 동상은 부인 등을 가리키는 말이다. 예컨대 군주의 곁에 늘 따라붙어 있으니까 연회석 같은 데에서 군주의 기분이 한창 좋을 때에 부인이 하는 말은 대체로 잘 받아들여진다. 그래서 부인의 환심을 잘 사두기만 하면 자기의 뜻을 쉽게 이룰 수가 있다. 둘째로, 재방

이란 배우, 난쟁이, 방간(幇間, 연회석에 나아가 자리를 흥겹게 하는 것을
업으로 하는 남자) 같은 무리들이다. 그런 무리들을 잘 손아귀에 넣어
두면 자기의 의견이 군주에게 잘 받아들여지게 할 수 있다. 셋째로,
부형(父兄)이란 군주의 백부·숙부와 사촌형제들을 말하는 것이다. 군주
와 가까운 사람들이다. 그런 사람들을 자기편으로 하여 두면 자기의
의견이 잘 받아들여지게 할 수가 있다. 넷째로, 양앙(養殃)이라는 것은
토목공사를 하거나 마차 등을 잘 꾸며서 군주를 기쁘게 하는 일이다.
그와 같은 사치의 결과 세금을 많이 거두게 되니까 백성의 원성을
사게 된다. 즉 재앙을 기르는 것을 말하는 것이다. 다섯째로, 민붕(民
萠)이다. 붕(萠)이 민(民)과 같으면 민붕은 백성과 같은 뜻이다. 대신
(大臣)이 사사로운 혜택을 백성에게 베풀어서 민심을 자기에게로 모은
다. 제나라를 진항(陳恒)이 빼앗은 것은 이런 수단에 의한 것이었다.
여섯째로 유행(流行)이다. 이것은 세상의 평판을 말하는 것인데, 변설
에 능한 선비들을 양성하여서 자기를 칭찬하게 하여 세상의 평판을
좋게 만드는 것이다. 일곱째로, 위강(威强)이란 이른바 장사를 양성해
두는 일이다. 자기와 반대되는 의견을 가진 사람이 있으면 장사를
풀어서 암살해 버리니까 그로 인해 자기의 위광(威光)이 늘어나는
것이다. 여덟째로, 사방(四方)이란 외부의 제후를 지칭하는 것이다.
좋은 방식으로 강대국의 사신과 교제하여 외국의 환심을 사두는 일이
다. 이상의 여덟 가지를 신하는 끊임없이 이용하여 세력을 펼치려고
하기 때문에 군주는 항상 세심한 주의를 기울여야 하는 것이다.

　다음으로 군주와 신하가 정도 이상으로 존비(尊卑)의 구별이 없어지
게 되는 것도 곤란한 일이다. 신하의 권력이 지나치게 강하게 되면
그 나라는 틀림없이 위태롭게 된다. 예를 들어 군주를 신체라고 하면
신하는 발과 같은 존재이다. 발이 너무 크면 무거워서 걸을 수가 없는
것이다. 군주가 자기의 권력을 잃으면 호랑이가 그 뒤에서 따라온다.
그것을 군주가 알아차리지 못하고 있으면 호랑이는 개처럼 얼굴을
꾸민다. 즉, 그 실상은 호랑이가 무리를 이루고 있다가 마침내는 모
(母)를 살해하게 되는 것이다. 모(母)는 군주를 말하는 것이고, 호랑이

는 신하를 지칭하는 것이다. 춘추 이래 군주가 시역(弑逆)의 화를 당한 사례는 수없이 많다. 「도좌춘추(桃左春秋)」에 "인군이 천수를 누리고 병으로 죽는 예는 그 반도 되지 않는다"고 했다. 즉, 인군의 반은 시역을 당해 죽은 것이다. 속담에 어느 문둥이가 임금님은 불쌍한 존재라고 했다는데, 이것은 자못 불손한 언사이기는 하지만 의미심장한 데가 있는 말이다. 이것은 시역을 당한 군주를 두고 한 말이다. 나병환자는 외모가 문드러지고 추한 형상을 하고 있기는 하지만 목졸림을 당한다든가 옥에 갇혀서 굶어 죽게 되는 일은 없다. 그러나 역신에게 시해를 당하는 군주는 잔혹한 살해를 당하는 것이다. 그래서 나병환자가 인군을 불쌍하다고 하는 것도 있을 법한 일인 것이다. 이와 같은 신하를 한비는 중인(重人) 혹은 중신(重臣)이라고 하면서 술집의 사나운 개에 비유한다. 어떤 술집에서 간판을 내걸고 요란하게 광고를 했다. 술도 좋은 술을 팔았다. 그런데 도무지 팔리지가 않는 것이다. 그 까닭은 술집에서 무지무지하게 큰 개를 기르고 있었기 때문이다. 아이들이 가까이 가면 짖으니까 무서워서 술을 사러 오는 사람의 발길이 뚝 끊겼다. 이것과 마찬가지로 군주가 현신(賢臣)을 찾을지라도 중신(重臣)이나 중인이 있으면 나와서 물 테니까 현자(賢者)는 몸을 사려 피한다는 것이다. 한비자는 군주의 좌우에 있는 신하를 사서(社鼠)에 비유한다. 좋은 집을 짓고 나니까 어느 틈엔가 쥐들이 집 안으로 가득 들어와 버렸다. 쥐를 잡기 위해 연기를 피우려니 기둥들이 그을 것이고, 물을 집 안에 가득 채우자니 색칠들이 벗겨질 것이므로 참으로 난감하게 되는 것이다. 그렇기 때문에 군주는 신하를 통어하는 데 있어서 이병(二柄)을 상실해서는 안 되는 것이다. 이병이란 형(刑)과 덕(德)을 말하는 것이다. 즉 형벌과 은상이다. 이들 이병은 남에게 맡기지 말고 직접 관장해야 하는 것이다.

　요컨대 군주의 도는 허정(虛靜)함을 견지하면서 좋아하고 싫어하는 감정을 드러내지 않도록 하고, 군신의 재능을 잘 살펴서 팔간(八姦)을 방지하며 이병(二柄)을 직접 관장하고 군신을 통어함에 있는 것이다.

제8절 결론

한비의 학설은 순자의 성악론을 기초로 하여 법치론을 주장했으며, 신불해와 상앙의 법술(法術)을 겸전하면서 그 종극은 노자의 허정에 두었다. 즉, 그 당시의 학설을 망라하여 일가의 학설을 세운 것이다. 그 논봉(論鋒)이 지극히 준열하여 부자간의 친애, 부부간의 애정도 믿을 것이 못 된다는 것은 지나치게 냉혹한 말이라 하지 않을 수 없겠지만 그 당시의 형세에 비추어서 생각한다면 또 일리가 있다고도 생각되는 것이다. 한비의 의견은 지극히 날카롭고 어떤 점에서 보면 여간 통쾌한 주장이 아니다.

제2편
중세(中世)

제1장 총론

진(秦)·한(漢)에서 오대(五代)까지, 약 1200년간을 중세라고 한다. 이 시대에는 선진(先秦)시대에 성황을 이루었던 사상계도 진화(秦化)의 재액과 한(漢)·초(楚)의 싸움으로 인해 일시적으로 암흑시대를 겪었지만 한나라의 통일을 계기로 하여 문예부흥의 기운이 솟아나고, 유교(儒教)는 크게 장려가 되었지만 황로학(黃老學)이 가장 유행을 보았으며, 불교도 전래되었기 때문에 사상계는 다시 성황을 이루게 되었다. 그러나 개괄적으로 말한다면 한위(漢魏)는 도가(道家)의 시대이고 육조(六朝)는 불교의 시대라고 해야 할 것이다.

제2장 양한(兩漢) 사상계 개설

제1절 문예부흥과 훈고학(訓詁學)

진(秦)나라의 시황제(始皇帝)가 여러대의 여열(餘烈, 선조가 남긴 공적)에 힘입어 육국(六國)을 멸망시키고 천하통일을 했을 때에 그는 처사(處士, 관직에 나아가지 않고 민간인 신분으로 있는 사람)의 횡의(橫義, 될 소리 안될 소리를 제멋대로들 하는 논란)를 압박하고 백성을 어리석게 만드는 우민정책을 취했으며, 이사(李斯)의 진언을 받아들여 서책을 불태우고 유생(儒生)들을 생매장했고, 시서(詩書)를 이야기하는 자들을 벌주었다. 또 협서율(挾書律)을 반포하여 책을 소지하고 있는 사람들도 벌주었다. 천하의 학자들은 은밀히 「경서(經書)」를 간직하고 도망하기도 하고, 혹은 벽 속에 집어넣고 땜질을 하여 감춰 두기도 했다. 그러나 아방궁(阿房宮) 속에는 독서실을 설치하고 모두 보관해 두었었는데 초나라의 항우(項羽)가 아방궁을 불태웠을 때에 모두 불타 없어지고, 또 한·초의 전쟁 때에 벽 속에 감춰 두었던 도서도 대다수가 불타 없어지거나 산일(散佚)되어 버렸다. 한나라가 천하를 통일하고서 12년이 경과된 혜제(惠帝) 4년에 비로소 협서율을 폐지하고 천하에 칙명을 내려 남아 있는 책들을 찾아보았다.

그래서 진나라 때의 고로(故老)가 벽 속에서 죽간(竹簡, 종이가 없던 옛날에는 대나무에다 글을 썼음)을 끄집어내어 가르치는 사람도 나타났고, 그로부터 남아 있는 책들이 조금씩 발견되기는 하였지만 완전한 모습을 하고 있는 책은 거의 찾아볼 수가 없었고, 또 고문(古文)인 과두문자(蝌蚪文字, 올챙이처럼 생긴 옛글자)로 씌어 있고, 그 해독법이

전해지지 않는 것도 있어서 뜻을 알기가 어렵기 때문에 한나라 문제 (文帝)에서 경제(景帝)에 이르는 동안에 하나의 전문적인 학문이 발흥 했다. 원고생(轅固生)·한영(韓嬰)·신배공(申培公)·모공(毛公)은 「시경」, 복생(伏生)·구양생(歐陽生)·하후승(夏侯勝)·하후건(夏侯建)은 「서경」, 후창(后倉)·대성(戴聖)·대덕(戴德)은 예(禮)의 전문가인데 각각 사전 (師傳)을 지켜 그저 경서의 훈고(訓詁)를 전하는 일을 필생의 업으로 했다. 기타 노장(老莊) 이하 제자백가의 글이 후세에 전해진 것은 모두 한대학자(漢代學者)의 노력의 산물이었으니 한나라 초는 참으로 문예부 흥의 시대였다.

제2절 황로(黃老)의 성행

한나라에서 진(晉)나라 초까지는 황로의 학이 가장 유행했던 시기이 다. 한고조(漢高祖)가 진(秦)을 격파하고 관중(關中)으로 들어가 법삼장 (法三章)을 약속하고 기타의 가혹한 법들을 폐지하여 깊이 인심을 얻은 일과 혜제(惠帝) 때의 군신이 모두 무위청정(無爲淸靜)의 정치를 하여 민심을 얻은 일 같은 것을 보아도 황로의 학문이 당시에 환영받 은 사정을 이해하게 될 것이다. 조정에서는 두태후(竇太后)가 가장 황로를 좋아했고 학자 중에서는 육고(陸賈), 사마담(司馬談) 같은 사람 들도 황로의 무위의 가르침을 존중하였다. 특히 사마담은 음양·유(儒)· 묵(墨)·명(名)·법(法)·도덕(道德) 등 육가(六家)의 대의를 논하여 음양· 유·묵·명·법은 각각 일장일단이 있다고 하면서 오로지 중심을 도가 (道家)에 두었다. 도가는 어디에 적용해도 해가 될 것이 없다고 하면서 그 요지는 간결하여 다루기가 좋으며, 수고는 적으면서도 공은 많다 고 평했다. 즉, 한초(漢初)에는 위로는 왕공대인(王公大人)에서부터 아래로는 만민에 이르기까지 모두가 황로의 무위의 가르침을 좋아하 였다.

도가가 교설하는 바가 그와 같이 인심에 부합했던 원인은, 첫째는

진나라의 혹독한 정치에 시달리고 병란에 시달린 인심에 위안을 준
점, 둘째는 당시의 인생 문제의 요구에 적응한 것이 두 가지 점에
있을 것이다. 첫째의 원인에 대하여는 앞에서 이야기한 사실이 이것을
잘 증명하고 있다고 생각된다. 둘째의 원인에 대해서는 간단하게 한마
디 해야 하겠다. 앞에서도 이야기한 것과 같이 춘추전국의 난세를
당하여 세상이 가망 없다고 단념하고 자가독선을 위주로 했던 출세간
적 학파, 즉 노장(老莊)과, 자진하여 사회를 구제하려고 하는 세간학
파, 즉 유묵법술(儒墨法術)의 2대 사조가 일어났다. 그러나 노자도
천하의 경륜을 이야기하지 않은 것은 아니다. 어떻게 하면 세상을
구제할 수가 있을 것인가 하는 사회문제가 선진(先秦)의 큰 문제였던
것이다. 진·한 통일의 대업이 마감되고서 다년간의 큰 문제는 하루아
침에 해결되었다. 그렇게 하여 이와 같은 강박관념이 제거됨과 동시에
인심의 깊은 밑바닥에서 올라오는 절규, 즉 인생문제가 등장하게 되었
다. 진시황, 한무제(漢武帝)가 신선불사(神仙不死)의 약을 구한 것이
그 한 예다. 기왕에 인생 문제에 착안한다면 유묵명법(儒墨名法)으로
는 만족할 수가 없어 황로로 향하게 되는 것은 사필귀정이라고 생각된
다. 한무제 때에 동중서의 건책(建策)에 의해 국민의 사상을 통일하는
방법으로서 유교를 존중하고 제자백가를 배척하였다. 많은 유자(儒者)
를 채용하였고, 춘추학자인 공손홍(公孫弘)을 평진후(平津侯)로 책봉하
였으니 유교의 기세는 한때에 사방을 풍미하는 양상이었다. 그러나
학자는 유교의 정신을 배우지 않고 그저 관리가 되는 수단으로 삼거나
훈고(訓詁, 경서(經書)의 고증·해석·주해)에 전념할 뿐이었고 당대의 사상
은 도도하게 황로로 향하는 양상이었다.

제3절 염세관

눈을 인생 문제로 돌려서 염세주의를 주장하는 황로의 가르침에
귀의한 당대의 사상이 염세관으로 기우는 것은 자명한 귀결이었다.

「노래자(老萊子)」와 「시자(尸子)」에서 볼 수 있듯이 사람이 천지간에 태어나는 것은 잠시 들르는 일[寄]이라는 사상은 인생의 덧없음을 생생하게 보여 주는 것이었고, 당시의 인심을 가장 크게 사로잡았던 것이다. "사람이 천지간에 태어나는 것은 홀연히 들렀다가 떠나는 먼길 가는 길손과 같다(人生天地間 忽如遠行客)"고 하는 말은 시인만이 노래하는 것은 아니었다. 「회남자」 등에도 "생(生)은 기(寄)이고 사(死)는 귀(歸)이다"라는 표현이 있다. 연단(鍊丹)을 하고 약을 먹어 신선불사(申仙不死)의 사람이 될 것을 희구하는 일파가 그 당시에 일어난 것은 말할 것도 없이 천지와 더불어 유구하게 살고자 희망하는 일대 노력이었다. 그러나 자연은 인력을 가지고는 결국은 어떻게도 할 수 없는 것이다. 양웅(揚雄) 같은 사람들도 당시의 사상을 비평하여 사람이 영생을 희구하는 것은 무식하기 때문이라고 했다. 그와 같이 신선불사(神仙不死)는 도저히 바랄 수도 없고 인생은 하루살이와 같은 순간적인 것이고 보면 사람은 차라리 성정(性情)을 한껏 펼쳐서 목전의 쾌락을 다해야 한다. 고시십구수(古詩十九首)의 하나에,

　　백년도 못 사는 목숨이면서
　　늘상 무슨 근심이 그렇게 많은가.
　　낮은 짧고 밤은 길어 괴로운데
　　어찌 촛불 밝히고 놀지 않으리오.
　　즐기는 것은 때가 있는 법
　　어찌 후일을 기다리는가.
　　어리석은 사람은 비용을 아끼다가
　　후세의 웃음거리가 될 뿐이다.
　　선인 왕자교와
　　더불어 시기를 함께 하기는 어렵다.
　　(生年不滿百, 常懷千載憂, 晝短苦夜長, 何不秉燭遊, 爲樂當及時, 何能待來玆,
　　愚者愛惜費, 但爲後世嗤, 仙人王子喬, 難可與等期)

라는 노래가 있다. 시인 한 사람만의 마음이 아니라 당시의 사상을 잘 표현한 것이라고 해야 할 것이다. 즉, 그들의 염세관은 구세주를

발견하는 것에 실패하고 일변하여 극단적인 현세주의로 바뀐 것이다.
이런 경향은 양한(兩漢)을 거쳐 위진(魏晉)에까지 미쳤으며, 특히 후한
말에는 당고(黨錮)라는 사건이 일어나 한번에 천하의 청의사(清議士)
들을 싹 쓸어 버린 뒤부터는 다시 명절(名節)을 닦는 사람도 없었고,
난세에서 살아 남는 것을 최소한의 처세법으로 삼으면서 노장(老莊)
의 이름을 빌려 방종을 극했다. 이른바 청담지도(淸談之徒), 죽림칠현
(竹林七賢) 등은 그 좋은 예이다.

제4절 음양오행설

음양오행설(陰陽五行說)은 일종의 미신이어서 철학상으로는 아무런
가치도 없으나 전국시대 무렵부터 비롯되어서 한대(漢代)에는 크게
유행을 보게 된 것인데 당시의 학설에 적지 않은 영향을 끼친 것이다.
음양가(陰陽家)는 원래 역(易)에 바탕을 두고 또 역법(曆法) 같은 것을
참작한 것인데 1년을 4시 8위 12도 24절(四時八位十二度二十四節)로
나누고 월령(月令), 즉 매달 행사를 정하여 거기에 순(順)하는 사람은
번영하고 거기에 역(逆)하는 사람은 망한다고 했으며, 일진이 나쁘다든
가 좋다든가 하면서 꽤 까다롭게 꺼리는 것을 많이 정해 놓았다. 오행
(五行)이란 목·화·토·금·수이며, 그 이름은 홍범(洪範)에 처음으로 보이
지만 전국시대에 추연(騶衍)·추석(騶奭) 등이 오행설을 주장했다. 그들
은 오덕종시설(五德終始說)이라는 것을 만들었고 다음과 같이 풀이했
다. 금은 목을 이기고, 화는 금을 이기며, 수는 화를 이기고, 토는 수를
이기며, 목은 토를 이긴다. 역대의 왕조가 바뀌는 것은 오행설에 준거
하는 것이다. 우(虞)는 토덕(土德)을 가지고 천하의 왕이 되었고, 하
(夏)는 목덕(木德)을 가지고 그에 갈음하였으며, 상(商)은 금덕(金德),
주(周)는 화덕(火德)을 가지고 이어받아서 천하의 왕이 된 것이라고
했다. 이와 같은 추자(騶子)의 설은 오행상승설(五行相勝說)이라고 하며
「사기」 봉선서(封禪書)도 이 설을 채용한 것이다. 그 후에 또 오행상생

설(五行相生說)이 발생하였다. 왕조가 바뀌는 것은 강한 자가 전지를 박멸하고서 자리바꿈을 하는 것은 아니다. 전자가 점차로 후자를 빚어 내는 것이다. 즉, 목은 화를 낳고, 화는 토를 낳으며, 토는 금을 낳고, 금은 수를 낳으며, 수는 목을 낳으니 대고(大皞)는 목덕(木德)을 가지고 천하의 왕이 되었고, 염제(炎帝)는 화덕(火德)을 가지고 그것을 이어받았으며 황제(皇帝)는 토덕(土德), 소고(少皞)는 금덕(金德), 전욱(顓頊)은 수덕(水德)을 가지고 차례 차례로 그것을 이어받는 것이라고 했다. 한나라의 유향(劉向)은 이 설에 준거하여 오제덕론(五帝德論)에 이 설을 채용했다. 이 음양설과 오행설, 즉 아울러서 음양오행설이라고 하는 것은 한대(漢代) 이후에 그 믿는 사람이 부쩍 늘어났으며 여러 가지 방면을 이것으로 풀이하려는 사람이 적지 않았다.

제5절 결론

한대(漢代)의 일반적인 사상계는 대체로 앞에서 이야기한 것과 같다. 불교는 후한(後漢) 명제(明帝) 때에 전래된 것이지만 아직 일반 사상계를 움직일 만한 힘은 없었다. 학자 중에서 불교를 논할 만한 인물도 적었지만, 사상계에도 별로 볼만한 인물이 없어 전한(前漢)에 회남자·동중서·양웅이 있고, 후한(後漢)에 왕충이 있을 정도이다.

제3장 회남자(淮南子)

제1절 행적과 저서

회남자의 이름은 안(安), 한고조(漢高祖)의 아들인 회남려왕(淮南厲王)의 아들이다. 여왕(厲王)은 문제(文帝) 때에 죄를 얻어서 죽었지만 그 아들 안(安)은 회남왕(淮南王)으로 책봉되었기 때문에 그 사람을 회남자라고 한다. 그는 사람됨이 총명했고 또 야심가였다. 천하의 선비들을 초치하여, 소비(蘇飛)·이상(李尚) 등의 팔공(八公)과 도덕을 논의하여 책을 저술했는데 홍렬(鴻烈)이라고 이름을 지었다. 홍(鴻)은 대(大), 열(烈)은 명(明)이니 크게 도(道)를 밝히는 책이라는 의미이다. 「회남자」 21편이 말하자면 그것이다. 무제(武帝) 당시에는 회남왕의 이름이 천하에 저명했었으나 후에 반란을 도모하다가 주살당했다. 그의 저서로 외편 수십 편이 별도로 있었지만 지금은 전하고 있지 않다.

제2절 본체론

그의 본체론은 전적으로 노장(老莊)사상과 같으며 원도훈(原道訓) 등에는 매우 흥미있는 문장이 있다. 본체는 보편적인 것이며, 시간 공간을 초월한다는 것과 절대 유일의 것이라는 것, 그리고 또 허무불가지적(虛無不可知的)이며 무위자연의 것이라는 점을 상론하고 있다. 그러나 그저 그 설명이 재미있을 뿐이지 의미는 전적으로 노장(老莊)

의 설과 같은 것이기 때문에 여기서는 모두 생략하기로 한다.

일(一), 또는 태일(太一)로부터 어떻게 하여 만물이 발생하였는가 하는 것에 관하여는 도가 일(一)에서 비롯되었고, 나뉘어서 음양이 되었으며, 음양이 화합하여 만물을 낳았다고 하였으니 노자의 설과 다를 것이 하나도 없다. 그러나 역(易)사상을 혼합하여 본체, 즉 태일(太一)을 태극이라고 했고, 또 역(易)의 태극에서 양의(兩儀), 사상(四像), 팔괘(八卦)로 발전하는 사상을 받아서 태일에서 음양, 사시(四時), 팔극(八極)으로 된다고 했다. 그의 사상이 노자와 역(易)에서 한걸음 더 나아간 점은 사람과 만물의 상위점을 설명하려고 시도한 점일 것이다. 즉 그는 천지음양(天地陰陽)의 이기(二氣)는 상화(相和) 될 때에 여러 가지로 그 정도를 달리하는데 정기(精氣)는 사람이 되고 번기(煩氣)는 충(虫)이 된다고 한 것이다. 그 설은 아직 지극히 간단한 것이지만 송유(宋儒)가 기품의 편정(偏正)을 가지고 인물의 상위를 설한 것보다 앞선 선구적 논의라고 해야 할 것이다.

제3절 인생관

정번(精煩)의 차이는 있을지언정 사람과 만물은 원래 동일기(同一氣)에서 나온 것이라고 하면 물아(物我)의 구별은 없을 것이다. 천하는 나의 유(有)이며 나도 천하의 유이다. 그는 천하와 나는 구별이 없고 만물은 모두 통하여 하나라고 했고, 천지우주는 한 사람의 몸이며 육합지내(六合之內, 천지와 사방에 있는 모든 것)는 한 사람의 제(制)라 고도 했다. 이런 대아소아(大我小我)의 관념에 입각하여 그는 천지와 사람 신체의 유사성을 주장했다. 그의 생각에 의하면 우리의 정신은 하늘에서 받은 것이며 형해(形骸)는 땅에서 받은 것이다. 그렇기 때문 에 머리가 둥근 것은 하늘을 본뜬 것이고 발이 모난 것은 땅을 본뜬 것이다. 하늘에 춘하추동의 사시(四時), 목화토금수(木火土金水)의 오 행, 팔방(八方)과 중앙의 구해(九解), 그리고 1년 366일이 있으니까 사람에게도 그것을 닮은 사지(四肢)·오장(五臟)·구규(九竅) 그리고 366개의 관절이 있다. 하늘에 풍우한서(風雨寒暑)가 있고 사람에게도 취여희노(取與喜怒)가 있다고 하는 것이다. 즉, 그의 설은 노장(老莊)에 바탕을 두고 있는 것은 물론이지만 천인합일을 구체적으로 육체를 가지고 논하는 점은 당시에 유행한 음양오행설의 영향이다. 이 점에 있어서는 그와 같은 시대의 인물인 동중서(董仲舒)가 한층 더 상세하게 논했다. 그리고 회남자는 사생득상일여(死生得喪一如)의 설도 있지만 노장사상과 다른 점이 없기 때문에 여기서는 생략한다.

제4절 윤리설

그의 윤리설의 목적은 도, 즉 절대와 합일하는 일이다. 그리고 절대와 합일하는 사람을 일컬어 그는 지인(至人)·진인(眞人) 또는 성인(聖人)·대인(大人)·대장부(大丈夫)라고 했다. 지인·진인은 장자가 사용한 말이고 대인·대장부는 맹자의 용어인 것은 주의할 만한 점이다.

그는 지인 즉 이상적 인물의 모습을 묘사하여, 지인은 무욕하여 망념(妄念)이 없고, 무위의 자세를 취하여 자연에 맡기며, 천변만화가 일어나도 명경지수와 같이 마음을 어지럽히지 않으며 훼예득상(毀譽得喪)을 모르는 사람이라고 했다. 장자의 어투 그대로이다. 우리는 수양에 의해 지인이 될 수가 있는 것이다.

그는 "백성의 성(性)은 선(善)하기 때문에 성에 따라서 하는 것을 도라고 한다. 그 천성을 얻는 것을 덕이라고 한다"고 했다. 원래 노장(老莊)이 어린 아이로 돌아갈 것을 주장하는 것은 어린아이는 선하다는, 다시 말하면 인성은 선하다는 근본적 가정에 입각해 있기 때문이다. 그러나 성선을 주장하면서 자기 학설의 근거로 한 사람은 맹자이다. 그리고 성에 따르는 것을 도라고 하는 것은 「중용」 첫장에 나오는 첫 구절이 아니던가. 이 점에 있어서 그는 유교의 영향을 받고 있는 것이라고 해도 결코 잘못된 말은 아닐 것 같다.

그는 성은 선한 것이지만 욕심이 있기 때문에 그 본성을 상실한다고 했다. "인성은 안정된 것이지만 욕심이 그것을 흐트려 놓는다"고도 하고, 또 "해와 달은 맑고 밝으려고 하지만 뜬구름이 그것을 덮으며, 개울물은 맑으려고 하지만 흙탕이 그것을 더럽히고, 인성은 평온하려 하지만 욕심이 그것을 어지럽힌다"고도 했다. 그런데 이목구비의 감각은 인생에 불가결한 것이며 그의 말에 따르면 천하의 성을 기르는 소이이다. 그러나 모두 사람의 욕심을 불러일으키는 것이다. 즉, 외물의 자극이 천성을 해하는 것이다. 그렇기 때문에 그는 "사람이 태어나서 조용한 것은 하늘의 성이고, 느낀 뒤에 동(動)하는 것은 성의 해(害)이다"라고도 했다. 따라서 청정무욕(淸靜無慾)이 수양의 유일한 방법이 된다. 이것이 모두 노장사상적(老莊思想的)인 것임은 말할 것도 없는 일이다.

제5절 결론

회남자의 근본 사상을 대체로 모두가 노장사상이라는 것은 이상 말한 것으로 명백할 것이다. 그러나 「회남자」라는 책은 워낙 잡박(雜駁)한 것이며 앞에서 이야기한 것처럼 일관된 것은 아니다. 그 속에는 천문역수(天文曆數)에 관한 것도 있고, 신화·전설도 있으며, 민간신앙도 있고 혹은 병가(兵家)·법가(法家)의 설도 있다. 일종의 백과사전이라고도 할 만한 것이다.

제4장 동중서(董仲舒)

제1절 행적과 저서

동중서는 회남자와 같은 시대의 사람이다. 회남자는 노장학파의 대표적인 인물이고, 동중서는 유교의 대표적인 인물이다. 즉, 그는 유명한 춘추학자이다. 경제(景帝) 때에 박사가 되어 숙을 개설하고 생도들을 가르쳤으며 3년간이나 자기 집의 정원을 살펴보지도 않을 정도의 공부파였다. 무제(武帝) 때에 현량대책(賢良對策)을 상주하여 천인(天人)의 도를 서술하고 공자를 존숭하되 제자백가를 금할 것을 온 힘을 다해 주장했다. 그가 "도의 대원(大原)은 하늘에서 나온다"고 한 것과, 강도(江都)의 상(相)이 되어 이왕(易王)을 섬기면서 대저 인인(仁人)이란 "사람이 해야 할 정의(情誼)를 바르게 행하지만 거기에 이익이 따를 것인지의 여부는 생각하지 않는다. 또 일을 처리할 때에 그것이 도에 맞는지의 여부는 진지하게 생각해 보지만 그에 의해 어떤 공리(功利)를 얻을 수 있을 것인가 하는 것은 생각하지 않는다(正其誼 不謀其利 明其道 不計其功)"고 한 것은 불후의 명구로 칭송되고 있다. 그는 천재지변이 있는 것은 하늘이 사람에게 경고하는 것이라고 했으며, 「재이기(災異記)」를 쓴 것으로 인하여 벌을 받을 뻔한 일도 있다. 그리고 교서(膠西)의 상(相)이 되었다가 이어서 관직을 사임하고는 죽을 때까지 저술에 힘썼다. 그 저서는 상소(上疏)가 123편, 춘추(春秋)에 관한 것이 수십편 있었다고 그의 전기에 보이지만 지금 전해지고 있는 것은 「문집」 1권, 「춘추번로(春秋繁露)」 17권뿐이다.

제2절 하늘[天]

동중서 학설의 기초는 하늘[天]이다. 그의 생각에 의하면 하늘은 만물의 근본이며, 만물은 모두 하늘에서 나온 것이다. 그 가운데에서 사람은 만물의 영장이며 오곡(五穀) 기타는 하늘이 사람을 먹여 기르기 위해서 만든 것이다. 사람은 하늘이 가장 깊게 돌보는 존재이며 하늘의 애자(愛子)이다. 따라서 사람은 하늘을 닮았다. 사람의 소절(小節) 366은 1년의 일수(日數)에 연유하는 것이고, 대절 12는 월수(月數)에 연유하며, 오장(五臟)은 오행(五行), 사지(四肢)는 사시(四時)이다. 눈을 깜빡이며 잠깐 보고 잠깐 눈을 감는 것은 밤낮이다. 희(喜)는 봄, 노(怒)는 가을, 애(哀)는 겨울, 낙(樂)은 여름이다. 이렇게 사람의 신체 성정(性情)이 모두 하늘을 닮았다. 그 가운데서도 왕자는 덕이 천지를 닮았기 때문에 하늘이 특히 총애하여 천하를 다스리게 하는 것이니 오로지 천자라 칭하며, 덕의 고하에 따라서 차례차례로 제후·대부(大夫)·사(士)가 되는 것이다. 하늘이 유덕(有德)한 군자에게 명하여 왕으로 삼는 증거는 수명부(受命符)라고 하여 무왕(武王) 때에 백어(白魚)가 왕의 배를 탔으며, 공자 때에 기린이 출현한 것 같은 일이 다 그 예이다. 따라서 왕자는 하늘에 준거해야 하는 것이다. 하늘의 수는 3[천지인(天地人)의 삼재(三才), 일월성(日月星)의 삼광(三光)과, 3월을 한 계절(時)로 하고, 삼순(三旬)을 한 달로 하는 일 같은 것], 4[춘하추동(春夏秋冬)의 사시(四時)], 10[천(天)·지(地)·음(陰)·양(陽)·화(火)·금(金)·목(木)·수(水)·토(土)·인(人)의 10], 12(1년 12개월)이다. 따라서 왕자는 삼공(三公), 일공(一公)마다 삼경(三卿), 일경(一卿)마다 삼대부(三大夫), 일대부(一大夫)마다 삼사(三士)를 두는 것은 3의 수에 말미암은 것이고, 공(公)·경(卿)·대부(大夫)·사(士)의 4계급으로 하는 것은 4의 수에서 말미암은 것이며, 삼공(三公)·삼경(三卿)·삼대부(三大夫)·삼사(三士)의 12신(臣)을 일조(一條)로 하는 것은 12의 수에서 말미암은 바이며, 삼공(三公)·구경(九卿)·27대부(大夫)·81원사(元士), 합계 10조(十條) 120신(臣)을 가지고 끝나는 것은 10의 수로 말미암은 것이다. 이런 수에 관한 그의 설은 지극히 기발하여 현대인의 상식을 가지고는 이해하기가 어려우나 「좌전」 소공(昭公) 7년에 초무우(楚無宇)가 "하늘에 10일(十日) 있고 사람에게 10등(十等)이 있다"고 하면서, 왕(王)·공(公)·대부(大夫)·사(士)·조(皁)·여(輿)·예(隷)·료(僚)·복(僕)·대(臺)를 든 것을 보면 이것은 동중서에게서 시작한 것이 아니며 아마도 음양가(陰陽家)의 설일 것이다. 그런데 왕자는 하늘에 제사 지내 경의를 표하며 또 하늘의 뜻에 따를 것을 추구한다. 그런데도 하늘은 왕자의 행정이 옳은가 그른가의 여부를 감독하면서, 잘할 때에는 그 상으로서 상서로운 조짐을 내리고 잘못할 때에는 재해를 내려서 그것을 경고하며 그래도 개선되지 않을 때에는 벌을 내려서 그 자리를 박탈하여 버리는 것이다.

이상은 그의 하늘에 관한 사상의 대요인데 대체로 중국은 예로부터의 사상과 큰 차이가 없다. 다만 하늘과 사람이 닮았다는 것과 관제(官制)를 하늘에 본뜨고 있다고 주장하는 것이 그의 설의 특색이라고 해야 할 것이다.

제3절 윤리설

하늘의 사상은 또 그의 윤리설의 기초이다. 그의 생각에 의하면 사람은 하늘의 아들이기 때문에 하늘의 법에 따라야 하며 그것은 관제 조직에서뿐만 아니라 윤리도덕에서도 하늘의 법에 따라야 하는 것이다. 즉 하늘은 사람의 일상행위의 표준인 것이다. 그래서 그는 "도의 대원(大原)은 하늘에서 나오며, 하늘은 바뀌는 일이 없고 도 역시 바뀌는 일이 없다"고 했다. 이 말은 후세의 사람들이 크게 추칭(推稱)하는 구절이다. 목적론·의무론에서는 특별히 새로운 것이 없다. 다만 그의 독특한 의견은 그가 오상(五常)의 도(道)를 창창(創唱)한 점이다. 오상의 도란, 즉 인(仁)·의(義)·예(禮)·지(智)·신(信) 다섯을 말하는 것이다. 그보다 전시대에는 「중용」의 삼덕(三德)과 「맹자」의 사덕(四德)

에서 말한 것이 있었지만 유교의 덕론(德論)은 참으로 그에게 이르러서 정비된 것이다. 그가 이 오상을 주장한 이유는, 첫째로 오전오교(五典五教)의 이름이 「서경」에 보이고 오륜설(五倫說)이 자사·맹가(孟軻)에서 시작된 사실과, 둘째로 오행설의 영향에 의해 오행의 수에 배당한 2개조에 연유한 것이다. 첫째 이유에 대해서는 따로 설명할 필요가 없을 것이다. 둘째 이유는 실제로 그가 동쪽을 목(木)이라고 하여 인(仁)에 배정하고, 남쪽을 화(火)라고 하여 지(智)에 배정했으며, 중앙을 토(土)라고 하여 신(信)에 배정하고, 서쪽을 금(金)이라고 하여 의(義)에 배정했으며, 북쪽을 수(水)라고 하여 예(禮)에 배정한 것을 보고 알 수가 있다.

제4절 성론(性論)

성론은 맹자 이후, 유가(儒家)의 숙제(宿題)이다. 그는 이 문제를 해결하고자 하여 첫번째로, 사물에는 각기 명호(名號)가 있다는 것을 이야기하고 논의의 시비는 명호, 즉 그 용어의 정의를 정한 뒤에 따져야 한다고 했다. 그러면 성은 무엇이냐 하면 성은 생(生)이며 타고난 그대로의 질(質)이라는 것이다. 다음으로 성의 선악에 관한 제가(諸家)의 설이 서로 다른 것은 선의 의미가 다르기 때문이다. 맹자가 말하는 선은 완전무결하다는 의미이다. 그 자신은 선을 나중의 의미, 즉 성인이 말하는 선으로 해석하고 인성은 미질(美質)이지만 아직 선은 아니라고 했다. 사람의 성에는 하늘에 음양이 있는 것과 마찬가지로 인탐(仁貪)의 성, 즉 동정심과 함께 이기심이 있다고 하고 맹순이자(孟荀二子)의 성론(性論)을 조화시키려고 시도했다. 이 인과 함께 탐(貪)의 성이 있기 때문에 곧바로 성선이라고는 하지 못하는 것이며, 인성은 반드시 교화를 거친 뒤에야 선하게 된다. 예컨대 박(璞, 갈지 않은 옥덩어리)은 연마한 뒤에야 옥이 되고 누에가 꼬치를 친 뒤에야 실이 되는 것과 같은 일이다.

제5절 결론

동중서는 참으로 한일대(漢一代)의 유종(儒宗)이며, 그가 공리(功利)를 배척하고 정의를 주장한 것은 실로 불후의 공적이라고 해야 할 것이다. 유교는 참으로 그의 건축에 의해서 천하의 사상계를 통일하기에 이른 것이며, 이런 점에서 말한다면 그는 유가의 입장에서 볼 때에는 대서특필할 만한 인물이다. 그러나 그가 음양오행설을 신봉하고 부명(符命, 하늘에서 임금이 될 만한 사람에게 주는 상서로운 징조)을 믿는 것 같은 일은 당시의 일반 사상계의 영향을 받아서 스스로 깨닫지 못했던 일이다.

제5장 양웅(揚雄)

제1절 행적과 저서

양웅, 자(字)는 자운(子雲), 촉(蜀)의 성도(成都) 출신이다. 박학다식
했지만 타고난 눌변이어서 묵묵히 그리고 골똘히 생각하는 일을 즐겨
했다. 사마상여(司馬相如)의 부(賦)를 위대하다고 하면서 그것을 본떠
많은 부를 지었지만 나중에는 부 같은 것은 배우와 같은 짓이라고
하면서 짓기를 중지했다. 방향을 바꿔서 「역(易)」을 흉내내어 「태현
(太玄)」을 지었다. 유흠(劉歆)이 그것을 평하여 무용지장물(無用之長
物)이라고 했다. 그는 또 「논어」를 흉내내어 「법언(法言)」을 짓고 「창
힐(倉頡)」을 흉내내어 「훈찬(訓纂)」을 지었으며 「우잠(虞箴)」을 흉내내
어 「주잠(州箴)」을 지었다. 그래서 그는 흉내내기의 영웅이라는 별명을
들었다. 후에 왕망(王莽)이 천하를 찬탈했을 때에 대부(大夫)가 되었기
때문에 악평을 뒤집어썼다. 천봉(天鳳) 5년에 사거(死去)했다. 향년
71세였다.

제2절 양웅의 위치

무제(武帝)가 유교를 장려하고부터 천하의 학자는 모두 유교연구에
뜻을 두었지만 일반의 인심은 역시 노장(老莊)의 무위청정을 좋아했
다. 그런 시대에 세상에 나와서 유교와 도가(道家)를 조화시켜 일가의
견해를 세워서 당시의 사상계에 독보적 위치를 점했던 사람이 양웅이

다. 즉 그는 역(易)을 흉내내어 「태현」을 짓고 그 속에서 노장의 취의
를 취하여 본체를 논했다. 원래 본체론은 공맹(孔孟)이 언급하지 않은
것이었다. 그리고 현(玄)이라고 이름을 붙였는데 이것을 노자가 썼던
용어이다. 기타 그는 처세법으로서 노장의 염담청정의 설을 지지했
다. 해조(解嘲) 속에서는 그 의미를 설명했다. 그러나 윤리설로서는
유교의 주의주장을 취하고 인의예악(仁義禮樂)을 존숭했으며 「법언
(法言)」 속에서 그 뜻을 설명했고 공자를 더할 나위 없이 존경했다.
즉, 그의 설은 참으로 유도이가(儒道二家)의 조화를 시도한 사상이다.

제3절 「태현」의 조직

「태현」은 역(易)을 흉내내어 지은 것이다. 역에는 음양의 둘이 있으
나 태현에는 一二三의 3이 있다. 즉, 역은 이원론이지만 태현은 삼원론
(三元論)이다. 또 역(易)의 대성(大成)의 괘(卦)는 육효(六爻)로 이루어
지지만 태현은 방주부가(方州部家)의 사중(四重)이다. 역은 64괘가
있지만 태현은 81수(首)이며 그 설명도 역은 384외에 용구(用九),
용육(用六)이 있지만 태현은 매수(每首)에 구찬(九贊), 모두 729찬
외에 이찬(二贊)을 덧붙였다. 이것은 이찬을 하루라고 하면 729찬은
364일 반이 되기 때문에 따로 1일분의 이찬을 더하여 1년 365일 반의
수로 합한 것이다. 이 밖에도 역의 서법(筮法)과 십익(十翼)에 비교될
만한 것도 고루 갖추어져 있는데 요약한다면 역의 이원론에 갈음하여
시(始)·중(中)·종(終)의 삼원을 가지고 설명하고 거기에 역법(曆法)
을 가미하여 설명한 것이다.

제4절 본체론

그의 본체를 현(玄)이라고 부른다. 이것은 「노자」의 제1장에서 "현

지우현 중묘지문(玄之又玄 衆妙之門)"이라고 한 것에 입각하여 본체는
우리가 그것을 볼 수가 없기 때문에 이름하여 현이라고 한 것이다.
태현 속에서는 현, 즉 본체에 관해 그것이 보편적인 것이라는 것과
만물의 근본이라는 점을 상세하게 설명하고 있지만 모두가 노장(老
莊)의 사상에 지나지 않기 때문에 여기서는 생략한다. 다만 본체로부터
만물이 발생하는 순서를 말하는 데에 노자는 1, 2, 3으로 된다고 하고
열자는 1, 7, 9로 된다고 했지만, 양웅은 1, 3, 9, 27의 순서를 가지고
발전한다고 한 것이 서로 다를 뿐이다.

제5절 윤리설

그의 의무론으로서 오륜설(五倫說)을 취하고 덕론(德論)으로서는
오상설(五常說)을 취했다. 그가 오륜설을 취한 것은 「중용」, 「맹자」에
유래한다는 것이 명백하지만 오상설을 취한 것은 동중서에 유래한다고
하지 않을 수가 없다. 이것은 그가 동중서의 재덕의 미를 높이 칭송하
고 깊게 경복되어 있음을 보아서 알 수가 있다. 그의 특색은 수양론일
것이다. 즉, 그는 "사람의 성은 선악이 혼합되어 있는데 그 선을 닦으
면 선인이 되고 악을 닦으면 악인이 된다"고 하고 "기는 선악으로
타고 가는 말〔馬〕"이라고 했다. 다시 말하면 사람이 선하게도 되고
악하게도 되는 것은 기의 작용 여하에 달려 있다는 것이다. 그러나
기가 무엇인지를 그는 설명하지 않아 명료하지는 않지만 기를 말에
비유하고 있는 것을 보면 아마도 「맹자」가 "지(志, 의지·동기)는 기의
장수〔帥〕이다"라고 한 기를 말하는 것일 것이다. 요컨대 그는 우리
성격의 선악은 전적으로 수양 여하에 달려 있다고 하여 수양에 적극적
가치를 부여하고 있는 것이다. 그 표준은 물론 성인의 도이지만 백천
해(百川海)를 배우고서야 바다에 이르며 구릉은 산을 배우고야 산에
이르는 것은 아니기 때문에 어떤 제한을 둘 필요는 없다고 하는 그의
말은 사람으로 하여금 발분흥기하게 하는 바가 있다고 하겠다.

제6절 결론

그는 유교와 도가(道家)를 겸유했고, 본체론에서는 노자를 취했고 윤리설에서는 유교를 취했다는 것은 앞에서도 이야기했다. 그가 역 (易)의 이원(二元)에는 만족하지를 못하고 삼원(三元)을 발명한 것은 퍽 재미있는 일이지만 태현의 조직을 자세히 살펴보면 사상의 일관성 이 결여된 점이 있다. 그러나 그가 음양오행설과 신선설(神仙說)에서는 조금도 취하지 않은 사실은 당시로서는 탁견이었다고 해야 할 것 이다.

제6장 왕충(王充)

제1절 행적과 저서

왕충은 왕부(王符)·중장통(仲長統)과 나란히 계한(季漢)의 삼재(三才)라고 지칭된 사람이며 그 가운데서도 가장 우수하다. 그의 이름은 충(充)이고 자(字)는 중임(仲任), 회계상우(會稽上虞)의 사람이다. 상경하여 대학에 입학했고 부풍(扶風)의 반표(班彪)를 따라서 박람(博覽)을 위주로 하였지만 집이 가난하여 책을 살 비용이 없었기 때문에 늘어놓은 책을 일견하고서 모두 기억하여 결국은 널리 제자백가의 사상에 정통했다는 이야기이다. 후에 향리로 돌아와 제자들을 가르쳤으며 저술에 전념했다. 저서인 「논형(論衡)」 85편은 대유(大儒) 채옹(蔡邕) 등이 대단히 높이 평가한 바이다.

제2절 본체론

그는 일원기(一元氣)를 가지고 우주의 본체라고 하였고, 일원기가 나뉘어서 천지음양(天地陰陽)의 둘이 되고, 이기(二氣)가 교접하여 만물을 낳는다고 했다. 이 점은 전적으로 역(易)에 바탕을 두고 있는 것이지만 그가 사람이 탄생하는 데 있어서 음기(陰氣)는 골육(骨肉)이 되고 양기(陽氣)는 정신이 된다고 하면서 골육과 정신을 음양의 이기(二氣)로 나누어서 설명한 것은 혼(魂)은 하늘에 바탕을 두고 백(魄)은 땅에 바탕을 두며, 혼백(魂魄)이 상합하여 사람이 된다고 한 옛날의 혼백사

상(魂魄思想) 바로 그것이다. 사람도 물(物)도 그[一元氣]를 받는 것은
같으므로 그는 사람도 물이라고 했다. 다만 사람과 물(物)의 구별이
생기고, 또 사람에게도 현명하고 어리석은 차별이 생기게 되느냐 하면
그는 받게 되는 기(氣)의 다소, 후박(厚薄), 화편(和偏)에 기인하는
것이라고 했다. 이 점은 참으로 송유(宋儒)의 기질설(氣質說)의 선구라
고 할 만한 것이다.

제3절 성론(性論)

그는 성론을 이야기함에 있어 첫째로 예로부터의 성론을 역사적으로
서술했으며 그 설을 비평하고 자기의 설을 세웠다. 그 연구법은 상당
히 과학적이지만 입론은 여전히 불완전함을 면하지 못했던 것은 어쩔
수 없는 일일 것이다. 그의 생각에 의하면 맹자의 성선론도 순자의
성악론도, 기타 제자(諸子)의 설도 모두 제각기 결점이 있다. 그래서
그는 사람은 일원기(一元氣)를 받고 있지만 후박다소(厚薄多少)의 구별
이 있기 때문에 성(性)에 선악현우(善惡賢愚)의 차가 있다. 마치 토지
의 성질, 선악이 같지 않고 상중하의 차별이 있는 것과 같은 일이다.
그러나 성의 선악에도 불구하고, 비유컨대 흰 실을 청색 물감으로
물을 들이면 푸르게 되고 붉은 물감으로 물을 들이면 빨갛게 되는
것과 마찬가지로 아동들은 성이 선한 것도 바뀌어서 나쁘게 되고 나쁜
것도 바뀌어서 선하게 된다. 예를 들면 땅은 비옥하고, 메마른 구별이
있을지라도 경작과 비료 주기 여하에 따라서 곡물의 풍작, 흉작이
있는 것과 같은 것이다. 이것은 그의 본체론에서 당연히 연역되는
것인데 송유(宋儒)의 기품설(氣稟說)과 상당히 닮은 것이 아닐는지.

제4절 윤리설

"쑥은 원래 구부러져서 자라기가 쉬운 것이다. 하지만 곧게 자라는 마(麻)사이에서 자라면 특별히 손질을 하고 도와 주지를 않아도 저절로 곧게 자란다. 본인 자신이 구부러진 성격을 가지고 있는 사람일지라도 곧은 친구들에게 둘러싸여 있으면 저절로 곧게 된다. 흰 모래도 검은 모래와 섞이게 되면 염색을 하지 않아도 저절로 검게 된다(蓬生麻中 不扶自直 白砂入緇 不染自黑——「史記」)"라는 말은 습관의 선악에 따라서 기질이 변화된다는 것을 말한 것이다. 학문은 성을 닦고 덕을 이루자는 것이 목적이다. 예를 들면 곡물은 그 껍질을 벗기고 쪄서 음식으로 먹으면 맛이 있지만 음식이 되기 전에 생것으로 먹으면 맛도 없고 위장을 해한다. 사람이 학문을 하지 않으면 곡물의 익지도 않은 생것과 같은 것이다. 그래서 사람은 반드시 교훈을 받아야 하는 것이다. 이것은 순연한 유가의 설이라고 할 만한 것인데 그는 별도로 노장사상을 취하여 사람은 저절로 천지에서 태어난 존재라고 했다. 그래서 사람은 반드시 천지의〔無爲自然〕를 본떠야 한다고 했다. 따라서 그는 황제(黃帝)·노자를 가장 훌륭한 인물이라고 하면서 공자보다도 더 존경했다. 이런 점에 있어서 그는 한대일반(漢代一般)의 풍조를 대표하고 있다고 해야 할 것이다.

제5절 숙명론

그의 학설 중에서 가장 두드러진 것은 극단적인 숙명론이다. 그는 인생의 행불행(幸不幸), 우불우(遇不遇)는 물론이고, 사생(死生)·수요(壽夭)·빈부·귀천 모두 숙명적이 아닌 것이 없다고 하면서 일장의 설화를 예로 든다. 옛날에 어떤 사람이 벼슬길에 나아가려 했으나 불우하여 뜻을 이루지 못하고 이미 나이는 늙어 길에서 울고 있었다. 어떤 사람이 그 사연을 물으니 대답하여 말하기를 "내가 젊었을 때에는 글을 배워서 성취했고, 그래서 벼슬길에 나아가려고 했는데 당시의 군주는 노인을 즐겨 썼지요. 그 군주가 죽은 뒤에 다음의 군주는 무인 (武人)을 썼지요. 그래서 나는 다시 무(武)를 배웠으며 간신히 무예를 익혔을 때 그 군주는 죽고 다음의 젊은 군주는 젊은 사람을 즐겨 썼습니다. 나는 이미 나이를 먹어 버려 결국은 한 번도 임용이 되지를 못했지요" 이 설화는 「한무고사(漢武故事)」에 보이는 안사(顔駟)의 이야기와 비슷한데 요컨대 인생의 우불우는 모두가 숙명이지 인력을 가지고는 어떻게 해 볼 수도 없다는 것을 극명하게 묘사한 것이다.

그는 사생·수요는 촉치(觸値)의 명(命)과 강약의 명 둘로 나누고, 병화(兵火)와 산사태, 해일과 같은 우연한 사건을 당하는 것을 촉치의 명이라고 하고, 생득품기(生得稟氣)의 후박에 의해서 혹은 장수를 하기도 하고 혹은 요절하기도 하는 것을 강약의 명(命)이라고 했다. 길흉은 밖으로는 길험(吉驗)이 되어서 땅에 나타나고, 안으로는 골상(骨相)에 의해 그 징후를 알 수가 있다고 했다.

제6절 미신(迷信)을 논박한다

「논형」은 이름 그대로 중론(衆論)의 시비곡직(是非曲直)을 바로잡는 것이다. 그는 당시의 미신에 대해서는 가차없이 논박하여 통쾌하기가 이를 데 없는데 여기에서는 그 주된 것 둘을 예로 들기로 한다.

1. 천인의 관계

중국 민족의 생각에 의하면 천인(天人)의 관계는 지극히 밀접한 것이며 하늘은 선을 행하는 사람에게 복을 내리고 악을 행하는 사람에게는 화를 내린다. 특히 군주는 하늘이 명하여 억조창생의 군주로 삼는 것이니만큼 하늘은 간단없이 감독을 하면서 군주가 선을 행하면 서상(瑞祥)을 내리고 악을 행하면 먼저 재이(災異)를 내려서 그것을 경고하는데 여전히 개선을 하지 않을 때에는 벌을 내린다는 것은 예로부터의 정론(定論)이다.

그는 이것을 논박하여 말했다. 기린봉황(麒麟鳳凰)이 나타난다고 하지만 금수는 국가의 유도(有道), 무도(無道)를 알 까닭이 없지 않은가. 하늘이 그것을 이용한다고 하지만 하늘은 말도 통하지 않는 금수를 이용할 까닭이 없고 금수도 하늘의 사자가 될 수가 없다고 생각한다. 하늘은 높은 데에 있으면서 낮은 데의 소리를 듣는다고 하는데, 가령 하늘에 귀와 눈이 있다고 하면 귀와 눈은 모두 얼굴에 있으니 하늘의 귀와 눈은 지극히 높은 데에 있게 된다. 예를 들면 사람이 고루거각(高樓巨閣) 위에 오르게 되면 지상의 개미를 볼 수가 없는 것과 마찬가지로 하늘 역시 높은 데에 있으니 사람의 일을 살펴보지는 못할 것이다. 원래 천재지변은 자연의 변이다. 마치 사람의 병과 같은 것이다. 탕왕(湯王)이 대한(大旱) 때에 몸소 자기를 벌주면서 비를 빌었기 때문에 비가 왔다고 하는데 비를 빌지 않아도 비는 오는 것이 아니던가. 우(雨), 즉 기우제(祈雨祭)는 민심을 위안하는 것일 뿐이지 달리 무슨 이익이 있다는 말인가. 마치 효심이 지극한 자손이 병에는 소용이 없는 줄을 알면서도 점을 치고 기도를 하는 것과 같은 것이다. 요컨대 자연과 인생은 예로부터 이야기되어 오고 있는 것과 같은 특별한 관계가 없는 것이다.

2. 귀신에 관하여

세상 사람들은 사람이 죽으면 귀신이 된다. 귀신은 혹은 덕에 보응을 하기도 하고 혹은 원왕(寃王)을 안고 죽으면 그 원풀이를 하는 것이라고 생각하고 있다. 이것은 대단한 잘못이다. 사람은 물(物)이다. 물이 죽어서 귀신이 된다는 소리를 듣지 못했으니 같은 물인 사람이 죽어서 귀신이 될 까닭이 없는 것이다. 원래 사람의 생사는 물이 얼음을 낳는 일과 같은 것이다. 물이 얼으면 얼음이 되고 얼음이 녹으면 물이 되는 것과 마찬가지로 기가 응고되어서 사람이 되고 사람이 죽으면 기로 돌아가니 그것을 일러 귀신이라고 한다. 사람이 죽는 일은 불이 꺼지는 것과 같은 일이어서 불이 꺼지면 빛이 사라지듯이 사람이 죽으면 지(知)도 없고 식(識)도 없는 것이다. 만약 사람이 죽어서 귀신이 되는 것이라면 개벽 이래의 사망자의 수는 막대한 것이니 기천만의 귀신이 천지간에 가득 차 있지 않으면 안 된다. 요컨대 세인들이 말하는 이른바 귀신은 사자(死者)의 영혼이 아니라 모두 우리의 사념, 다시 말하면 신경작용이 빚어내는 일이다. 신경이 홍분되면 귀로 그 소리를 듣기도 하고 눈으로 그 모습을 보게 되는 환상을 빚어내는 것이다. 별도로 귀신이 실재하는 것은 아니다. 혹은 병 같은 것을 앓아서 기가 약해져 있다든지 할 때에 특히 이런 환상을 보는 것이다.

제7절 결론

「논형」에서는 한 가지 문제를 논할 때에는 반드시 그 문제에 관한 여러 설, 세속의 신앙 등을 열거하고 하나하나 그 가부를 논평하면서 자기의 설을 내세우는 것이기 때문에 그의 논의는 풍부한 근거를 가지고 있어서 믿을 만한 것이라는 느낌을 불러일으킨다. 이런 연구법은 상당히 진보된 것이라고 하겠는데 지금 잠시 덮어 두고 다른 면에서 본다면 「논형」은 당시의 종교사상, 세속 신앙과 기타의 여러 가지 점에 관해 유익한 재료를 공급하고 있는 것이다.

제7장 육조철학(六朝哲學)의 개설

제1절 노장학파(老莊學派)

삼국시대부터 진(晉)나라 초까지는 양한사상계(兩漢思想界)의 영향에 의해 노장사상이 천하를 풍미하고 있었다. 그 대표적 일파는 이른바 청담지도(淸談之徒), 죽림칠현이다. 당시 노장사상이 성행했던 이유는 일면 정치적 원인이 있었다고 생각되기 때문에 그 점에 관해 한마디 해두려고 생각한다.

후한말, 환제(桓帝)·영제(靈帝) 때에 당고(黨錮)라고 하는 사건이 있었다. 그 당시 군주는 암우(暗愚)하고 정치의 실권은 모두 환관에게 귀속되어 있어 실정이 많았다. 그때에 이응(李膺)·진번(陳蕃) 등을 수령으로 하여 대학생 수백 명이 하나의 단체를 조직하고 거침없이 정치를 비판했기 때문에 당국자(當局者)들이 볼 때에는 눈의 가시 같은 존재였다. 그래서 당국자는 어떤 구실을 만들어서 그들을 일망타진한 것이다. 그것을 당고라고 한다. 그 후에 천하의 선비들은 절의(節義)는 거들떠보지도 않고 목숨을 부지하는 일에만 급급했기 때문에 선비의 풍조는 크게 쇠퇴하기에 이르렀다. 완적(阮籍)·산도(山濤)·혜강(嵇康)·향수(向秀)·유령(劉伶)·완함(阮咸)·왕융(王戎) 칠인은 술에 파묻혀 예의를 멸시하면서 즐겨 노장을 담론했다. 자신들은 청담지도라고 자칭했지만 세상 사람들은 그들을 죽림칠현이라고 했다. 당시 노장학(老莊學)을 가지고 「논어」의 주(注)를 썼고 왕필(王弼) 역시 노장학을 가지고 「역(易)」의 주를 썼다. 그러나 후한말 장도릉(張道陵)에 의해 시작된 도교가 불교의 자극을 받으면서 점차로 완성되었는데 진나라

중엽 이후에는 모든 사상계가 불교 일색의 시대가 되었다.

제2절 불교의 발흥

후한의 명제(明帝) 영평년간(永平年間)에 전래된 불교는 포교에 나선 승려들의 대단한 열성에 의해 삼국에서 진(晉)에 이르기까지 상당수의 경론(經論) 번역도 완성되어 점차로 그 세력이 세상에서 인정받기에 이르렀다. 혜원(慧遠)의 백련사(白蓮寺)는 한때 성대했었는데 나습(羅什)이 삼론종(三論宗)을 주창한 때는 대개의 노장학자가 그 문하에서 배웠다. 그래서 불교는 점차로 발달하여 천태(天台)·화엄(華嚴)과 같은 대승불교도 일어나게 되었다. 천태종은 제(齊)나라의 혜문(慧文)에서 시작되어 혜사(慧思)를 거쳐 지의(智顗)에 이르러 대성하였으며 삼제원융(三諦圓融)의 교의를 교설하였고 양(梁)나라 달마(達磨)가 새로이 천축(天竺)에서 건너와 선종(禪宗)을 폈으며 혜가(慧可)·승찬(僧璨) 등이 그것을 이어받아서 직지인심(直指人心)·견성성불(見性成佛)의 설을 고취했다. 또 진(晉)·송(宋)·양(梁)·진(陳) 때에는 법현(法顯)·법헌(法獻)·지선(智宣)·지도(智圖) 등이 줄을 이어서 머나먼 천축으로 들어가 법을 구했고, 각기 경론을 가지고 돌아와서 그것을 창도(唱道)했다. 기타 역대의 제왕들은 불교를 존중하여 가람(伽藍)을 세우기도 하고 혹은 고승을 궁중으로 초청하여 경론을 강의하게 하였으며, 혹은 자신의 논설을 저술하는 사람도 있어서 불교는 천하를 풍미하게 되었다. 즉 한위(漢魏)가 도가(道家)의 시대였다면 육조(六朝)는 참으로 불교의 시대였다고 해야 할 것이다.

제3절 삼교합일론(三敎合一論)

무어라 하여도 유교는 한무제 이후 역대의 제왕이 크게 장려했다.

도가(道家)는 양한(兩漢)에서 삼국에 걸쳐서 실제로 대세력을 가졌었
다. 이러한 와중에 불교 역시 삽시간에 발흥하게 되었기 때문에 삼교
(三敎)는 병립하면서 서로간 교섭이 없을 수가 없었다. 유(儒)·도(道)
2교는 양한시대(兩漢時代)에 크게 접근하였고, 도(道)·불(佛) 2교는
육조초(六朝初)에 이르러 여러 가지 논의를 거쳐 마침내 융합하기에
이르렀던 것이다. 남제(南齊)의 장융(張融)은 "도와 불은 극에 이르면
둘이 아니라 하나이다"라고 했고, 결론에 이르러서는 "백성동투 본래
무이(百聖同投 本來無異)"라고 했다. 또 남제(南齊)의 고환(顧歡)은 "도
는 즉 불이고 불은 즉 도이니 그 성(聖)은 부합한다"고 했고 혹은
"공로(孔老)는 즉 불(佛)이다"라고도 하여 본지수적설[本地垂跡說, 부처·
보살이 중생을 구제하기 위해서 그 본신(本身)을 임시로 여러 가지 모습으
로 바꾸어서 나타나는 것]을 주장했다. 또 북제(北齊)의 안지추(顔之推)
는 "내외의 양교는 모두 일체이다. 내전(內典)의 초문(初門)에 있는
오종(五種)의 금(禁)은 외전(外典)의 인(仁)·의(義)·예(禮)·지(智)·신
(信)과 부합되고 있다. 인은 불살(不殺)의 금, 의는 부도(不盜)의 금,
예는 불사(不邪)의 금, 지는 불음(不淫)의 금, 신은 불망(不妄)의 금"
이라고 했다. 기타 수(隋)나라의 문중자(文中子)도 "삼교(三敎)는 여기
에서 하나로 해야 한다"고 했고, 당의 유종원(柳宗元)도 불교의 주된
뜻은 「역(易)」, 「논어」와 합치되고 있다고 논했다. 이와 같은 삼교합일
논자는 많이 있었지만 아직 삼교를 하나로 만들어서 새로이 일가(一
家)의 설을 세운 사람은 없었다. 이 점이 바로 근대철학의 특색이다.
다시 말하면 육조(六朝)는 진정 근대철학을 배태한 시대였다고 할
수 있다.

제8장 문중자(文中子)

제1절 행적과 저서

왕통(王通), 자(字)는 중엄(仲淹), 문중자는 그의 사시(私諡)이다. 수나라의 개황(開皇) 4년에 탄생했다. 어렸을 때부터 비범했으며 공부를 열심히 하여 육경(六經)에 통하게 되었기 때문에 개연히 백성을 구제할 뜻을 갖게 되어 장안(長安)에 이르러 문제(文帝)를 알현하고 「태평책」12를 상주했었지만 태자의 의사가 다른 것을 보고 향리로 돌아왔다. 다음해에 과연 태자가 천자를 시해하고 스스로 왕위에 올랐는데 그 사람이 즉 양제(陽帝)이다. 문중자는 결국 벼슬에 나아갈 기회를 얻지 못했으며 육경을 계속 연구하여 문인(門人)을 가르쳤다. 당나라의 창업 공신은 대다수가 그의 문인이다. 대업(大業) 13년에 서거했으며 향년 34세였다. 저서에는 「중설(中說)」이 있다. 지금 전하는 「원경(元經)」은 위서(僞書)이며 그 밖에 전해지는 것이 없다.

제2절 문중자의 목적

그의 목적은 왕도(王道)의 실현에 있었다. 불행하게도 왕도가 실현되지 못한 지 벌써 오래 되었기 때문에 그는 개권초두(開卷初頭)에 "왕도가 시행되지 않음이 너무 심하다"고 개탄한다. 이것은 전적으로 주공(周公)이 돌아가신 뒤에 성인의 도가 시행되지 않았고 공자가 돌아가신 뒤에 성인의 도가 전해지지 않았기 때문이다. 그래서 왕도를 실현하기 위해서는 반드시 주공·공자의 도가 시행되어야 하는 것이다. 그래서 그는 "만약 그를 채용하는 사람이 있다면 나는 주공의 도를 시행해 볼 생각이다"라고 했는데 도저히 그런 기회가 오지 않을 것으로 보고 그는 공자를 본떠서 육경(六經)을 닦았던 것이다.

제3절 정치설

만약 그를 채용하는 사람이 있다면 그는 예악형정(禮樂刑政)을 일으켜 볼 뜻이 있었다. 그런데 공자가 죽은 다음에는 예악(禮樂)의 진리를 아는 사람이 없기 때문에 그는 예악을 바로잡고자 했다. 그러나 그 자신이 겸손한 사람이어서 예악에서는 망실된 부분만 바로잡을 뿐이고 그 제작에는 명철한 인물의 등장을 기다려야 한다고 했다. 그러나 틈이 있으면 예악의 제작을 직접 해보겠다는 뜻도 가지고 있었다. 그는 정리한 예악 속에 있었을 것으로 생각된다. 그러나 현재 그 상세한 내용은 알 길이 없다. 대체적으로 그는 복고주의적 입장을 취했다. 이 밖에도 그의 정치설에서 대서특필할 만한 점은 만기공론(萬機公論)에 붙이는 중의제도(衆議制度)를 시인한 점일 것이다. "의(議)는 그 천하의 마음을 다하는 것이다"라고 하고, 또 "의는 천자께서 이런저런 이야기를 두루 들을 기회를 제공하게 되는 것이다. 다만 대의사들은 잘 선정해야 한다"고 한 말 같은 것은 불후의 격언이라고 할 만한 것이다.

제4절 윤리설

그는 의무론으로서 오륜설(五倫說)을 취했고, 그 가운데서도 특히 삼강(三綱), 즉 "인군은 신하의 강(綱)이고 아버지는 아들의 강이며 남편은 아내의 강이다"라고 하는 한나라 유학자들의 설을 취했으며,

덕론(德論)으로서는 인·의·예·지·신의 오상설(五常說)을 취했다. 원래 학문의 목적은 인격의 완성에 있는 것이니 성인을 이상으로 삼아야 한다. 무턱대고 박람다식(博覽多識)에 힘쓰는 학문적 태도는 그의 생각에 진정한 학문이 아니다. 대체로 인성은 상·중·하 3품으로 나눌 수가 있는데 학문의 결과에 따라 누구나 성인이 될 수가 있는 것이다. 이 점에 있어서 그의 설은 「중용」을 조술하고 있다. 다만 주의해야 할 것은, 그의 윤리설에 노장의 사상을 혼합하여서 사생(死生)을 하나라고 하고 득상(得喪, 얻고 잃음)을 잊는 것을 지인(至人)이라고 하면서 우리는 좌망(坐忘)의 경지에 이르러야 한다고 한 점이다. 이것은 노장사상이 왕성했던 한위시대(漢魏時代)의 영향일 것이다.

제5절 결론

그의 학설의 진수는 앞에서 이야기한 것과 같은데 「중설(中說)」의 서술 태도는 모두 「논어」의 어조를 본떠서 지나치게 성인인 양 행세를 하기 때문에 읽는 사람으로 하여금 불쾌한 느낌을 갖게 하는 점이 적지 않다. 또 역사적 사실과 상위되는 점도 적지 않다. 그래서 옛날부터 의심을 갖는 사람도 있었는데 그가 실재의 인물임은 의심할 여지가 없는 사실이고 어쨌든 육조(六朝)에서는 유일한 대유(大儒)일 것이다.

제9장 당조(唐朝)철학의 개설

제1절 당시의 종교

육조(六朝) 이래 일세를 풍미한 불교는 당(唐)에 이르러 더욱 성하게 되어 종래에 있었던 여러 종파 외에 두순(杜順)의 화엄종(華嚴宗)이 일어나 사법계관(四法界觀)을 이야기하면서 외길로 사사무애법계관(事事無礙法界觀)을 창도(唱道)했다. 또 태종(太宗) 때에는 현장 삼장(玄奘三藏)이 천축 여행에서 돌아와 법상종을 세웠으며 현종 때에는 금강지불공(金剛智不空)이 밀교를 인도에서 전하면서 즉사이진(即事而眞), 즉신성불(即身成佛)의 설을 포교했다. 그래서 당시의 사대부는 불교에 출입하지 않는 사람이 없다고 할 정도였다. 기타 노자는 당나라 황실과 같은 성이라는 이유로 비상한 존경을 받았고 태상현원황제(太上玄元皇帝)라는 존호를 추증받았다. 따라서 노자를 시조로 받드는 도교는 조정으로부터 크게 장려받았다. 또 서역과의 교통이 빈번해짐에 따라서 요교(妖教)·경교(景教, 기독교의 일파)·마니교(摩尼教)·유태교(猶太教) 등도 수입되어 종교는 전반적으로 큰 유행을 보았다.

제2절 유교의 장려

당시의 사상계는 앞에서 이야기한 것처럼 오히려 종교에 의해 지배되었고, 천자는 또 전해 오는 관례에 따라서 유교를 장려했다. 당나라 초기에는 국자학(國子學)·대학(大學)·사문학(四門學) 등을 비롯하여 군현(群縣)에 학교를 설치하고 학생을 양성하기도 하고 혹은 공영달 (孔穎達) 등에게 명하여 「오경정의(五經正義)」를 편찬하게 하여 경서 (經書)의 해석을 통일시켰고, 그 후에는 경서를 돌에 새겨서 대학의 문 앞에 세우게 하였다. 이른바 개성석경(開成石經)이라는 것이 바로 그것이다. 그러나 당나라는 육조(六朝)의 부화(浮華)의 여풍(餘風)을 받아서 경서보다는 시문(詩文)을 가지고 진사채용 시험을 보았기 때문 에 천하의 학자는 모두 시문을 배우는 일에 열중하면서 유학을 등한시 했다. 그래서 시문은 크게 발달하여 이백(李白)·두보(杜甫) 같은 대시 인을 배출하였지만 유교의 정신은 상대적으로 위축되어 힘을 떨치지 못했다.

제3절 신학(新學)의 서광

「오경정의(五經正義)」의 편찬은 경서의 해석을 통일하기 위해서 한 것이었으며 이 정의가 간행된 뒤부터는 진사시험은 이 정의의 설에 의거했기 때문에 학자들은 그저 이 정의를 보기만 하면 된다는 풍조가 생겨서 학문이 자연히 고루하게 되었다. 다만 그 당시에는 역(易)·서 (書)·시(詩)·삼례(三禮)·춘추삼전(春秋三傳)을 구경(口經)하고 그 분량 의 다소에 따라서 그것을 대·중·소로 나누고 예기(禮記)·좌전(左傳) 을 대경(大經), 모시(毛詩)·주례(周禮)·공양(公羊)을 중경(中經), 역 (易)·서(書)·의례(儀禮)·곡량(穀梁)을 소경(小經)이라고 했는데, 대경에 서는 예기가 좌전보다 쉬우며 중·소경에서는 시·서가 주례·공양·곡량 보다도 쉽다. 학자는 경서(經書)를 연구하는 것은 그저 시험에 급제하 기 위한 것이었기 때문에 그저 쉬운 것만을 골라서 배운다는 양상이 었다.

이때에 이르러 이정조(李鼎祚)가 한(漢) 이후의 학자 35가(家)의 설을 망라하여 「주역집해(周易集解)」를 지은 일은 참으로 존경할 만한 일이다. 그와 시기를 거의 같이하여 담조(啖助)라는 사람이 있어 춘추학(春秋學)을 공부하고 삼전(三傳)의 장단점을 비교하여 따져 보고 자기의 견식을 가지고 「춘추집전(春秋集傳)」을 지었다. 그는 주로 공양·곡량 양자를 취하고 좌전을 배척했는데, 종래에 「좌전」은 좌구명(左丘明)의 작이라고 알려졌었던 것을 좌구명은 공자 이전의 사람이고 「좌전」의 작자가 아니라고 했다. 문인인 조광(趙匡)·육순(陸淳)이 그 설을 받아서 신설을 고취했다. 그들의 주장은 반드시 공자의 주장과 일치되는 것은 아니지만 쇠퇴될 대로 쇠퇴되었던 당시의 유교에 신생명을 가져다 준 것이어서 학계 혁신의 기운은 실로 이정조(李鼎祚)·담조(啖助) 두 사람에게서 비롯되었다고 해야 할 것이다.

제10장 한유(韓愈)

제1절 행적과 저서

한유, 자(字)는 퇴지(退之), 창려(昌黎) 사람이다. 3세 때에 고아가 되어 형수 정씨의 양육을 받았다. 그는 스스로 분발하여 책을 읽었으며 육경(六經)은 물론이고 널리 제자백가의 학에 정통했다. 후에 진사에 급제했다. 헌종(憲宗)이 번진(藩鎭)의 세력을 꺾기 위해서 회서(淮西)를 토벌했을 때에 비도(裵度)를 따라서 종군하여 그 평정에 공을 세웠고, 형부시랑(刑部侍郞)에 임명되었다. 후에 헌종이 불골(佛骨)을 궁중으로 맞아들이려 했기 때문에 유명한 「불골표(佛骨表)」를 올려서 그렇게 하지 못하도록 간했다가 노여움을 사서 거의 사죄(死罪)에 처해질 지경에까지 이르렀다가 간신히 사면되어서 조주(潮州)의 자사(刺史)가 되었다. 후에 다시 부름을 받아서 병부시랑(兵部侍郞)을 거쳐 이부시랑(吏部侍郞)이 되었다가 장경(長慶) 4년에 서거했다. 향년 57세였다. 예부상서(禮部尙書)를 추증받았고 시호는 문(文)이다. 저서로는 「문집」과 「논어필해(論語筆解)」 10권이 있다.

제2절 「원도(原道)」

그가 학자로서 존경받는 이유는 정말로 「원도」 1편이 있기 때문이다. 「원도」는 그가 심혈을 기울인 논문이다. 그는 먼저 인의도덕(仁義道德)에 관해 설명하여 "두루 공평하게 사람을 사랑하는 것을 인(仁)

이라고 한다. 의(義)는 의(宜)이니 무슨 일을 하거나 때와 장소에 맞게 적의하게 처리하는 것을 말한다(博愛之謂仁 行而宜之之謂義)"라고 하고 다음에 "그 문(文)은 시(詩)·서(書)·역(易)·춘추(春秋), 그 법은 예(禮)·악(樂)·형(刑)·정(政), 그 민(民)은 사·농·공·상, 그 위(位)는 군신(君臣)·부자(父子)·사우(師友)·빈주(賓主)·곤제(昆第)·부부(夫婦)"라고 한 것은 유교의 핵심을 아주 잘 설명한 말아다. 다만 그가 종래의 오륜설(五倫說) 대신에 군신·부자·사우·빈주·곤제·부부의 육륜(六倫)을 주장한 것은 주의할 만한 점일 것이다. 그는 이와 같은 유교의 도는 요(堯)·순(舜)·우(禹)·탕(湯)·문(文)·무(武)·주공(周公)·공자에서 맹자로 전해졌는데 여기에 이르러서 전통이 끊겨 "순양이자(荀揚二子)는 이론이 정치하지 못하고 설명이 자세하지 못하다"고 하면서 넌지시 자기가 맹자 이후의 일인자임을 자임하고 있다. 이것을 통해서 보면 유가(儒家)에서의 전통설은 송유(宋儒)에서 비롯된 것이라고 하지 않을 수가 없다. 그가 「원도」 속에서 처음으로 「대학」을 높이 평가하면서 유교의 정신은 여기에 있다고 한 점으로 미루어 보면 그가 유자(儒子)로서 일가의 견식을 가지고 있었음을 알 수 있다. 그는 맹자가 양묵(楊墨)을 배척한 일을 본떠서 불로이교(佛老二敎)를 배척하는 일을 자임하고 나섰다. 성인이 예악형정을 세우는 것은 모두 백성의 해를 제거하고 생활의 길을 가르치기 위한 것이라는 점을 설명하고 노자가 "성인이 죽지 않고서는 큰 도적이 없어지지를 않으며, 말〔斗〕을 쪼개 버리고 저울을 꺾어 버리면 백성은 다투지 않는다"고 한 것은 큰 오류라고 하였고, 또 천하국가를 다스리는 근본은 일신에 있다는 것을 말하고 불교가 그 마음을 닦는다고 하면서 천하국가를 멀리하며 자식으로서 아비를 아비라고 하지 않으며 신하로서 그 군주를 군주라고 하지 않는 것은 크나큰 오류라고 말했다.

제3절 불교배척론

그의 불교에 대한 변박(辨駁)의 요지는 이미 「원도」 속에 보이는
데, 여기서는 그 유명한 「불골표(佛骨表)」의 요령을 이야기해 보려고
한다. 그는 헌종(憲宗)이 불골〔佛骨, 석가모니의 사리인데 손가락 마디뼈이
다. 그 사리가 중국으로 들어온 유래는 확실하지는 않으나 현장삼장이 천축
국에서 유학하고 돌아올 때에 가지고 왔던 것이 아닌가 생각되기도 한다.
이 사리는 당나라가 멸망하기 수십년 전부터 행방불명이 되었었는데 1987
년 봉상에 있는 법문사(法門寺)의 지하 비밀창고에 다른 국보급 보물과
함께 감춰져 있던 것이 재발견되었다〕을 궁중으로 맞아들이려 한다는
소리를 듣고 그 불가능함을 이렇게 간했다. 부처를 섬겨 복을 구한다
고 하지만 사람의 수명을 늘려 주는 것도 아니다. 양무제(梁武帝)가
후경(侯景)에게 쫓겨서 태성 땅에서 굶어 죽었듯이 도리어 화를 입었
으며, 그저 백성의 정신을 어지럽게만 할 뿐이다. 그리고 부처는 오랑
캐나라(인도)의 사람이어서 말도 안 통하고 풍속 습관도 다르며 군신·
부자의 관계가 무엇인지도 모르니 만약에 그 사람이 실제로 생존해
있어서 중국엘 온다고 해도 한 번 배알이나 허락하고 적당히 대접한
뒤에 돌려보내면 되는 것이다. 하물며 그 몸은 벌써 죽은 것이다. 그
더러운 뼈다귀를 궁중으로 맞아들인다는 것은 말도 안 되는 일이다.
그 뼈는 물에 떠내려 보내거나 불속에 던져서 영구히 그 화근을 없애
천하의 어지러움을 풀어 버려야 한다고 그는 결론지었다. 불교를 반대
하는 사람들이 들으면 상당히 통쾌하게 생각할 말이다. 그러나 그의
불교배척론은 그저 피상적인 데에만 머물렀을 뿐이고 불교의 진수는
거론조차 못했기 때문에 당시의 사람들을 감동시킬 수 없었을 뿐만
아니라 불교도들을 아프게 하지도 못했다고 생각된다. 실제로 유자후
(柳子厚) 같은 사람은 유력한 반대론자의 한 사람이었다.

제4절 결론

문장가로서의 그는 말할 것도 없이 당대(唐代) 제일류의 작가였다. 육조 이래 병려체(騈驪體)가 유행하여 문장에 기백·정신이 없어 적약(積弱)한 양상이었는데 그가 나타나서 처음으로 그 병려체를 뒤흔들어 놓았으니, 사마천(司馬遷)·반고(班固)를 이을 만한 대문장가가 세상에 나타난 것이다. 소동파(蘇東坡)가 그를 평하여 "문장은 팔대(八代)의 쇠퇴를 뒤흔들어 놓았다"고 한 것은 결코 과찬이 아니다. 그러나 이 말은 사상가로서의 그를 논하는 말은 아니다. 사상가로서의 그는 앞에서 이야기한 「원도(原道)」 외에는 인성을 논하여 삼품설(三品說)을 설명하고, 정(精)을 논하여 희(喜)·노(怒)·애(哀)·구(懼)·애(愛)·오(惡)·욕(欲) 일곱으로 분류한 외에는 특별히 논할 만한 것이 없다.

제11장 이고(李翶)

제1절 행적과 저서

이고의 자(字)는 습지(習之), 한퇴지(韓退之)에 종유(從遊)하여 문장을 배웠다. 정원(貞元) 14년에 진사에 급제하고 여러 관직을 역임한 뒤에 산남동도 절도사(山南東道節度使)에 이르렀다. 그 사이 낭주(朗州)의 자사(刺史)였던 때에 승려 약산(藥山)을 찾아가서 도(道)를 물었다가 "구름은 푸른 하늘에 있고 물은 병 속에 있다(雲在靑天 水在甁)"는 게(偈, 가타)를 얻고 심취했었다는 일화가 전해지고 있다. 회창(會昌) 시대에 죽었다. 시호는 문(文)이다. 저서는 「문집」 18권이 있다. 「복성서(復性書)」 3편이 가장 유명하다.

제2절 복성멸정설(復性滅情說)

그는 책의 첫머리에서 "사람을 성인 되게 하는 것은 그 성(性)이다. 사람의 성을 어지럽게 하는 것은 정(情)이다. 희(喜)·노(怒)·애(哀)·구(懼)·애(愛)·오(惡)·욕(欲) 일곱은 모두 정이 빚어 내는 것이며, 정이 어둡게 하여 성이 숨는다"고 갈파한다. "예를 들면 물은 원래 맑은 것인데도 진흙이 그것을 탁하게 하며, 불은 원래 광명한 것이지만 연기가 그것을 덮는 것과 마찬가지로 성은 원래 순수한 것이지만 정이 그것을 어지럽힌다"고 말한다.

그러면 정은 무엇이냐 하면 본무사망(本無邪妄)한 것이며 원래 성이 움직여서 성에서 발생하는 것이다. 마음을 적연부동(寂然不動)하게 하면 못된 생각(邪思)이 저절로 멈춰서 정도 일어나지 않는다. 대체로 천지간에 있는 만물은 모두 일원기를 받아서 그 형상을 이루며 혹은 물(物)이 되기도 하고 혹은 사람이 되기도 한다. 성에서 보자면 사람이나 물이나 같은 것이지만 기에서 본다면 그 품수(稟受)에 각각 깊고 얕음이 있어 고르지가 않기 때문에 성인은 정이 있으면서도 정이 없어 성을 잃지 않아 흔들림이 없으며, 보통 사람은 정에 빠져서 그 근본을 알지 못한다. 그렇기 때문에 우리는 모름지기 정을 멸하고 성으로 돌아가야 하는 것이다.

복성멸정(復性滅情)의 방법은 점진적으로 해야 한다. "모든 생각들을 잊으면 정은 생겨나지 않으며 정이 생겨나지 않으면 즉, 정사(正思)이다"라고 한다. 이 무려무사(無慮無思), 즉 정사의 방법을 가지고 망정(妄情)이 일어나지 않게 하는 것을 첫걸음으로 친다. 그러나 이 방법은 아직도 정(靜)을 탈피하지 못하는 것이다. 정이 있으면 반드시 동(動)이 있고 동이 있으면 반드시 정이 있으니 그렇게 동정(動靜)의 상대적 범위를 탈피하지 못해서는 아직 그 극치의 상태에 이르렀다고는 할 수가 없다. 다시 한걸음 더 나아가 동정을 모두 탈피하고서야 비로소 적연부동(寂然不動)의 경지에 들어가는 것이며, 그것이 지극해지는 것이 수양의 극치이다. 그렇게 성으로 돌아가야 천도(天道)와 합일할 수가 있다는 것이다.

제3절 결론

「복성서」는 이미 구양수(歐陽修)가 지적한 것처럼 정확하게 「중용」의 의소(義疏)이다. 그러나 종래의 주해와 전적으로 내용을 달리하는 점은 이고(李翺) 자신도 인정하는 바이다. 그가 성정(性情)을 대립시키고 성(性)을 정정부동(定靜不動)하다고 하고 정(情)을 본무사망(本無邪妄)하다고 하면서 정(靜)을 위주로 하여 복성멸정(復性滅情)을 주장한

것은 송나라 주자의 주정설(主靜說)의 연원이 되었다고도 할 수 있
고, 성선정악설(性善情惡說)은 한나라의 동중서가 성정을 음양에 배정
한 데에서 비롯되었다고는 할지언정 나는 오히려 불교의 진여무명설
(眞如無名說)에 근거한 것이라고 보는 것이 온당하리라고 생각된다.
요컨대 그의 설은 불교적 정신을 가지고 유교의 경전을 해석하는 것이
며 근대철학의 단서를 여는 것이다.

제3편
근대(近代)

제1장 총론

　송나라 초에서 청나라 말까지 약 950년간을 근대라고 한다. 이 시대에는 오랫동안 침체되어 있던 유교(儒教)도 도교와 불교의 자극에 의해 갑작스럽게 발홍하기 시작해서 천하의 사상계는 다시 유교가 지배하게 되었다. 근대 유교는 공맹(孔孟)의 흐름을 잇는 것은 물론, 원시유교와는 상당히 그 취향이 바뀌어서 고상한 철학적 경향을 띠게 되었다. 그것을 분류하면 대체로 정주학(程朱學)·육왕학(陸王學)과 고증학(考證學) 셋이 된다. 정주학, 즉 송학(宋學)은 경험을 중시하고 육왕학, 즉 명유(明儒)의 학은 사색을 중시하며 유교에 불로(佛老)의 사상을 가미하고 새로운 해석을 시도한 것이다. 그래서 그 유폐(流弊, 전부터 전해 내려온 폐해, 악풍)는 공소(空疎)하게 되었다. 청나라의 고증학은 이에 대항하여 일어난 것이다.

제2장 근대철학 발흥의 원인

제1절 서설

오대(五代)의 난은 중국의 암흑시대였다. 송나라 태조가 일어나서 천하를 통일하자 세상은 다시 태평시대를 맞이하였다. 태종(太宗)이 대를 이어 즉위하게 되자 공자를 존숭하여 지성문선왕(至聖文宣王)이라는 시호를 새로 추증했고, 또 소칙을 내려서 「태평어람(太平御覽)」 1천 권, 「문원영화(文苑英華)」 1천 권, 「태평광기(太平廣記)」 5백 권을 편찬하게 하였고, 천하에 소칙을 내려서 유서(遺書, 고서적)를 두루 찾아 크게 유교를 장려했다. 이것이 유교발흥의 원인이 된 것은 말할 것도 없다. 그러나 그 당시에는 유교뿐만 아니라 도사(道士) 소징(蘇澄), 진박(陳搏), 석계숭(釋契嵩), 은사(隱士) 충방(种放) 등을 우대하기도 했다. 한편 송나라 이전의 역대 천자들도 항상 유교를 장려했기 때문에 이런 유교 장려와 천하의 태평함도 특색 있는 근대철학 발흥의 진정한 원인이라고는 할 수가 없다. 그 원인은 이제부터 이야기하는 세 가지에 있다.

제2절 유교의 혁신

당의 이정조(李鼎祚)·담조(啖助) 등에 의해 신학(新學)의 기운이 일어난 것은 앞에서도 이야기한 것과 같은데, 송나라의 손명복(孫明復)은 담조의 설에 의거하여 「춘추존왕발미(春秋尊王發微)」를 짓고 일가의 의견을 세웠는데 그는 「춘추」뿐만 아니라 모든 경서를 읽으려 면 예로부터의 설에만 의거하여서는 안 된다는 점을 설명했다. 또 구양수(區陽修)도 「춘추론」 3편을 지어서 춘추삼전(春秋三傳)의 잘못을 바로잡았으며, 「역동자문(易童子問)」과 「역혹문(易或問)」을 짓고 십익 (十翼)은 공자가 지은 것이 아니라고 주장했다. 이와 같은 경서에 대한 비판적 연구가 발흥한 것은 유교에 활기를 불어넣어 주게 되었다. 그리고 육조(六朝) 이래 당(唐)에 이르기까지 부화(浮華)를 존숭한 풍습은 손명복과 동시에 호안정(胡安定)이 호주(湖州)의 교수로서 학생 을 지도하는 데에 경의(經義)·치사(治事) 둘을 가지고 기국소통(器局疏 通)하게 하여 실무에 밝은 선비를 양성하고 후에 대학교수가 되어서 같은 방법을 가지고 천하의 선비들을 양성하고서부터 일변하여 유교 혁신의 기운을 불러일으키게 된 것이다.

제3절 유도(儒道)의 융화

한(漢)나라 이후, 노장학(老莊學)이 성행하게 됨과 동시에 한나라 때의 학자는 거의가 유교와 도가(道家)를 혼동하지 않는 사람이 없었 으며, 오경(五經)의 하나인 「예기」 같은 것도 유교의 성전인데도 한나 라에 편찬된 것은 노장사상을 혼합하고 있는 것이 적지 않다. 위(魏) 의 왕필(王弼)·하안(何晏)이 노장사상을 가지고 「역(易)」, 「논어」에 주석을 가한 뒤부터 알게 모르게 이교융화(二敎融和)의 열매를 맺게 된 것이다.

제4절 불교의 영향

불교가 육조(六朝)시대에 대단한 세력이었다는 사실은 앞에서도 이야기한 것과 같으나, 시적 취향이 샘솟는 것 같은 미래설은 귀착될

곳을 몰랐던 인심에 위안을 주었고, 또 고묘한 실상론(實相論), 정밀한 성리설(性理說)은 옛 학설보다도 월등하게 훌륭했기 때문에 위로는 왕후에서 아래로는 만민에 이르기까지 모두 불교에 귀의하지 않는 사람이 없을 정도였고, 송나라 이후의 학자로서 불교를 연구하지 않는 사람은 없었던 것이다. 그래서 불교의 세력은 근대철학에 대하여는 두 가지 영향을 주었다. 하나는 적극적으로 불교의 교리가 채용된 점이고, 다른 하나는 소극적으로 유자(儒者)의 대항적 정신을 자극한 점이다. 이런 불교의 영향은 근대철학 발흥의 최대 원인이다.

제3장 주렴계(周濂溪)

제1절 행적과 저서

주돈실(周惇實), 자(字)는 무숙(茂叔), 후에 영종(英宗)의 옛 이름을 피해서 돈이(惇頤)로 개명했다. 도주영도현(道州營道縣) 사람이다. 염계 (濂溪)는 그 향리에 있는 계류(溪流)의 이름이다. 어려서 고아가 되어 외삼촌 정향(鄭珦)에게 맡겨졌는데 정씨는 그 재능을 아껴서 자기 아이처럼 키웠다. 경우(景祐) 3년에 장작감(將作監)의 주부(主簿)가 되었으며, 관직을 역임하다가 남경(南京)의 분사(分司)로서 사거했다. 때는 희녕(熙寧) 6년, 향년 57세. 예장(豫章)의 황정견(黃庭堅)이 전에 평하기를 "인물됨이 쇄락하며 도량이 비온 뒤의 달과 같이 시원하다 (胸中灑落如光風霽月――十八史略)"고 했는데 아는 사람들은 그 말을 지언(知言)이라고 했다. 그가 저술한 「애련설(愛蓮說)」은 그 사람됨을 아주 잘 보여 주고 있다. 저서는 「태극도설(太極圖說)」, 「통서(通書)」 2권, 「잡저(雜著)」 1권이다.

제2절 우주론

그는 우주의 본체를 '무극이태극(無極而太極)'이라고 했다. 소리도 없고 형체도 없고 냄새도 없으니 그것을 무극이라고 하고 그 조화의 근본으로부터 만물이 모두 발전하니 그것을 태극이라고 하며 아울러서 "무극이면서 태극"이라고 한다. 태극 외에 따로 무극인 것도 아니고 무극 외에 따로 태극인 것도 아니다. 이 태극에는 음양 2기(二氣)가 내포되어 있다. 즉, 태극이 동(動)하여 양(陽)을 낳고 정(靜)하여서 음(陰)을 낳으며 정이 극진하게 되면 동하고 동이 극진하게 되면 정하게 되니 일정일동(一靜一動), 서로 그 근원이 되어서 음양을 낳는다. 다시 말하면 태극의 동적 방면을 양이라 하고 정적 방면을 음이라 하며, 이미 음양이 있으면 그로부터 수화목금토 5원소(五元素)가 형성된다. 그는 이것을 오행(五行)이라고도, 오기(五氣)라고도 했다. 오기가 순서를 좇아서 펼쳐지면 사시(四時)가 된다. 이 5원소는 즉 음양, 음양은 즉 태극, 태극은 원래 무극이다. 그래서 무극의 진(眞), 음양오행의 정(精)이 묘합하여 형(形)을 낳아 남녀양성(男女兩性)이 된다. 이것이 즉 만물의 시작이다. 앞에서 이야기한 태극도를 그림으로 나타내면 다음과 같다.

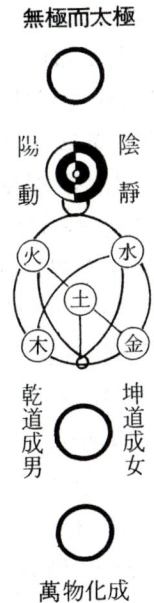

여기에서 주의해야 할 것은 역(易)에서는 태극을 말했으되 무극을 이야기하지 않았고, 또 역의 태극은 활동적인 것인데도 그의 '무극이태극'은 오히려 정지적(靜止的)이라는 점이다. 원래 무극이라는 말은 노자가 사용한 말이며 '무극이태극'을 본체로 하는 사상도 노자의 사상에 바탕을 둔 것이다. 또 역에서는 양의사상(兩儀四象)을 말하면서 오행은 이야기하지 않았는데 주자는 오행을 이야기했다. 즉 주자는 역과 노장사상과 오행설을 조화시켜서 그의 우주론을 세우고 있는 것이다.

제3절 심리설

본체로부터 만물이 발생할 때에 사람은 그 수기(秀氣)를 얻기 때문에 가장 영묘한 존재이다. 따라서 그 본성은 순수지선(純粹至善)한 것이다. 그는 이것을 성(誠)이라고 했다. 즉, 태극은 성의 근본이며 사람이 이것을 받은 점에서 보아서 성이라고 한다. 다시 말하면 우주의 본체라는 뜻으로는 태극이라 하고, 사람의 본성이라는 뜻으로는 성이라고 하는 것이다. 그래서 본성, 즉 성을 완전히 갖춘 사람을 성인(聖人)이라고 하는 것이다. 그런데 우리는 육체를 가졌고 그 육체가 외물(外物)과 접촉할 때에는 육체에 있는 오행의 기를 가진 오종(五種)의 성(性)은 외물과 감응하여 저절로 선악의 차별을 낳는 것이다. 즉, 외물과 접촉하지 않으면 본래 선한 것이지만 외물과 접촉하여 감응하면 선악의 차별이 생기기 때문에 그는 주정(主靜), 즉 정(靜)을 지키지 않으면 안 된다고 한 것이다.

오종의 성이란 인·의·예·지·신 오상을 말하는 것이다. 인은 목(木), 의는 금(金), 예는 화(火), 지는 수(水), 신은 토(土)이다. 이 오상을 오행에 배당하는 것은 한나라의 동중서(董仲舒)에게서 비롯되는 것인데 주자의 배당법은 인·의·신 셋은 동중서와 같으나 예를 화에 배당하고 지를 수에 배당하고 있는 점은 동중서의 배당법과 반대로 되어 있다.

동중서는 따로 이유를 설명한 것이 없으나 주자는 이 오상을 음양에다 근거시키고 다시 태극에다 귀일시켜서 철학적 기초를 부여한 것이다.

제4절 윤리설

사람의 본성은 성(誠)이고 성은 즉, 천부(天賦)이다. 하늘에 있어서는 태극이라고 하고 사람에게 있어서는 성이라고 하여 그 이름은 다르지만 필경은 동일불이(同一不二)이다. 「태극도설(太極圖說)」에서 말하는 이른바 인극(人極)은 즉, 이 성이다. 그는 본체를 정지적이라고 했으니 당연히 성도 정지적인 것이라고 하고 적연부동(寂然不動)한 것이라고 했다. 그 움직이지 않을 때에는 지선(至善)한 것이지만 외물과 접촉하여 감응을 함에 있어서 선악의 차별이 생기기 때문에 동(動)은 필연적으로 악한 것은 아니지만 크게 주의해야 하는 것이다. 그래서 그의 생각에 의하면 성인은 정(靜)을 위주로 하여서 인극을 세우는 것이다. 이렇게 오성(五性)이 감응하여 악이 생기는 것은 욕심이 있기 때문이라고 보아서 그는 무욕을 학문의 요체로 했다. 맹자는 "마음을 수양하는 데에는 욕망을 적게 갖는 것이 최상의 방법이다(養心莫善於寡欲)"라고 했는데 그는 한걸음 더 나아가서 무욕을 주장한 것이다. 즉, 그는 수양법으로서 신동(愼動)·무욕 두 가지를 주장했다.

그가 성을 인극이라고 한 것은 「중용」에 의거한 것이고, 동(動)을 악의 근본이라고 하여 정(靜)을 주장한 것은 노자의 사상이다. 또 과욕을 가지고는 부족하다면서 무욕을 주장한 것도 노자의 사상이라고 하지 않을 수가 없다.

제5절 결론

주자의 학설은 우주론과 윤리설에 있어서 유도이가(儒道二家)의 설을 함께 취했다는 것은 앞에서도 이야기한 것과 같다. 그의 학설 가운데에서 특히 「태극도설」은 청(淸)나라 모기령(毛奇齡)의 고증에 의하면 위백양(魏伯陽)의 설에 의거하여 도사(道士)인 진희이(陳希夷)에게서 나온 것이라고 하니까 그의 설이 도가의 설과 가까운 것은 오히려 당연하며 특별히 이상하게 생각할 필요는 없을 것이다. 그러나 이 「태극도설」은 주자에게 지대한 영향을 주었기 때문에 송대 철학에서는 가장 중요한 위치를 점하고 있는 것이다.

제4장 소강절(邵康節)

제1절 행적과 저서

소옹(邵雍)의 자(字)는 요부(堯夫), 강절(康節)은 시호이다. 범양(范陽) 사람이다. 어릴 적부터 큰 뜻을 가졌고 사방을 돌아다닌 일이 있다. 북해의 이정지(李挺之)에게서 선천상수(先天象數)의 학을 배웠는데 이(李)의 학은 진희이에게서 나온 것이다. 30세 때에 부모를 이수(伊水) 근방에 장사 지내고 마침내 거기에 주거를 정했으며 우유자득(優遊自得)하여 그 거처를 이름지어 안락와(安樂窩)라고 했다. 봄, 가을에는 종종 조그마한 수레를 타고서 낙양으로 나들이를 갔는데 사대부들이 다투어서 맞이했다고 한다. 어느 때 천진교 위에서 두견이 우는 소리를 듣고 천하의 난리를 예언했는데 과연 예언처럼 되었다는 것이다. 희녕(熙寧) 10년에 서거했으며 향년 67세였다. 저서에 「황극경세서(皇極經世書)」, 「어초문대(漁樵問對)」, 「이천격양집(伊川擊壤集)」이 있다.

제2절 우주론

우주의 수적 해석(數的解釋)은 그의 철학의 특색이다. 「황극경세서(皇極經世書)」에 그 설명이 있는데 대체적으로는 역(易)과 동일하다. 다만 역은 태극(太極)·양의(兩儀)·사상(四象)·팔괘(八卦)를 말하고 그 가운데서도 양의를 중시하여 천하만물을 음양이원을 가지고 풀이하는

데 황극경세는 사상을 중시하고 모두 사(四)의 수를 가지고 설명하는
것이다. 이것은 역의 이원론 다음에 양웅(揚雄)의 「태현」에 삼원론이
있었기 때문에 그 다음으로 그가 사원론을 들고 나온 것은 아마도
사상 발달상으로 보아서 당연한 것이다. 그리고 역과는 명칭이 모두
다르다. 즉, 그는 태극을 일동일정(一動一静)의 사이, 양의를 동정(動
静), 사상을 음양강유(陰陽剛柔), 팔괘를 태양(太陽)·태음(太陰)·소양
(少陽)·소음(少陰)·소강(少剛)·소유(少柔)·태강(太剛)·태유(太柔)라고
이름지은 것이다. 역은 음양을 천지(天地)에 배정했으나 그는 동정을
천지에 배정했고, 하늘에 음양 있고 땅에 강유가 있다고 했으며, 각각
소태(少太)로 나누어서 태음·소음·태양·소양을 하늘의 사시(四時)라고
하고 태강·소강·태유·소유를 땅의 사유(四維)라고 했으며 천지간의
일체 현상은 사시사유(四時四維)로 이루어지는 것이라고 했다.

제3절 천지의 과정

한 예로서 여기에 천지의 과정을 들면 하늘의 사시는 원(元)·회(會)·
운(運)·세(世)이며, 땅의 사유는 세(歲)·월(月)·일(日)·신(辰)이다. 신
(辰)이 시간의 단위이고, 12신을 하루라고 하고, 30일을 1달이라고
하고, 12달을 1세(歲)라고 한다. 즉 1세는 12달, 360일, 4320신(辰)
이다. 이 수를 하늘의 사시로 연장시키면 30세(歲)가 1세(世), 12세가
1운(運), 30운이 1회(會), 12회가 1원(元)임을 알 수 있다. 즉, 1원은
12회, 360운(運), 4320세(世)이다. 1원(元)만에 천지는 일신(一新)된
다. 천지의 과정은 끝났다가 다시 시작하니 30원을 원의 세(世), 12
원의 세를 원의 운, 30원의 운을 원의 회, 12원의 회를 원의 원이라
고 한다. 원의 원을 가지고 천지는 또 일신한다. 이 법은 대연력(大衍
曆)에 의거했다는 것인데 대연력은 당승일행(唐僧一行)의 작품인데
인도의 역법을 가미한 것이라고 한다. 소자(邵子)의 법은 아마도 불교
의 영향을 받은 것일 것이다.

제4절 경세론(經世論)

사(四)의 수는 인사(人事)에도 적용된다. 고금의 치란흥폐(治亂興廢)는 모두 여기에 의거하여 추리해 볼 수가 있다. 즉, 예로부터 천하의 군주들은 그 명(命)이 사(四)이다. 정명(正命)·수명(受命)·개명(改名)과 섭명(攝名)이다. 정명은 삼황(三皇), 수명은 오제(五帝), 개명은 삼왕(三王), 섭명은 오백(五佰)인데 이것을 사계(四季)에 배당한다면 삼황은 봄, 오제는 여름, 삼왕은 가을, 오백은 겨울이다. 한(漢)나라 이래 오대(五代)에 이르기까지 모두 이 분류법에 따라 분류할 수가 있다. 그리고 이 법을 가지고 추측하면 천백세(世) 후의 일까지도 모두 알 수가 있는 것이다. 공자가 "주나라를 잇는 것은 백세(百世) 뒤의 일이라고 해도 알 수가 있다"고 한 것은 참으로 이 때문인 것이다.

제5절 인생관

물(物)에는 크고 작음의 구별이 있고 사람에게는 어질고 어리석음의 구별이 있는데, 모두 본체의 발현이면서도 사시사유의 감응 방식이 동일하지 않기 때문에 이런 차별이 있는 것이지만 원래는 모두 동일한 것이다. 그 사이의 구별은 없을 것이다. 그러나 주관적으로 나[我]라고 하는 관념을 뿌리로 하고 있기 때문에 물(物)과 나라고 하는 차별적 관념이 생기는 것이다. 만약 객관적으로 나도 타인도 하나의 물이라는 입각점에서 본다면 만물은 일체이다. 그와 동시에 물이 즉 나이고, 내가 즉 천지이고 본체라고 생각한다면 천인합일의 경지에 이르는 것은 결코 어려운 일은 아닌 것이다.

제6절 결론

　소자(邵子)의 철학은 일종의 수론철학(數論哲學)이지만 그 우주론과
천지의 과정은 전적으로 독단론이며 철학상으로 말하면 아무런 가치도
없다. 소자의 존경할 만한 점은 오히려 그 인품이 고상하다는 데 있
다. 그리고 그 「황극경세서」는 전적으로 역철학(易哲學)을 계승한 것이
다. 양웅의 「태현」보다는 오히려 이해하기가 쉽고 또 자연스럽다. 주자
의 역설(易說)은 소자의 설에서 빌려 온 것이 많다는 사실은 주의할
만한 점일 것이다.

제5장 장횡거(張橫渠)

제1절 행적과 저서

장재(張載)의 자(字)는 자후(子厚), 봉상미현횡거(鳳翔郿縣橫渠) 사람이다. 어려서는 병법에 관한 것을 즐겨 담론했는데 범중엄(范仲淹)이 「중용」을 주로 읽어 보게 했기 때문에 갑자기 마음을 고쳐서 도에 뜻을 두게 되었다. 널리 불교계의 고승들을 찾아다니면서 물어 보았으나 얻는 것이 별로 없었고 도리어 육경(六經)을 찾아 읽고 얻은 것이 많았다고 전해진다. 가유(嘉裕) 2년에 진사(進士)에 급제하여 숭문원설서(崇文院說書)가 되었지만 맞지 않아 사직하고 종남산(終南山) 아래에 은거를 정하고 사색을 하면서 책을 저술했다. 희녕(熙寧) 10년에 다시 관직에 나아가 대상례원(大常禮院)의 책임을 맡았었지만 의견이 맞지 않아서 물러났다. 그 해 12월에 임동(臨潼)의 객사에서 죽었다. 향년 58세. 저서에 「서명(西銘)」, 「동명(東銘)」, 「정몽(正蒙)」, 「경학이굴(經學理窟)」, 「역설(易說)」, 「어록(語錄)」, 「문집(文集)」 등이 있다.

제2절 본체론

그는 모양도 없고 감각도 없고 끝도 없는 태허(太虛)를 우주의 본체라고 했고 천지만물은 모두 그 허(虛)를 근본으로 한다고 했다. 또 허는 천지의 조(祖), 천지는 허 속에서 나온다고 했다. 허는 그 속에 무한한 변화를 내포하고 있으면서도 아무런 충돌 모순도 없기 때문에

일컬어 태화(太和)라고도 하는데, 태허는 체(體)를 보고 하는 말이고
태화는 용(用)을 보고 하는 말이니 명칭은 다를지언정 그 내실은 같은
것이다. 태허는 무형이면서 기의 본체이고, 음양의 이기(二氣)는 태허
의 실질 혹은 속성이다. 허에서 기가 나오는 것이 아니라 허가 즉
기이고 기가 즉 허이다. 음양의 이기는 원래는 일기(一氣)인데 그 굴신
소장(屈伸消長)하는 바에 따라서 그것을 음양이라고 일컫는다. 이 음양
의 이기가 상교(相交)하여서 만물을 낳기 때문에 우주간의 만물은
천차만별, 하나도 같은 것은 없지만 모두가 음양에 의해서 형성된
것이다. 같은 이기에 의해서 형성되는 것이라면 어찌하여 그렇게 천차
만별이 생기는가 하면 그것은 음양이기의 상교하는 정도가 서로 다르
기 때문이라는 것이다. 기는 집산(集散)하는 것이어서 모이면 형(形)
을 이루고 흩어지면 형이 없어진다. 그러나 그 집산변화(集散變化)는
현상계의 일에 지나지 않기 때문에 기 자체는 의연히 조금도 변하지
않는 것이다. 예를 들면 물이 얼음이 되었다가 녹으면 다시 물이 되는
것과 같은 것이며, 기가 모여서 만물이 되었다가 흩어져서 태허로
돌아가는 것이니 그 상태는 달라도 필경은 같은 것이다.

이 태허설은 그 자신의 말을 빌리면, 허(虛) 즉 기(氣)이고 허에서
기가 생기는 것은 아니니 노자의 "유(有)는 무(無)에서 나온다"라는
것과는 다르기는 해도, 이 태허를 본체라고 생각한다면 결국 노자의
허무론의 영향을 받고 있는 것이다. 그리고 이 허, 즉 기의 사상은
노자의 허무론과 역(易)의 양의설(兩儀說)을 융합한 것이라는 점은
의심할 여지가 없다. 그리고 그 현상론은 불교에서 자극받은 것이다.

제3절 귀신론

귀신(鬼神)은 중국 옛 사상에 의하면 그것을 나누어서 하늘에 속하
는 것을 신(神)이라 하고, 땅에 속하는 것을 기(祇) 혹은 시(示)라고
하고, 사람의 영혼을 귀(鬼)라고 한다고 했다. 그래서 귀신은 제사의

대상인 것이 명백하다. 그런데 유독 역(易)의 「계사전(繫辭傳)」에서는
귀신을 음양이기의 굴신소장(屈伸消長)이라는 관점에서 논하고 있으니
「역(易)」의 귀신론은 옛 학설과는 달리 철학적 해석이 되어 있는 것이
다. 횡거(橫渠)에 이르러서는 정이천(程伊川)과 마찬가지로 역철학(易哲
學)에 입각하여 귀신의 의미를 철학적으로 해석하여 "귀신은 왕래굴신
(往來屈伸)한다는 뜻"이라고도, 또 "귀신은 이기의 양능(良能)이다"라
고도 하는 것이다. 앞에서도 이야기한 것처럼 만물은 이기(二氣)가
상교하여서 생기는 것이기 때문에 이기(二氣)의 굴신은, 즉 귀신이니
만물은 모두 귀신에 의해 태어난다고 해도 무방한 것이다. 그래서
그는 귀신을 이기의 양능이라고 한 것이다. 정이천의 설도 대체적으로
는 마찬가지이며 이것은 송유(宋儒)의 정론이 되어 버린 것이다.

제4절 인생관

　만물은 모두 본체의 발현이어서 그 사이에는 아무런 구별이 없다.
그래서 그는 "성(性)은 만물의 일원(一源), 나만 가질 수가 없는 것이
다"라고 했다. 즉 내외를 합하고 물아일여(物我一如)라고 하는 것은
인심 고유의 관념이 아니어서는 안 된다. 그러나 사람은 주관적으로
물(物)을 보기 때문에 주관에 구애되어서 물아(物我)라는 차별의식을
갖는 것이지만 만약 높은 데에서 천리라는 관념에 입각하여 그것을
본다면 물아의 구별은 없을 것이다. 학문은 모름지기 그 내외를 합쳐
서 물아를 하나로 하는 경지에 이르지 않으면 안 되는 것이다.
　사람이 본체에서 발현되는 것이라면 사람도 하늘도 동등한 것이다.
다만 나〔我〕라는 관념이 있기 때문에 스스로를 작게 만드는 것이다.
그렇기 때문에 우리는 그 마음을 크게 한다면 심외무물(心外無物),
하늘과 하나가 될 수가 있는 것이다. 대심편(大心篇)은 그런 의미를
설명한 것이다. 그의 유명한 「서명(西銘)」은 천인합일, 물아일체의
사상을 서술한 것인데 참으로 당당한 대문장이다. 그리고 이런 천인합

일의 경지에 이르게 하는 것이 성(誠)이라고 하면서 "성(性)과 천도(天道)를 합일시키는 것은 성(誠)에 있다"고 하여 「중용」의 설을 조술했다.

다음으로 사생(死生)의 문제에 관해서는 그는 기집산설(氣集散說)에 입각하여 인물의 생멸이라는 것은 단지 현상계의 일일 뿐이며 참 생멸이 아니라고 했다. 예컨대 물이 얼음이 되고 얼음이 물이 되어도 그 물의 성(性)은 동일한 것과 마찬가지 이치라는 것이다. 따라서 그는 모이는 것도 나의 몸, 흩어지는 것도 나의 몸, 죽어도 없어지지 않음을 아는 것은 성이라고 하여 사생(死生)을 일여(一如)로 보았다.

제5절 심리설

성선악론(性善惡論)은 예로부터 큰문제이다. 그는 이천(伊川)과 함께 기질설(氣質說)을 주장하여 이 문제의 해결을 시도했다. 원래 사람의 생명은 태허(太虛), 즉 기(氣)가 모여서 그 형태를 이루는 것이고 그 모일 때에 강유완급(剛柔緩急)의 구별이 있어 그 성(性)에 편정청탁(偏正淸濁)의 차별이 생기는 것이다. 그것을 기질의 성이라고 한다. 우리가 그 기질을 변화시켜 치우친 것을 바로잡고 그 근본으로 돌아갈 때에는 그것을 천지의 성(性)이라고 한다. 즉 그는 천지의 성과 기질의 성 둘을 설정하여 성선악론의 절충을 시도한 것이다. 다만 그의 논의는 그저 여기에서만 머물러서 미해결의 문제가 적지 않게 남아 있다. 예를 들면 사람이 기에 의해 태어나는 것이라면 기질 외에 따로 성은 없을 것이다. 이른바 천지의 성도 기질에 깃들여 있어야 하는 것이다. 기질의 성과 천지의 성의 관계는 어떻게 설명해야 옳을 것인가. 또 기질의 바른 것과 청정한 것은 그것을 변화시킬 필요가 없을 것이다. 이런 점에 관해서 그는 아무런 설명도 하지 않았다. 이런 점은 후에 이천(伊川)과 주자에 이르러서 명백하게 된 것이다.

우리의 성(性)은 지각작용을 가지고 있다. 이런 점에서 보아서 마음

〔心〕이라고 한다. "성과 지각을 합하여 마음이라는 이름이 나왔다"는 것은 그런 의미이다. 다음으로 지각작용에 대하여 그는 이목(耳目)을 가지고 외물을 견문하는 것을 소지(小知)라고 하고 우리에게는 이 소지 외에 선천적으로 가지고 있는 양지(良知)가 있다고 하여 선천지식론(先天知識論)을 주장했다. 우리가 외물을 지각할 때에는 희로애락의 정(情)이 일어나는데 정을 작용이라고 치면 성은 그 체(體)이다. 즉 지각작용에 의해 체, 즉 성이 움직여서 용(用) 즉 정이 되는 것이다. 그래서 그는 "심(心)은 성정(性情)을 총괄한다"고 했다.

제6절 윤리설

기질변화설(氣質變化說)은 그의 윤리설의 기초이다. 우리의 성은 기질에 편정청탁(偏正淸濁)의 구별이 있지만 그 치우친 것도 수양을 하면 그 기질을 변화시켜서 천지의 성으로 돌릴 수가 있다. 학문이란 즉, 그런 기질을 변화시키는 일이다. 즉, 기질의 편정(偏正)은 천부적인 것이지만 수양에 의해 변화될 수 있는 가능성이 있다는 것이다. 이 점에서는 순자가, 성악하지만 피교유성(被矯揉性)이 있다고 한 것과 동일하다.

기질을 변화시키는 방법으로서 그는 내면적인 방법과 외면적인 방법 두 가지를 들었다. 원래 정신과 육체는 상관적인 것이어서 정신의 상태는 반드시 육체에 나타나고 육체의 상태는 반드시 정신에 큰 영향을 주는 것이기 때문에 내면적으로는 마음을 바르게 하여 허심탄회함을 견지하여야 한다고 했고 외면적으로는 예를 중시해야 한다고 했다. 이와 같은 내외의 두 가지 방법이 상호보완되어서야 비로소 그 목적을 달성할 수가 있는 것이다. 이렇게 허(虛)를 중시하는 것은 노장의 사상에 가깝고 예를 중시하는 것은 순자에 의거하고 있다는 것은 의심할 여지가 없는 사실이다.

제7절 결론

요컨대 장자(張子) 학설의 특색은 태허(太虛), 즉 기(氣)를 본체로
한 점에 있다. 이 점에 있어 그가 도불(道佛)의 사상을 채용한 것은
명백한 사실이라고 생각된다. 그가 천지(天地)·기질(氣質)의 2성(二性)
을 주장한 것은 맹순이자(孟荀二子)의 설을 종합한 것이어서 이천(伊
川)의 설과 대동소이하지만 그의 설은 이천의 설만큼 상세하지가 않
다. 이 성론(性論)은 주자가 조술하여 상세함을 극했었지만 태허설은
왕양명(王陽明)이 전에 이에 대해 논급했을 뿐이고 그 밖에는 조술한
사람이 아무도 없는 것 같다.

제6장 정명도(程明道)

제1절 행적과 저서

정호(程顥), 자(字)는 백순(伯淳), 명도(明道)는 그의 시호이며 하남 (河南) 사람이다. 태어나면서 비범했으며 4, 5세 때에 시서(詩書)를 암송했고 10세 때에 벌써 시를 지었다고 한다. 진사에 급제하고부터 두루 관직을 역임하여 공을 세웠으며 희녕(熙寧)초에 어사(御史)에 임명되어 왕왕 상소를 올려 정사를 논했으며, 후에 왕안석(王安石)과 맞지 않아 관직을 떠났다. 원풍(元豊) 8년에 세상을 떠났다. 향년 54세. 저서에 「명도문집(明道文集)」 5권, 「유서(遺書)」, 「외서(外書)」 가 있다.

제2절 우주론

그의 설은 「역(易)」에 바탕을 두고 있다. 천지간의 만물은 모두 음양이기(陰陽二氣)의 상교에 의해 생겨나는 것이지만 사람과 금수초목 이 차별을 빚는 것은 이기상교(二氣相交)의 정도에 편정(偏正)의 구별 이 있기 때문이라고 했다. 그리고 사람은 천지중정(天地中正)의 기 (氣)를 받고 있기 때문에 추리(推理)의 힘을 가졌고 만물은 기가 치우 쳐 있기 때문에 추리의 힘이 없다. 그래서 사람과 물(物)이 구별된다고 했다.

"역(易)에서는 태극이 있어 그것이 양의(兩儀)를 낳는다"고 했고,

음양의 이기(二氣)는 태극으로 통일되어 있지만 정명도는 아직껏 태극이라는 말을 사용한 일이 없다. 그리고 음양이기를 통일하는 데에 건원(乾元)의 일기(一氣)를 가지고 했고 건원(乾元)의 일기(一氣)는 종극(終極)의 원리라고 했다. 즉, 천지의 이기(二氣)에 의해 만물이 생겨나기는 하지만 그것을 잘 고찰해 보면 땅속의 생물은 모두 천기(天氣)이다. "천지는 본래가 일물(一物)이며, 지(地)도 천(天)이다"라고 하고, 또는 "이른바 지는 단지 천중(天中)의 일물이며, 운기(雲氣)가 모이는 것과 같이 오랫동안 흩어지지 않기 때문에 천(天)과 쌍을 이룬다"고도 했다. 즉, 건원(乾元)이라고 하면 곤원(坤元)을 겸하고 양이라고 하면 음을 겸한다는 것이다. 그는 건원(乾元)의 일원기론자(一元氣論者)라고 하지 않을 수가 없는 것이다.

제3절 인생관

그의 인생관은, 천인합일의 계기를 성(誠)이라고 하고, 물아(物我)를 일체(一體)라고 하며, 사생(死生)을 일여(一如)라고 하는 것은 장횡거(張橫渠)와 전적으로 동일하며 이천의 설도 이 점에 있어서는 조금도 차별이 없다. 그가 "천인(天人)이 원래 무이(無二)이며, 천지만물귀신(天地萬物鬼神)도 원래 무이"라고 하고 "만약 지인(至仁)하면 천지는 일신(一身)이다. 천지간의 품물만형(品物萬形)은 사지백체(四肢百體)이다. 사람이 사지백체를 보고 어찌 사랑하지 않을 수 있으리요"라고도 하고, 혹은 "어묵(語黙)은 마치 밤낮과 같고, 밤낮은 마치 생사(生死)와 같으며, 생사는 마치 고금(古今)과 같다"고 한 말은 모두 두터운 신념에서 나온 존중할 만한 격언이라고 해야 할 것이다.

제4절 성론(性論)

횡거(橫渠)는 천지(天地)·기질의 이성(二性)을 주장했으나 명도(明道)는 아직 본연과 기질을 구별하지 않았다. 그는 "성(性)을 논하되 기를 논하지 않으면 온전하지가 못하고, 기를 논하되 성을 논하지 않으면 분명하지가 않으며, 그것을 둘로 나누면 옳지가 않다"고 하고, 생(生), 즉 사람이 타고난 그대로를 성이라고 하고 성은 즉 기, 기는 즉 성, 성기무이(性氣無二)이고 서로 분리되지 않는 것이라고 했다. 사람이 태어나는 것은 건원(乾元)의 기를 받는 것인데 그 태어날 때에 편정(偏正)의 정도를 달리하기 때문에 선악의 구별이 생기는 것이다. 그의 생각에 의하면 선(善)은 원래 성이지만 악도 그것을 성이라고 하지 않을 수가 없다는 것이다. 선이다 악이다 하지만 성속에 이들 두 가지가 있는 것이지 대립하고 있는 것은 아니다. 그러나 기질에 편정과불급(偏正過不及)의 구분은 있으니만큼 그 과(過) 또는 불급(不及)인 것을 악이라고 하는 것이다. 다시 말하면 절대적 관점에서는 성에 선악의 구별이 없지만 상대적 관점에서는 선악을 빚어 낸다는 것이다. 본연의 성에는 선악의 구별이 없으나 기질의 성에는 선도 있고 악도 있다는 것인데 그는 굳이 본연·기질을 구별하지는 않는 것이다.

제5절 수양론

우리 본래의 성은 청정하고 아무런 흠도 없으며, 그 마음은 천지와 통하고 내외를 합해 가지고 있기 때문에 아무런 인위를 가하지 말고 그것을 바로 쓰면 되는 것이다. 유명한 「식인편(識仁篇)」은 그런 뜻을 서술한 것이다. 즉, 「식인편」은 수양무용론(修養無用論)이다. 그러나 수양을 무용하다고 하는 것은 성인의 경계에 있는 사람들을 말하는 것이지 보통 사람은 수양을 필요로 한다. 왜냐하면 보통 사람은 물욕이 있어 본심의 빛이 어둡게 되기 때문에 수양할 필요가 있는 것이다. 예를 들면 뜬구름이 밝은 달을 덮는 것과 마찬가지로 사욕(邪慾)에 덮여서 천덕(天德)을 잊는 일은 있을지라도 본심의 선은 아직 없어진 것이 아니다. 수양을 쌓으면 어쨌든 본래의 성으로 돌아갈 수가 있는 것이다. 그리고 그 방법으로서 그는 "만사를 공경하는 태도를 가지고 대함으로써 자기의 마음이 사념이 없는 곧은 것이 되게 하고, 의리의 도를 가지고 외부에 대한 행동을 방정하게 한다(敬以直內 義以方外)"라는 것을 주장한다. 즉, 내외의 두 방면에서 수양하자는 것인데 횡거(橫渠)의 설과 매우 비슷하다. 그러나 횡거는 허(虛)를 말하는데 명도(明道)는 경(敬)을 말하고, 횡거는 예(禮)를 말하는데 명도는 의(義)를 말하는 것은 서로 다르다. 횡거가 허를 중시한 것은 일견 도가(道家)의 영향인 것으로 보이지만 명도의 설은 그렇지가 않다. 이것이 후세의 유자(儒者)가 허를 취하지 않고 경을 존숭한 이유가 될 것이다.

제7장 정이천(程伊川)

제1절 행적과 저서

정이(程頤), 자(字)는 정숙(正叔), 명도의 아우이다. 어릴 때부터 엄정하여 티끌만큼이라도 예에 벗어나면 움직이지 않았다고 한다. 대학에서 배우면서「안자호학론(顏子好學論)」을 지어서 호안정(胡安定)을 놀라게 했기 때문에 호안정은 그를 학관에 임용했다. 철종(哲宗)이 왕위를 승계하자마자 그를 발탁하여 시강(侍講)에 임명했기 때문에 그는 열심히 도를 가지고 천자를 보도(補導)하여 명성이 혁혁한 바가 있었다. 그러나 지나치게 엄격했기 때문에 마침내 따돌림을 당하게 되었고, 후에는 소동파(蘇東坡)와 충돌하여 낙촉이당(洛蜀二黨)의 분쟁을 야기시켰기 때문에 부주(涪州)로 귀양가게 되었다. 그러나 그는 도에 대한 믿음이 두터웠기 때문에 유배지에서도 조금도 우울한 기색을 갖지 않았다. 대관원년(大觀元年)에 집에 돌아와 죽었다. 향년 75세. 이정자(二程子)의 학이 천하를 풍미하게 된 것은 사실은 이천(伊川)의 힘에 의해서였다. 저서에「역전(易傳)」4권,「문집(文集)」,「경설(經說)」,「유서(遺書)」,「외서(外書)」,「수언(粹言)」이 있다.

제2절 우주론

이천(伊川)의 철학 중심점은 이기이원론(理氣二元論)이다. 우주는 이기(二氣)의 이원(二元)으로 구성되었고 기(氣)에 의해 만물은 형태를 이루며 이(理) 역시 여기에 부여되는 것이다. 사람은 물론이고, 위로는 일월성신에서 아래로는 산천초목에 이르기까지 모두 음양의 이기에 의해 태어나는데, 사람은 그 수기(秀氣)를 받아서 태어났으되 만물은 그 잡기(雜氣)를 받아서 태어난 것이다. 사람이 만물의 영장인 까닭이 여기에 있는 것이다.

　음양의 이기가 상교하지 않으면 만물은 태어날 수가 없으며, 음양은 요컨대 기이다. 형이하(形而下)이다. 그리고 도는 이(理)이다. 형이상(形而上)이다. 음양은 즉 도가 아니며, 음양을 음양이게 하는 것이 도이다. 그러나 도는 음양과 분리되어서 별도로 존재하는 것은 아니며 음양이 없어지면 도도 없어진다. 이는 기와 분리되어서 별도로 존재하는 것이 아니며 기가 소멸되면 이도 따라서 소멸된다. 잠시 이와 기를 나누어서 말하기는 하지만 이가 있는 데에는 기가 따르고, 기가 있는 데에는 이가 따라서 이기이원(理氣二元)은 상의상관적(相依相關的)으로 존재하는 것이다. 이 이기이원론은 주자가 이것을 조술하여 상론했는데, 후세의 학자로서 적어도 우주론을 말하는 사람은 모두 이 범위내를 벗어나지 못하는 것이다.

제3절　심리설

　이천은 맹순이자(孟荀二子)와 마찬가지로 인성(人性)이 하늘에서 나온다고 했다. 다만 맹자의 하늘은 황천상제, 순자의 하늘은 자연, 이천의 하늘은 이(理)다. 즉 맹자의 하늘은 종교적, 순자의 하늘은 과학적, 이천의 하늘은 철학적이다. 하늘은 이에서 생겨나기 때문에 이천은, 성(性)은 이(理)라고 하는 것이다. 따라서 성은 선한 것이며 지우현불초(智愚賢不肖)를 불문하고 만인이 모두 동성(同姓)이다. 그러면 어찌하여 불선(不善)이 있는 것이냐 하면, 그의 생각에 의하면 그것은 성의 죄가 아니라 그 원인은 재(才)에 있는 것이다. 재(才)는 재(材)와 마찬가지로 질료라는 의미인데 그것은 기(氣)에서 받은 것이다. 기에 청탁(淸濁)의 구별이 있기 때문에 재(才)에 선불선(善不善)이 생긴다. 그러나 그 본성은 즉 선이다. 원래 우주의 만물은 이기의 이원으로 이루어져 있고 기에 의해 물(物)의 형체를 가지며 이가 거기에 부여되어 정신이 된다. 그렇기 때문에 누구나 이 이기이원을 갖추고 있지 않은 사람은 없다. 그 이(理)에 근거하는 것, 즉 본성은 선하지만 기에 근거하는 것, 즉 기질의 성(性)은 선악의 구별이 있다. 물론 기질의 성이라고 반드시 악한 것은 아니다. 청기(淸氣)를 받으면 선하지만 만약 악기(惡氣)를 받으면 그 재(才)가 악하게 되는 것이다. 그래서 그는, 공자의 "성(性)은 서로 가깝다"는 말은 기질상으로 그 품수(稟受)에 큰 차이가 없음을 말하는 것이고, 맹자의 성선설은 성(性)의 본연성을 말한 것이며, 양웅(揚雄)의 선악혼재설(善惡混在說), 한유(韓愈)의 삼품설(三品說)은 모두 재(才)를 말한 것이라고 비판하고 이들 설을 종합했다.

사람의 본성은 선한 것이지만 기품이 혼탁(昏濁)하기 때문에 악하게 된다. 그러나 수양을 통해서 그것을 변화시키면 재(才)의 불선(不善)은 소멸되고 본성의 선이 드러난다. 즉, 그것을 기르기만 하면 어느 누구건 성인이 될 수가 있는 것이다. 공자가 "천성이 성자 같은 사람과, 배울 의사가 없는 자포자기적인 사람 두 부류는 교육과 수양을 가지고도 이동시킬 수가 없는 사람이다(惟上知與不愚不移——「논어」陽貨)"라고 한 것은 자포자기적인 심정을 말한 것이다. 그러나 학문을 한다면 하우자(下愚者)라고 해도 변화되지 말라는 법은 없다. 이것이 그의 윤리설의 기초이다.

다음으로 그는 "이기(二氣)가 상교하여 형(形)을 낳고 이(理)가 거기에 부여되어 마음이 된다"고 하고, "마음은 즉 성(性), 성은 즉 이(理), 이 마음은 천지와 다르지 않으며 한 사람의 마음은 천지의 마음"이라고 했다. 천(天)이라 하건, 성(性)이라 하건, 심(心)이라 하건 그저 그 관점에 따라서 이름을 달리하는 것이지 그 내실은 같은 것이라고, 심은 천덕(天德)을 갖췄으니 그저 심을 다하면 도와 일체인 것이라고 하여서 육상산(陸象山)의 심즉리(心卽理)의 설에 선구적으로 길을 열었다.

이천은 또 선천지식론(先天知識論)을 주장하였다. 견문지(見聞知)는 경험을 통해서 얻어지는 것이지만 덕성지(德性知)는 견문을 빌리지 않는다고 하면서 이 양지양능(良知良能)을 확충하면 성인이 될 수가 있다고 하여 왕양명(王陽明)의 양지설(良知說)의 선구가 되었다. 또 지(知)가 지극하면 행(行)이 반드시 거기에 수반되며, 행이 수반되지 않는 것은 참된 지가 되지 않는다고 하여 거의 왕양명의 지행합일설(知行合一說)과 일치되는 견해도 주장했다.

제4절 수양론

이천의 수양법은 "함양(涵養)은 모름지기 경(敬)을 가지고 해야 하고, 진학은 치지(致知)에 있다"라는 두 구절로 요약된다. 내면적으로 경을 이용하는 것은 명도(明道)와 똑같지만 외면적으로 치지를 주장하고 있는 것이 명도와 서로 다른점이다. 그리고 이천은 경을 설명하기를 경은 '주일무적(主一無適)', 즉 하나〔一〕를 위주〔主〕로 하면서 다른 데에 정신을 팔지 않는〔無適〕 것이라고 한다. 즉, 정신통일을 이루어 동요되지 않음을 말하는 것이다. 마음에 성경(誠敬)을 가지면서 정신이 외물로 옮겨가는 것을 방지함과 동시에 외적인 의관을 바로하는 것은 정신으로 하여금 스스로 장경(莊敬)의 의식을 갖게 하는 것이기 때문에 그는 정좌(靜坐)를 실제상의 수양에 유효하다고 했다. 이 점에 있어서 그의 사상은 주자가 정(靜)을 위주로 하여 인극(人極)을 세운다고 한 사상, 혹은 청정(淸靜)을 존중하는 노장사상, 혹은 좌선(坐禪)을 중시하는 선학(禪學)의 영향을 받았다고 볼 수 있다. 그러나 이천은 경을 중시함과 동시에 치지 역시 중시했다. 치지가 아니어서는 기품혼탁(氣禀昏濁)한 것, 혹은 물욕에 덮여 있는 것은 천덕(天德)을 알지 못하는 것이다. 치지는 격물(格物)에 있다. 대체로 물(物)에는 모두 이(理)가 있기 때문에 오늘 1건(件)에 이르고, 내일 또 1건에 이르러 점진적으로 쌓아 가면 일단 탈연히 관통하는 경지에 이르는 것이다. 주자의 거경궁리(居敬窮理)의 설은 이 점에 있어 전적으로 이천의 설을 조술한 것이다.

제5절 결론

이정자(二程子)는 동심협력하여 성학(聖學)을 창도했기 때문에 그 학문이 대체로 같다는 것은 이천이 스스로 말한 바 있다. 그러나 앞에서도 이야기한 것처럼 그 성격의 상위가 저절로 학설의 상위를 낳기도 했다. 명도는 거의 혼연천성(渾然天成)이라 할 만하지만 이천은 규구(規矩, 모범)에 의해 대성한 사람이다. 명도는 직각적으로 인(仁)을 인지한다는 것을 주장하고 이천은 지경치지(持敬致知)의 둘이 어우러져서 마침내 활연관통(豁然貫通)하는 경지에 들어간다고 주장했다. 명도의 기풍은 육상산(陸象山)에게 이어졌고 이천의 기풍은 주자에게로 이어졌다. 이런 의미에서 두 정자(程子)의 학문은 근대철학사상 상당히 중대한 위치를 점하는 것이다.

제8장 정문(程門)의 제자(諸子)

　두 정자(程子)가 서로 협력하여 성학(聖學)을 창도하고 후학의 선비
들을 교도했기 때문에 정자 형제의 학은 천하에 널리 보급되어서 후세
사람들은 태산북두로 우러러보는 것이다. 그러나 명도는 50세에 서거
했기 때문에 만약 이천이 없었다면 정자 형제의 학문인 낙학(洛學)
은 융성을 보지 못했을지도 모르는 일이다. 다행히 이천이 70여 세의
수를 누리고 그 학문을 창도했기 때문에 낙학이 천하 후세에 왕성하게
된 것은, 주자가 그것을 계승한 데에 이유가 있기도 하지만 이천의
힘이 컸다고 하지 않을 수 없다. 정문(程門)의 제자는 두 분 선생의
가르침에 따라서 각각 그 장점을 취했거나 혹은 이천 선생에게서만
배운 사람도 있다. 그 문하생은 천하에 가득 찼는데 그 가운데서도
이른바 정문의 네 선생은 가장 쟁쟁한 사람들이다. 네 선생이란 사상
채(謝上蔡)·양구산(楊龜山)·유정부(游定夫)와 여람전(呂藍田)을 말한
다. 사상채는 가장 총명하고 기상이 강방(剛方)하며 그 언사는 상당히
선학(禪學)에 가까웠다. 양구산은 총명함이 상채(上蔡)에게 뒤지지
않을 정도였고 기상은 화평했으며 명도가 크게 촉망했었다고 전해진
다. 남송(南宋)의 대가인 주자·장남헌(張南軒)과 여동래(呂東萊) 등은
모두 이 문에서 나왔다. 유정부는 네 선생 가운데에서 가장 빛을 내지
못했고 문하생도 없었다. 여람전은 처음에는 장횡거에게서 배웠고
나중에 정자 형제에게서 배웠는데 주로 예를 중시하는 점 등은 장횡거
에게서 받은 영향일 것이다. 정자 형제의 학문이 관중(關中)으로 보급
된 것은 여진백(呂晉伯)·여화숙(呂和叔)·여람전에 의해서이고 호북(湖
北)으로 보급된 것은 사상채(謝上蔡)에 의해서이고, 사천(四川)으로

보급된 것은 초천수(譙天授)에 의해서이고, 절강(浙江)으로 보급된
것은 영가(永嘉)의 주행기(周行己) 등에 의해서이고, 강소(江蘇)로 보급
된 것은 왕진택(王震澤)에 의해서인데, 그렇게 점차 사방으로 풍미하게
된 것이다. 정문의 제자와 그 문류 가운데서 중요한 사람을 도표로
나타내면 다음과 같다.

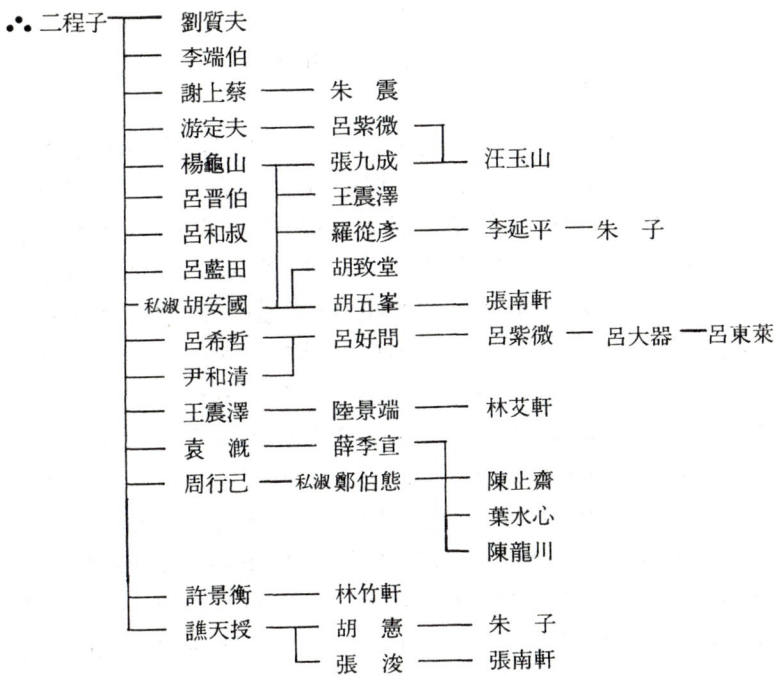

이 도표에서는 정문의 유명한 학자에만 한정시켰는데, 그 중에 명유
(名儒)가 아닌 사람도 있는 것은 그 문하에 명유가 있었기 때문이다.
유질부(劉質夫)에서 삼려(三呂)까지는 모두 정자 형제에게서 배운
사람이고 여희철(呂希哲) 이하는 오로지 이천에게서만 배운 사람이다.
같은 이름이 두 곳에 보이는 것은 양쪽에서 배웠기 때문이다.

제9장 주자(朱子)

제1절 행적과 저서

주희(朱熹), 자(字)는 원회(元晦), 또 다른 자(字)는 중회(仲晦)이며 휘주무원(徽州婺源) 사람이다. 그는 어릴 때부터 뛰어나게 총명했다고 한다. 처음으로 입을 열어 말을 했을 때에 해를 가리키면서 어디에 속하느냐고 물었는데 하늘에 속한다는 대답을 듣고는 다시 하늘은 어디에 속하느냐고 물었다는 것이다. 나이 열네 살 때에 아버지를 잃었고, 그 유언에 따라서 호적계(胡籍溪)·유백수(劉白水)·유병산(劉屛山) 세 선생에게 배웠는데 유백수·유병산은 일찍 세상을 떠나 호적계에게서만 오랜 세월에 걸쳐서 배웠다. 19세 때에 진사(進士)에 급제하고서는 널리 불로(佛老)도 연구했는데, 후에 이연평(李延平)에게 배우게 되자 그의 학설의 기초가 성립되었다. 순희(淳熙) 2년, 여동래(呂東萊)와 함께 「근사록(近思錄)」을 엮었으며, 그의 소개로 육상산(陸象山) 형제와 아호(鵝湖)에서 만났는데 이 일은 철학사상 대서특필할 만한 사건이다. 그 후에 남강군(南康郡)과도 알게 되어 백록동서원(白鹿洞書院)을 복구했는데, 육상산이 와서 "군자는 의(義)를 밝히고 소인은 이(利)를 밝힌다. 즉, 일을 처리하는 데 있어서 군자의 머리에 먼저 떠오르는 생각은 자기의 행동이 의에 어긋나지 않는가 하는 것이고, 소인의 머리에 먼저 떠오르는 생각은 득을 볼 것인가 손해를 볼 것인가 하는 것이다(君子喩於義 小人喩於利——「논어」里仁)"라고 강의했다. 한타주(韓佗胄)가 권력을 전횡할 때에 주자 일파는 위학(僞學)이라는 소리를 들으면서 대단한 박해를 받았지만 주자는 태연하게 강의를 계속하면서 휴강하는 일이 없었다. 경원(慶元) 6년에 71세로 세상을 떠났다. 저서에 「역본의계몽(易本義啓蒙)」, 「시괘고오(蓍卦考誤)」, 「시집전(詩集傳)」, 「대학중용장구혹문(大學中庸章句或問)」, 「논맹집주(論孟集註)」, 「태극도통서서명해(太極圖通書西銘解)」, 「초사집주변증(楚辭集注辨證)」, 「한문고이(韓文考異)」, 「논맹집의(論孟集義)」, 「맹자지요(孟子指要)」, 「중용집략(中庸輯略)」, 「효경간오(孝經刊誤)」, 「소학」, 「근사록」, 「통감강목」, 「가례」, 「송명신언행록(宋名臣言行錄)」, 「이락연원록(李洛淵源錄)」, 「정씨유서(程氏遺書)」, 「문집」 100권, 「어류(語類)」 80권이 있다.

제2절 우주론

그의 우주론은 주자(周子)의 태극설(太極說)과 어천의 이기이원론(理氣二元論)을 종합한 것이다. 주자는 본체를 "무극이태극(無極而太極)"이라고 하고 그 동적 방면을 양, 정적 방면을 음이라고 하면서 음양이기(陰陽二氣)로부터 오행, 즉 수화목금토 5원소가 나오며 음양오행에서 만물이 나온다고 했다. 다만 그는 음양오행은 기(氣)라고 하면서도 태극이 무엇인지는 명확히 설명하지 않았다. 다음으로 이천은 이기의 이원을 인정하고 음양이기가 상교하여 만물을 낳는데 이기가 상교하는 원인이 이(理)라고 했다. 물론 이와 기는 상의상존(相依相存)하기 때문에 기 없는 이가 없고 이 없는 기가 없지만 나누어서 그것을 말한다면 이는 정신적이고 기는 물질적이라고 할 수 있다. 주자(朱子)는 이상의 이설(二說)을 종합하여 우주의 본체를 태극이라 하고, 태극을 가지고 이기이원을 종합하려고 시도했다. 태극이 이미 이기이원을 종합하는 것이라면 이기이원과는 별개의 것이 아니면 안 된다. 그런데도 그는 태극은 그저 일개의 이라고 하면서 태극, 즉 이는 일정한 장소도 없고 시간의 제한도 없다고 했다. 다시 말하면 시간·공간을 초월한 절대적인 것이라는 것이다. 그러면 태극의 이와 이기상대

(理氣相對)의 이는 어떤 관계에 있는 것인가. 태극의 이는 절대적이고 이기이원의 이는 상대적이라는 것이 그 대답이다. 본체 그 자체를 말할 때에는 태극이라고 하고 그 작용을 말할 때에는 이기이원이라고 하는 것이다. 따라서 주자는 이기이원을 가지고 현상계를 설명하며, 종극(終極)은 태극, 즉 이의 일원으로 귀착시키는 것이다. 주자가 이천보다도 한걸음 진보된 점은 이 태극을 가지고 이기이원을 종합한 점과 이기의 관계에 관한 설명이 한층 더 정밀하게 된 점, 그리고 그의 이른바 본체는 목적론적이라고 한 점일 것이다.

제3절 심리설

1. 성론(性論)

그는 장횡거와 정이천을 조술하고 인성을 본연·기질의 둘로 나누어서 설명했다. 원래 만물은 이기이원으로 이루어지고 기가 모여서 그 형체를 이루며 이도 거기에 갖추어지는 것이다. 그래서 이에서 본다면 만물은 일원(一源)이며 사람과 물(物)은 구별이 없다. 그것을 본연의 성(性)이라고 한다. 즉 본연의 성은 성인과 보통 사람이 같을 뿐만 아니라 사람과 물도 동일하다. 다음으로 기에 입각해서 보자면 그 바른[正] 것은 사람이 되고 치우친[偏] 것은 물이 된다. 같은 사람일지라도 성인의 기는 청정하고 보통 사람의 기는 비교적 탁(濁)하다. 그것을 기질이라고 한다. 즉, 기질에서 본다면 사람과 물의 구별이 있고 성인과 범인도 차별이 있다. 간단히 말하면 기질이란 육체이다. 논의의 편의상 본연의 성과 기질을 나누어서 이야기하지만 둘은 따로 독립되어 존재하는 것은 아니다. 반드시 상의상관(相依相關)하고 있는 것이다. 예를 들어 본연의 성이 물이라면 기질은 그 물을 담는 그릇과 같은 것이며, 그릇이 없다면 물은 담겨지지를 않는다. 기질이 없다면 본연의 성은 의거할 곳이 없게 된다. 그래서 그릇에 담겨 있는 물을 기질의 성(性)이라고 한다. 즉, 기질 내에 본연의 성이 깃들이는 것이

기 때문에 그 전체를 이름지어서 기질의 성이라고 한다. 구체적 존재
로서는 기질의 성만이 있을 뿐이다. 각 개인의 기질이 서로 다르기
때문에 기질의 성은 각양각색이다. 기질의 영향을 제외시키고, 추상적
으로 사람의 본성을 고찰하여 그것을 본연(本然)의 성(性)이라고 한
다. 성인의 기질은 청정하기 때문에 본연의 빛이 흐려지는 일이 없지
만 보통 사람의 기질은 탁하기 때문에 본연의 빛이 완전히 나타나지를
않는다. 예를 들면 더러운 그릇에 담은 물의 내부가 잘 보이지 않는
일과 같은 것이다. 사람에게 불선이 있는 것은 즉, 기질이 혼탁하기
때문이다. 그러나 기질은 수양을 통해 변화시킬 수가 있다. 이 점은
장횡거·정이천의 주장과 전적으로 똑같다.

2. 성(性)과 정(情)의 관계

앞에서 이야기한 것과 마찬가지로 성은 본연·기질의 둘로 나누어서
생각할 수가 있기 때문에 외물에 감응하여 촉발이 되어서 정(情, 감정·
정서)이 되는 것이니 그것이 본연의 성의 나타남인지 기질의 성의
나타남인지를 구별하여 생각할 수가 있다. 성(性)은 즉 체(體)이고,
정(情)은 즉 그 용(用)이다. 예를 들면 맹자의 이른바 인·의·예·지는
성이고, 측은·수오·사양·시비는 정이다. 본연의 성은 즉 선하기 때문에
그것이 발동하여 정이 될 때에는 물론 선하지 않으면 안 된다. 그러나
기질의 성은 반드시 선한 것이 아니고 또 그 발동하여 정이 된 것이
반드시 악한 것도 아니기 때문에 왕왕 불선(不善)하게 되는 것은 어쩔
수 없는 일이다. 즉, 기질이 청정하면 그 정은 선하지만 기질이 탁하면
그 정은 악한 것이다.

이 경우에 있어 성이 발동하여 정이 되는 것은 우리가 육체, 즉
기질을 가졌기 때문이다. 그렇기 때문에 적어도 정이 될 때에는 기질
의 영향이 없을 수가 없다. 그래서 그 정이 본연의 성에서 나오는
것인가 아닌가는 추상적으로 고찰할 수밖에 없다. 구체적으로는 모든
정은 기질의 성에서 나오지 않는 것이 없는 것이다.

이것을 그림으로 표시하면 다음과 같다.

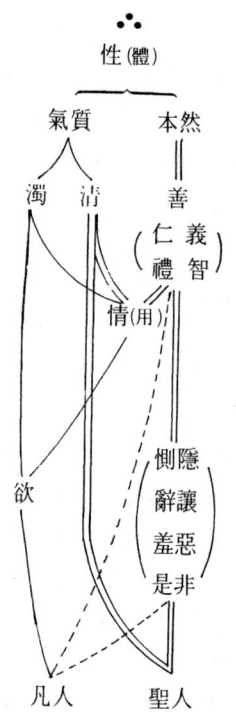

3. 마음〔心〕—— 인심(人心), 도심(道心)

마음은 이기(理氣) 가운데 어느 편에 속하는가 할 때에, 정이천은 심즉성(心即性), 성즉리(性即理)라고 했으면서도 아직 심즉리(心即理)라고는 하지 않았다. 그런데 주자는 마음〔心〕은 기(氣)의 정상(精爽, 핵심, 혼, 정신)이라고도 하고, 정신의 지각이나 기의 산물이라고도 하여 마음을 기에 속하는 것이라고 생각했는가 하면, 또 한편으로는 마음은 이기이원(理氣二元)의 묘용(妙用)에서 나오는 것이라고도 했다. 그의 이기이원론에 비추어서 생각해 본다면 이 제2의 설이 당연히 연역될 만한 사상이다. 후에 진북계(陳北溪), 이퇴계(李退溪) 등은 이

제2의 설을 취하여 주자설의 명료하지 못한 개소를 명료하게 만들었다. 마음이 이기의 묘용에서 나오는 것이라면 마음에 선악이 있다고 해도 모순이 되지 않는 것이다. 「서경」의 〈대우모(大禹謀)〉에 순(舜)이 우(禹)에게 교훈으로 준 말 가운데에 "욕심으로 인해 어두워지기 쉬운 사람의 마음을 따르는 일은 위험한 일이다. 또 도의심은 그런 욕심 때문에 덮여 있기가 쉬워서 희미하여 잘 보이지가 않는다. 그렇기 때문에 사람의 마음에 대하여는 위험에 빠지지 않도록 조심하고 도의심에 대하여는 그것을 드러내도록 전념하면서 일을 처리해야 한다. 그래서 사람은 자세하게 그것을 살피면서 전일(專一)하게 잡념을 제거하고 하늘에서 받은 중용의 도를 취하도록 노력해야 한다. 가운데를 잡아서 지키는 중용의 도는 요·순·우 3대(代) 정치의 중심이었다(人心惟危 道心惟微 惟精惟一 允執厥中)"라는 말이 있다. 오늘날에는 이것은 위작(僞作)이라는 사실이 밝혀져 있지만 주자 당시에는 아직껏 위작이라는 사실이 밝혀져 있지 않았다. 그래서 그는 이 사구(四句)를 우정(虞廷)의 전심결(傳心訣)이라고 하면서 인심(人心)·도심(道心)을 해석하여 이(理)에 바탕을 두는 마음을 일컬어 도심이라고 하고, 기(氣)에 바탕을 두는 마음을 일컬어 인심이라고 한 것이다. 도심은 물론 순수지선(純粹至善)한 것이다. 인심은 반드시 악한 것은 아니지만 그 올바름을 이루지 못하는 것은 즉 악한 것이다. 사람은 이런 기를 받아서 형체를 이루기 때문에 성인이라고 할지라도 인심을 가졌고, 또 이런 이를 부여받기 때문에 보통 사람이라고 할지라도 도심을 가지고 있다. 성인이 가지고 있는 인심은 천리다움을 상실하지 않지만, 보통 사람이 가지고 있는 도심은 기품(氣稟)에 구애받기 때문에 그것을 드러내지를 못하는 것이다. 이 점에 관하여 정이천은 도심은 천리, 인심은 인욕(人慾)이라고 하였으니, 만약 정이천을 따른다면 보통 사람에게는 말할 것도 없고 성인에게도 인욕이 있는 것으로 된다. 주자는 그런 결함을 알아보고 그것을 정정한 것이다. 그것을 그림으로 표시하면 다음과 같다.

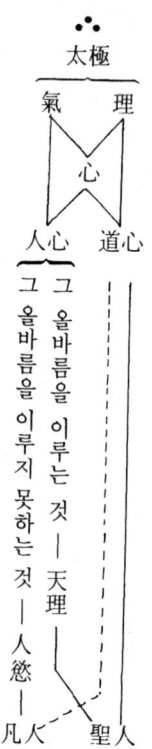

제4절 윤리설

주자의 수양론은 전적으로 정이천의 설을 조술한 것이다. 즉, 그는 거경궁리(居敬窮理)의 2대 강령을 내세우는 것이다. 거경이란 주일무적(主一無適, 정신집중)하며 자기의 덕성을 함양하는 일인데, 「중용」의 이른바 존덕성(尊德性), 「맹자」의 이른바 존심양성(存心養性)이다. 궁리(窮理)란 널리 사물의 이치를 궁색하여 지식을 넓히는 일인데, 「중용」의 이른바 도문학(道問學), 「대학」이 이른바 치지격물(致知格物)이다.

그는 '경(敬)'한 자를 성문(聖門)의 제1의(第一義)로 하고서, 요(堯)

가 이른바 천하를 다스린 것도, 공자의 이른바 극기복례도, 기타 이른
바 성현의 천언만어도 모두 경이라는 글자 하나로 귀결된다고 한다.
정자가 후세의 학자들에게 공이 있는 것도 이 경이라는 것을 주장했기
때문이라고 했다. 경은 분류하면 내외의 두 방면이 있다. 내(內)는
조금도 게을리하지 않고 마음이 잘못되지 않나 하고 살피는 것이고
외(外)는 기거동작(起居動作)을 조심성 있게 하는 것인데, 이른바 성찰
은 경의 내적 방면이고 정좌(静坐)는 외적 방면의 노력이다. 그 내외가
어우러져야 하는 것은 말할 것도 없는 일이다. 성찰에 대해서는 달리
설명할 필요가 없을 것이다. 정좌는 주자(周子)가 주정(主静)을 말하
고, 정이천이 사람이 정좌하는 것을 보고 칭찬한 데에서부터 이 설에
찬성하지 않는 학자가 없게 되었다. 나종언(羅從彦)과 이연평(李延平)
의 이른바 미발전(未發前)의 기상을 본다는 명상(공부) 역시 이것이
다. 주자(朱子)도 이 정좌는 정신을 수렴하는 효능이 있다고 했다.
그러나 무념무상, 좌선입정(座禪入定)은 사경(死敬)이라고 이름짓고
그의 이른바 경(敬)은 동정일관(動静一貫), 즉 일이 있을 때에도, 일이
없을 때에도 일관하는 바의 활경(活敬)이라고 했다.

　궁리는 즉, 사물의 이치를 궁구하여 앎을 이루는 일이다. 「대학」의
보전(補傳)은 주자의 사상을 가장 잘 서술한 책이다. 요컨대 오늘 한
건을 좋게 하였으면 내일 또 한 건을 좋게 하여 차츰 습숙되는 일이
많게 되면 비로소 일단 도통하게 된다는 것이다. 그 연구법은 여러
가지로 많이 있으나 널리 눈앞의 사물을 살펴보는 일도 그 한 방법이
다. 경서(經書)를 읽고 의미를 사색하는 것도 그 한 방법이다. 그래서
널리 사물의 이치를 연구한다는 것은 천문학도, 동식물학도, 이화학
(理化學)도 모두 우리의 인격수양에 필요하다는 말이 된다. 이것이
육상산·왕양명 등이 주자를 공격하여 지리멸렬하다고 한 이유가 된
것이다. 그러나 주자에 따르면 우리의 내면에 있는 이(理, 이치)나 만물
의 이는 모두 우주의 실재인 이의 표현이기 때문에 전혀 동일한 것이
다. 그렇기 때문에 널리 사물의 이치를 연구하는 일은 넓은 의미에서
수양임은 물론이고 직접으로 자기의 연구를 이루는 일이기도 하다.

이상 이야기한 거경(居敬)과 궁리(窮理)는 상부상조하는·것이어서 비유하면 차의 두 바퀴, 새의 두 날개와 마찬가지로 한쪽이 없으면 목적을 달성하지를 못하는 것이다. 주자는 이것들을 좌우 두 발에 비유한다. 거경·궁리 둘이 상부상조하면서 나아가는 것은 마치 왼발이 나갈 때에 오른발이 멈추고 오른발이 나갈 때에 왼발이 멈추면서 서로 도와 목적지에 도달하는 것과 같은 것이라고 했다.·이렇게 두 가지 방법을 말하면서도 그는 궁리를 앞에 놓고 중요시하는 경향을 가졌었고, 「중용」에 이른바 존덕성, 도문학이 있는 가운데에서 오히려 도문학을 위주로 하는 경향을 가졌었다. 육상산(陸象山)은 오히려 존덕성을 가지고 충분하다고 했다. 이것이 주자와 육상산 두 사람의 서로 다른 점이다. 이 점은 차후에 자세히 설명해 볼 생각이다.

제5절 선지후행설(先知後行說)

수양법으로서 그는 거경(居敬)과 궁리(窮理) 둘을 들었지만 그 가운데서도 궁리를 앞에 놓고 중요시하였다. 그 이유는 첫째로, 학문을 하여서 바른 도를 익히지 않고는 수양이 무엇인지조차 모르기 때문이라고 했다. 따라서 지행(知行)의 관계에 관해서도 그는 그 이치를 먼저 알고 난 다음에 그것을 행한다는 선지후행설(先知後行說)을 취한 것이다. 다만 그 이치가 있는 것을 알면서도 그것을 실행하지 않으면 그것은 쓸모 없는 지식이다. 그러나 그 이치를 모르고 그것을 하는 것은 도리에 맞지 않는 행동이다. 쓸모 없는 지식과 도리에 맞지 않는 행동은 함께 가져서는 안 되는 것이다. 지(知)와 행(行)은 항상 서로 보완하는 것이어서 비유하면 눈이 있어도 발이 없으면 갈 수가 없고 발이 있어도 눈이 없으면 보지를 못하는 것과 같은 것이다. 그는 앞뒤를 논한다면 지를 앞에 놓으며, 경중을 논한다면 행을 중시한다고 했다. 그의 생각에 의하면 옛날의 성현(聖賢)들은 모두 지행의 둘을 들어서 함께 가르쳤다. 예를 들면 「대학」에서 "여절여차도학야(如切如瑳道學

也)"라는 것은 지를 말하는 것이고, "여탁여마자수야(如琢如磨自修也)"라는 것은 행을 말하는 것이다. 또 「중용」에서는 학문사변(學問思辨), 즉 지를 말하면 그와 동시에 반드시 독행(篤行, 독실하게 행함)을 말했고, 공자는 박문(博文, 학문을 널리 닦음)과 함께 약례(約禮, 예를 가지고 처신을 단속함)를 말했다. 그는 실행하기만 하면 치지(致知)는 말할 필요가 없다는 식의 태도는 결코 취한 일이 없다. 이 점은 주왕이자(朱王二子)의 서로 다른 점의 하나이다.

제6절 명분론

그가 「통감강목(通鑑綱目)」을 지은 일에 관해서는 앞에서 그의 저서를 이야기했을 때에 설명한 것과 같은데 이 「통감강목」이라는 것은 사마온공(司馬溫公)의 「자치통감」에 의거하여 공자의 춘추필법(春秋筆法)에 따라서 역대의 행적에 비평을 가한 것이다. 특히 대의명분을 바로잡자는 것과 배외적 정신을 고취하여 국민적 사상의 발흥을 도모하자는 것이 그 2대 목적이다. 주자의 춘추학(春秋學)은 호적계(胡籍溪)에게서 얻은 것인데 호적계의 학은 호문정(胡文定)에 근거를 두고 있다. 그리고 거슬러 올라가 손명복(孫明復)의 「춘추존왕발미(春秋尊王發微)」에 근거를 두고 있는 것이다.

사마온공의 「자치통감」과 주자의 「통감강목」의 서로 다른점에 관해 몇 가지 예를 든다면 대의명분설에서 볼 때에 온공은 3국 가운데에서 위(魏)를 정통으로 하였지만 주자는 촉(蜀)을 정통으로 하였다. 온공은 북송(北宋) 사람이다. 송나라 태조(太祖)가 천하를 통일했지만 그것을 거슬러 올라가서 생각한다면 3국 다음에 천하를 통일한 진(晉)과, 진을 이은 위를 정통으로 하지 않으면 송나라 태조는 정통의 천자가 아니라는 결과가 된다. 즉, 온공은 "천하에 단 하루도 군주가 없어서는 안된다"는 입장이어서 천하를 통일했거나 혹은 중원(中原)을 지배했다는 점에서 위를 정통으로 친 것이다. 그러나 주자는 남송(南宋) 사람이다. 당시에 중원은 금(金)나라가 지배하고 있었던 것이다. 만약 중원을 지배한다는 이유로 위를 정통으로 친다면 금은 정통의 천자이고 남송은 정통이 아니라는 결과가 된다. 그래서 가령 한쪽에 치우쳐 있었다고는 해도 도리에 있어서 명분이 있는 측을 정통으로 친다면 같은 이유로 남송이 정통이라는 결과가 된다. 그래서 주자는 천하에 정통성 있는 천자가 없는 경우가 있는 것도 어쩔 수 없는 일이라는 것이다. 이런 이유로 온공과 주자는 모두 존경받을 만한 군자이기는 하지만 그 주장은 전혀 반대의 결과가 된 것이다. 다음에 주자가 「통감강목」에서 국민적 사상을 고취한 것은 남송이 금의 압박에 시달리던 때여서 국민으로 하여금 거기에 대항하도록 만들어 보려고 한 일이다. 「통감강목」에 대해서는 그 비판이 엄혹하지가 못하다는 비난도 있는데 그 저술의 큰 정신은 정말로 앞에서 이야기한 것과 같다.

제7절 결론

주자(朱子)의 학설은 대체로는 정이천의 설을 경(經, 날실)으로 하고 거기에 주자(周子)·장자(張子)·정자(程子)와 정문제자(程門諸子)의 설을 위(緯, 씨실)로 하여서 형성된 것이다. 그리고 공맹(孔孟)의 설·시(詩)·서(書)·역(易)·춘추(春秋)·대학(大學)·중용(中庸) 등에 의거하고 있는 것은 말할 것도 없는 일이다. 그가 예로부터의 모든 학설을 융합시켜 한덩어리로 만든 뒤에 자가(自家)의 설을 세운 일은 놀라운 정력이라고 하지 않을 수가 없다. 그 학설은 어떤 점에서는 미비점이 없지도 않고 또 큰 창견(創見)이 많다고는 할 수 없지만 그의 위대한 점은 참으로 그 집대성에 있다고 해야 할 것이다. 요컨대 그 박학다식한 점으로 본다면 그는 참으로 역대 큰 인물이다. 그가 천하 후세에 끼친 영향은 대단히 크다. 그의 학설을 취하기는 어렵다고 해도 두서너 가지의 결점을 지적하여 그를 비난하는 행위는 이른바 "개미나 하루살이가 큰 나무를 흔들어 보려는 것"과 같은 것이다.

제10장 육상산(陸象山)

제1절 행적과 저서

주자(朱子)가 세상에 드문 대유(大儒)로서 거경궁리(居敬窮理)를 주장했을 때에 경제학으로서 유명했던 것은 영가공리(永嘉功利)의 학, 즉 진룡천(陳龍川)·엽수심(葉水心)·진지재(陳止齋)의 일파이고, 심즉리(心卽理)를 내걸고 주자에 대항한 사람은 육자(陸子) 형제이다. 진(陳)·엽(葉)의 학은 철학에 관한 것이 적지 않기 때문에 생략하기로 하고 여기에서는 육자의 학을 논해 보려고 한다. 육자의 학은 사산(梭山)에서부터 시작해서 복재(復齋)가 융성하게 했으며 육상산이 대성시켰다. 사산은 처음으로 주자(朱子)와 주자(周子)의 「태극도설」에 대해 논했고, 복재는 동생인 상산과 함께 주자(朱子)와 아호(鵝湖)에서 만났다. 육상산은 그의 막내아우로서 참으로 육자의 학을 대성시킨 사람이다.

육구연(陸九淵), 자(字)는 자정(子靜), 상산(象山)은 그의 호이다. 3, 4세경에 아버지에게 천지의 끝이 어디냐고 물을 만큼 비범했다. 사람들이 정이천의 글을 읽는 소리를 듣고는 공맹(孔孟)의 글과 같지 않다고 했으며, 「논어」를 읽고는 유자(有子)의 말이 지리멸렬함을 의아하게 생각했다. 전에 고서를 읽다가 우주를 해석하여 사방상하(四方上下, 공간)를 우(宇)라 하고, 고왕금래(古往今來, 시간)를 주(宙)라고 한다는 것을 보고는 당장에 깨닫고 "우주 안의 일은 내 몸 안의 일이고 내 몸 안의 일은 우주 내의 일"이라고 했다. 건도(乾道) 8년에 진사에 급제하여 여동래(呂東萊)에게 알려졌으며 후에 그의 소개에 의해 주자와 아호에서 만났는데 의론이 잘 맞지를 않았다. 암자를 용호산(龍虎山) 기슭에다 지었는데 그 산이 코끼리〔象〕를 닮았기 때문에 상산옹(象山翁)이라고 자칭했다. 소희(紹熙) 3년에 세상을 떠났다. 향년 54세, 저서에 「상산집(象山集)」, 「어록(語錄)」이 있다.

제2절 심즉리(心卽理)

이(理)는 우주에 가득 차 있다(遍滿充塞). 일물(一物)로서 이(理)의 바깥에 있는 것이 없으며, 천지가 천지인 까닭, 귀신이 귀신인 까닭은 모두 이 이에 순응하기 때문이다. 학문이란 그저 이 이를 밝히는 일을 하는 것이다. 그리고 그는 이를 유심적(唯心的)으로 고찰하여 심즉리(心卽理)라고 했다. 그래서 말한다. "심(心)은 일심(一心)이고 이(理)도 일리(一理)이다. 그래서 지당하게 일(一)로 귀착된다. 정의(精義)가 둘이 아니다. 이 심(心)과 이(理), 참으로 둘이 아니다" 나의 마음은 이이기 때문에 우주는 즉 나의 마음이고, 나의 마음이 즉 우주이다. 그가 "동해에 성인이 나오는 것도 이 심과 같고 이 이와 같으며, 서해에 성인이 나오는 것도 이 심과 같고 이 이와 같으며, 남해·북해에 성인이 나오는 것도 이 심과 같고 이 이와 같으며, 천백 세에 성인이 나오는 것도 이 심과 같고 이 이와 같다"고 한 것은 참으로 이런 뜻을 극진하게 표현한 말이다. 이와 같이 마음은 유일무이하고, 고금(古今)이 없고, 동서(東西)가 없으며, 내외(內外)를 아울러 동정(動靜)을 겸하는 것이니, 인심·도심의 둘로 나누는 것은 잘못이다. 특히 도심은 천리(天理), 인심은 인욕(人慾)이라고 하는 것은 하늘과 사람을 나누는 결과가 되어 큰 잘못이라고 했다.

제3절 수양론

심즉리(心卽理)이다. 나의 마음은 즉 천리이고 성현의 마음이기 때문에 그저 나의 마음을 지키면 되고 달리 수양에 힘쓸 필요는 없을 것이다. 「중용」의 표현을 빌린다면 존덕성이 있는 것으로 충분하기 때문에 도문학은 필요하지가 않은 것이다. 그러나 우리는 사욕 때문에 본심이 덮여 있어 천리에 배반을 하니 수양할 필요가 생기는 것이다. 육상산은 마음을 덮는 것을 설명하여 주관적으로는 기품의 청탁(淸濁, 맑음과 탁함), 객관적으로는 습속 즉 나쁜 풍속습관, 특히 학자에 대하여는 이 밖에도 과거, 즉 진사시험과 잘못된 학문의 둘이 있으니 그것을 주의해야 한다고 훈계했다. 기품의 청탁은 정주(程朱)가 늘 하는 말이어서 육상산도 그것을 인정한 것이다. 악풍 누속(惡風陋俗)이 수양에 해가 되는 것은 당연한 일이어서 어느 누구도 이에 반론을 제기하는 사람은 없을 것이다. 학문의 해는 이른바 「백록동강의(白鹿洞講義)」에서 잘 논급되고 있다. 잘못된 학풍이란 그의 생각에 의하면 정이천과 주자 등이 거기에 속하는 것이다. 그는 「장자」의 일절을 인용하여 말하기를 장(臧)과 곡(穀)이 함께 양을 목축했는데 함께 양을 잃어버렸다. 그때 장은 노름을 하고 있었다고 하고, 곡은 책을 읽고 있었다고 하는데 양을 잃어버린 것은 동일하다. 주자의 궁리(窮理)의 설 등은 육상산의 표현을 빌리면 책을 읽고 있다가 양을 잃어버린 사람과 같은 부류이다. 아호(鵝湖)의 회동에서 복재가 주자의 학풍을 풍자하여 지은 시에서 "정(情)을 전주(傳注)에 묶어 두었다가 도리어 진(蓁)을 막는다(留情傳注翻蓁塞)"고 한 것은 육상산의 의사이기도 했다. 육상산은 또 "육경(六經)이 나를 주(注)하고 내가 육경을 주한다"고도 하고, "학문에서 적어도 도를 안다면 육경은 모두 나의 주각(注脚)"이라고도 하여 거의 선가(禪家)의 불립문자(不立文子)의 설과 같은 말을 했다. 이런 점이 육상산의 학문의 특색이고, 직절간이(直截簡易)하다고 비판받기도 하고 혹은 선학(禪學)이라고 비판받기도 하는 점이다.

제4절 주륙(朱陸)의 이동(異同)

1. 태극설(太極說)

태극설은 주자(朱子)에 있어서는 그 순정철학(純正哲學)의 기초여서 가장 중요한 위치를 차지하고 있다. 그러나 육상산은 태극을 논한 일이 없지는 않았지만 그의 학문은 실천궁행을 중시하고 순정철학적 연구 같은 것은 시도를 하지 않았기 때문에 태극은 그에게 중요한 문제는 아니다. 이것이 주륙 2가의 입장에 있어서 크게 서로 다른점이다. 그 결과 주자(周子)의 「태극도설」에 대해 두 사람은 전후 일곱 번의 편지를 주고받으면서 논전을 벌였다. 그 요령을 말하자면 육상산은,

① 옛날의 성현은 무극(無極)을 이야기하지 않았다.
② 태극은 이(理)이고 중(中)이다.
③ 「태극도설」은 노자에 의거한 것이다.
④ 「태극도설」은 「통서(通書)」와 유사하지 않다.

이상의 네 가지 이유로 「태극도설」은 주자(周子)의 작품이 아니라고 했고, 주자(朱子)는 여기에 답하여,

① 앞의 성인이 말하지 않은 것은 뒤의 성인이 발명한다.
② 태극은 극(極)이고 지극이다.
③ 무극(無極)이라는 말은 노장(老莊)의 용법과 그 의미가 다르다.
④ 「태극도설」이 「통서」와 유사하지 않은 것은 각각 다른 방면을 이야 기하고 있기 때문이다.

이상의 네 가지를 가지고 대답했다. 두 사람의 논쟁을 보니 육상산의 설은 논봉이 날카롭고 주자는 다소 궁색한 것 같다. 그러나 제3자의 입장에서 보면 두 사람의 논쟁은 함께 요령을 얻지 못하고 있다. 옛 성현의 무극을 이야기하지 않았어도, 무극은 노자에 근거하는

것이라고 해도 그것으로 주자의 작품이 아니라는 증거는 되지 못한다. 우리가 보기로는 무극의 2자는 「통서」에 보이지 않지만 기타의 점에서는 「태극도설」과 「통서」는 유사한 점이 적지 않다. 즉, 「태극도설」은 주자(周子)의 작품이면서 노자에 근거를 두고 역(易)과 오행설을 가미한 것이다.

2. 심리설

육상산은 유심론자(唯心論者)이다. 심(心)은 즉 이(理)이고 심은 유일무이하다. 따라서 「서경」에 보이는 인심·도심이라는 말과 「악기(樂記)」에 보이는 천리인욕(天理人慾)이라는 말에 대하여 심을 인심·도심의 둘로 나누고 도심은 즉 천리, 인심은 즉 인욕이라고 하는 것은 부당하다. 도심이란 도체(道體)의 입장에서 말하는 것이고 인심이란 사람에게 구비되어 있다는 의미에서 말하는 것이다. 다시 말하면 도심은 즉 대아(大我)이고, 인심은 즉 소아(小我)라는 것이다. 또 성에 관해서는 그는 많은 언급을 하지 않았다. 정(情)·성(性)·심(心)·재(才) 넷은 서로 다르지 않다. 성인이 사람을 가르치기에 급급한 나머지 왕왕 다른 용어를 사용한 것에 지나지 않는다고 했다. 그런데 주자의 설은 앞에서도 이야기한 것처럼 심은 이기이원(理氣二元)의 묘용의 산물이고, 도심은 이(理)에서 나오며, 인심은 기(氣)에서 나온다고 하고, 도심은 물론 천리인데 인심이 올바름을 이루는 것은 천리이고 올바름을 이루지 못하는 것을 인욕이라고 했다. 그리고 성을 본연과 기질 둘로 나누었고, 정·성·심·재 넷에 관해서도 각각 정밀한 의견을 말했다. 주자의 설은 다소 번거로운 경향을 보이는데 육상산의 설은 너무도 간단하다.

3. 수양법

육상산의 수양법은 우선 그 큰 골격을 세움에 있다. 즉 그의 설에 의하면 심은 즉 이(理)이며, 우리의 마음은 천리이고 성인의 마음이기 때문에 그저 그 마음을 드러내기만 하면 되는 것이다. 지극히 간단한 노력거리라고 하지 않을 수가 없다. 그런데 주자는 거경(居敬)·궁리(窮理)의 2강(二綱)을 들고 함양과 궁색이 상부상조하는 것이 마치 차의 양바퀴, 새의 양날개와 같다고 했다. 특히 함양과 궁색의 둘 가운데에서 그는 궁색을 중시했다. 「중용」의 용어로 이야기한다면 육상산은 오로지 존덕성을 말했고 주자는 주로 도문학을 이야기했다. 이것이 두 사람의 주된 상위인데 주자를 위주로 하는 사람들은 육상산을 헐뜯어서 선학(禪學)이라고 하고, 육상산을 위주로 하는 사람들은 주자를 헐뜯어서 속학(俗學)이라고 하면서 서로 다투는 것이다. 조동산(趙東山)·정황돈(程篁墩)은 주륙조이만동(朱陸早異晚同)의 설을 주장하였고, 후에 왕양명은 「주자만년정론(朱子晚年定論)」을 저술하기에 이르렀다.

제5절 결론

육상산의 설은 지극히 간단명료한데, 만약 학술상으로 이것을 말했다면 결점도 적지 않으리라고 생각된다. 그러나 그는 학자는 아니고 차라리 실행가이다. 그래서 실행상의 관점에서 보면 그의 설은 대단히 유효하다는 것이 의심할 여지가 없는 사실이다. 그리고 그 주장은 선학의 영향을 받았음은 물론이다. 주자에 비하면 그의 설은 단도직입적인 면이 있기 때문에 여간 총명한 사람이 아니고서는 그의 설을 직접 응용하는 것은 큰 위험이 수반되는 각오를 해야 할 것이다.

제11장 명대(明代) 사상계 개설

　명나라 일대의 학문은 유기(劉基)·송렴(宋濂)에서 시작되어 방효유 (方孝孺)와 설경헌(薛敬軒)·오강재(吳康齋) 등이 줄을 이어서 등장했 다. 유기는 창업공신으로 명성이 혁혁하며, 송렴(宋濂)의 문장은 명나라 일대를 풍미했고, 방효유의 기절(氣節)은 천하 후세의 선비들의 의기를 고무하기에 충분하지만 철학상으로 본다면 이렇다하게 논의의 대항이 될 만한 것이 없다. 설경헌은 순수한 학자이고 저서에 「독서록(讀書 錄)」이 있지만 그 논의는 대체로 송유(宋儒)의 학을 주석한 데 지나지 않는다. 오강재는 특기할 만한 저술은 없으나 그 문하에서 유력한 학자들을 배출했다. 그 주요한 사람은 호경재(胡敬齋)·진백사(陳白沙)· 누일재(婁一齋) 세 사람이다. 호경재의 학문은 경(敬)을 위주로 하면서 조존(操存)·함양은 정중(静中)의 공부(工夫), 사색·성찰은 동상(動上) 의 공부라고 하면서 학자가 오로지 정좌를 능사로 하고 대개 선학으로 흐르면서 동(動)을 망각하는 것을 비난했다. 저서를 「거업록(居業錄)」 이라고 하는데 읽어볼 만한 책이다. 누일재는 방심(放心, 집착심을 버리 고 마음을 자유로운 상태로 만듦)을 닦는 것을 거경(居敬)의 문(門)이라 고 하고, 무념무상이면서도 세심한 주의를 게을리하지 않는 것을 거경 의 요지로 삼았다. 그는 참으로 왕양명의 스승이다. 진백사에 이르러서 명나라의 학은 일변하는 단서를 열었기 때문에 별도로 장을 마련하여 서 논해 보려고 생각한다. 요컨대 명나라의 학문은 처음에는 주자학 (朱子學)이 천하를 풍미하고 있었다. 주자는 거경궁리(居敬窮理)의 설을 주장하면서 널리 사물의 이치를 궁구해야 한다고 역설했기 때문에 그 유폐는 지리멸렬하게는 될지라도 고루하게는 될 까닭이 없는 것이

다. 그런데도 명나라 초의 학자들은 지리멸렬하고도 고루했다. 오강재
와 그 문하인들이 등장하고 나서 다소 그 풍조가 바뀌었으며, 특히
진백사에 이르러서 아주 자세하고 치밀하게 되었고, 왕양명에 이르러
서 이른바 명유(明儒)의 학이 대성을 본 것이다.

제12장 진백사(陳白沙)

제1절 행적과 저서

진헌장(陳獻章), 자(字)는 공보(公甫), 신회(新會)의 백사리(白沙理) 사람이다. 그래서 백사선생(白沙先生)이라고도 한다. 돌〔石〕을 무척 사랑하여 호(號)를 석재(石齋)라고 했다. 신장이 8척이며 눈빛이 별처럼 빛났고, 오른쪽 눈꺼풀에 일곱 개의 흑점이 있는데 그 모양이 북두칠성과 같았다. 어릴 때부터 영특함이 뭇사람을 능가했고 한번 책을 읽으면 평생 잊을 줄을 몰랐다고 한다. 오강재(吳康齋)에게 배우고서는 벼슬길에 나아갈 것을 단념하고 오로지 수양에 힘썼는데, 후에 대학에 놀러 갔다가 시를 지은 것이 제주(祭酒, 학장)인 형양(邢讓)을 놀라게 하여 명성이 삽시간에 천하를 진동시키게 되어 한림원검토(翰林院檢討)라는 직을 제수(除授)받았다. 홍치(弘治) 13년에 세상을 떠났다. 향년 73세.

제2절 수양론

그의 학문은 허(虛)를 가지고 기본으로 하며 허에 이르는 도는 정좌에 있다고 했다. 그가 조제학(趙提學)에게 준 글을 보면 그는 27세 때에 처음으로 발분하여 오강재에게 배우고 널리 성현의 책들을 읽었지만 얻는 것이 없어서 향리로 돌아가서 문을 닫고 두문불출하면서 정좌(靜坐)에 전념하다가 비로소 얻는 것이 있었다고 씌어 있다. 즉,

그 자신의 실험을 통해서 배운 것을 문하생들에게 가르치는 데에 항상 정좌를 가지고 했다는 것이다. 그러나 그의 수양법에 대해서는 당시의 사람들이 벌써 선학(禪學)이라고 비난한 것이 보이는데, 그는 자기를 변해하여 불교에서 정좌·성성(惺惺, 예민함)·수식(數息, 마음 속으로 호흡을 셈)·선정(禪定)을 말하고, 나도 정좌·성성·조식(調息, 호흡을 가다듬음)·정력(定力, 선정에서 나오는 힘)을 말하니 선학을 닮았다고 하는 것 같은데 정좌라는 것은 주자의 주정설(主静說)에 입각하여 정이천을 비롯한 많은 학자가 주장한 것이어서 불교와 반드시 같은 것은 아니라고 했다. 그러나 그의 설이 선학에서 왔다는 것은 의심할 여지가 없다.

제13장 왕양명(王陽明)

제1절 행적과 저서

왕양명, 이름은 수인(守仁), 자는 백안(伯安), 학자임을 존중하여 양명선생(陽明先生)이라고 한다. 여요(餘姚) 출신이다. 사람됨이 호매불기(豪邁不羈, 호탕하고 탁 트였음)하니 어려서부터 사방을 경략(나라를 경영하고 다스림)할 뜻이 있었다. 유근(劉瑾)이 사단을 일으켰을 때에 그 뜻을 거역하여 귀주(貴州)의 용장역(龍場驛)승으로 벼슬이 강등되었다. 도중에 유근은 사람을 시켜 왕양명을 죽이려고 했는데 양명은 간신히 위험에서 벗어나서 폭풍을 만나기도 하고 혹은 호랑이굴에서 잠을 자기도 하면서 마침내 무사하게 적지에 당도하였다. 그는 갖은 고생을 다 겪으면서 죽음과 삶의 문턱을 넘나들었기 때문에 크게 깨닫는 바가 있어서 마침내 일가의 학문을 조직하기에 이르렀다. 유근이 숙청을 당하게 되자 다시 소환되어서 여릉(廬陵)의 지현(知縣)이 되어서 산적을 토벌하기도 하고 혹은 영왕(寧王)의 반란을 평정하기도 하였기 때문에 그 공적을 평가받아 신건백(新建伯)에 임명되었다. 후에 광서(廣西)의 만족(蠻族)을 토벌하고 개선하는 도중에 병사했다. 때는 가정(嘉靖) 7년, 세수 57이었다. 저서로 「문집」과 문인(門人)들이 기록한 「전습록(傳習錄)」이 있다.

제2절 왕양명의 위치

명나라의 사상계를 지배한 것은 유교에서는 주자학(朱子學)이었다. 육상산(陸象山)의 학을 당시의 사람들은 이단시하면서 선학이라고 했다. 영락(永樂)시대에 「사서오경대전」의 편찬이 이루어져 진사시험에서는 이 「대전」의 설을 가지고 시험을 보았기 때문에 학자는 「대전」의 범위를 벗어나는 사람이 없었다. 「대전」은 주자의 학설을 토대로 하여서 해설되어 있기 때문에 주자학이 당시의 사상계를 풍미한 것이다. 주자 자신은 박람고금(博覽古今)에 통해 있는 사람이었지만 명나라 초의 주자학자는 공연히 격물궁리(格物窮理)를 외치면서도 실제로는 「근사록」, 「혹문(或問)」 등을 연구할 뿐이어서 고루하기가 이를 데 없었다. 왕양명이 「고본대학(古本大學)」을 출판할 때에 당시의 학자는 주자의 「대학장구(大學章句)」 외에 별도로 고본이 있다는 것을 알지 못했다는 것이다. 얼마나 고루했던가 하는 것은 이것으로 미루어 알 만하다. 그처럼 그들을 말할 수 없이 고루했기 때문에 헛되이 거경궁리(居敬窮理)를 말할 뿐이지 마음으로 반성할 줄을 몰랐다. 왕양명은 참으로 그런 데 대한 반동으로서 일어난 것이다. 유교 외에 상당한 세력을 펼치고 있었던 것은 불(佛)·노(老)의 이교(二教)이며, 왕양명도 처음에는 불·노를 연구했는데 후에 도교의 불로장생설의 웃지 못할 허구성과 불교의 인륜을 버리고 출가하는 부자연스러움을 깨닫고 유교만 선택했다. 육상산의 심즉리(心即理)설을 계승하여 치량지(致良知)를 표방하고 지행합일(知行合一)을 주장한 것이다.

제3절 심즉리(心即理)

이(理)는 우주에 남김없이 두루 가득 차 있는 것이며 절대지선(絶對至善), 고왕금래(古往今來)에 걸쳐서 시작도 없고 끝도 없는 것이다. 그리고 왕양명은 육상산의 설에 따라서 나의 마음이 즉 이(理)라고 했다. "물리(物理)는 나의 마음과 다른 것이 아니며, 나의 마음을 제쳐 놓고 물리를 찾으면 물리는 없다. 물리를 제쳐놓고 나의 마음을 찾는 다면 나의 마음은 무엇이란 말인가〔양명의 새로운 심학(心學)인 심즉리설 (心卽理說)의 핵심적인 표현이 이 구절이라고 하겠다. 즉 심은 주객일체·물 아일여의 심이며 물(物)과 분리된, 물과 대립관계에 있는 심이 아니라는 말이다〕"라고 하고, 또는 "만사만물의 이(理)는 우리의 마음과 다를 바 없는데도 반드시 천하의 이치를 궁구해야 한다고 하는 것은 나의 마음의 양지(良知)를 부족하다고 생각하기 때문이다. 널리 사물의 이치 를 궁구하여 앎〔知〕을 이루어야 한다는 것은 마음과 이를 둘로 나누는 것과 같은 일이다"라고도 했다. 따라서 왕양명은, 주자가 사물에 관하 여 그 이치를 궁구해야 한다고 한 것은 마음과 이를 둘로 나누면서 마음이 즉 이임을 모르기 때문이라고 말했다. 마음은 즉 이이다. 우리의 마음이 즉 성인의 마음이라면 범성(凡聖)의 구별은 있을 까닭이 없을 것이다. 그런데도 구별이 있는 것은 마음에 차별이 있는 것이 아니라 사욕으로 덮인 것과 천리에 순연한 것의 차별이 있기 때문이다. 성인 이 마음이 맑은 거울이라면 보통 사람의 마음은 구름 낀 거울과 같다 는 것이다. 그리고 보통 사람의 마음에 그렇게 구름이 끼는 것은 기질 이 치우치기 때문이니 기질을 변화시키기만 하면 보통 사람이라고 해도 천리에 순연할 수가 있다는 것이다. 즉, 그는 심즉리의 설을 주장 하기는 하지만 역시 송유(宋儒)의 영향을 다 벗어나지는 못해서 기질 변화(氣質變化)의 설을 계승하고 있는 것이다. 아무튼 이 심즉리의 근본사상으로부터 치량지설(致良知說)·지행합일론(知行合一論)이 나 왔다.

제4절 치량지(致良知)

1. 양지(良知)

치량지의 설은 왕양명의 독창적인 사상인데 이것을 설명하기에 앞서

서 그의 이른바 양지(良知)를 설명할 필요가 있을 것 같다. 원래 양지
라는 말은 맹자에게서 나온 말이다. 맹자는 양지와 양능(良能)의 둘을
아울러서 들었는데, 왕양명은 오로지 양지만을 말하고 양능은 언급하
지 않았다. 그래서 일본의 유학자인 伊藤東涯는 이것을 평하여 한쪽으
로 치우쳤다고 말했다. 맹자의 이른바 지(知)는 사람이 생각하지 않고
도 아는 것, 즉 선천적으로 고유한 지이지만 왕양명의 양지는 더욱
범위가 넓은 것이다. 즉 그는 마음이 허령명각(虛靈明覺)하다는 데에서
그것을 양지라고 이름짓고, 양지는 즉 마음의 본체라고 했다. 상식적으
로 말한다면 마음은 체(體)이고 양지는 그 용(用)이어야 하는 것이
다. 그런데도 왕양명은 양지를 마음의 본체라고 했으니 그것은 대체로
마음의 실질 혹은 내용이라는 의미로 사용한 것이 아닐까 생각된다.
마음, 즉 이는 절대적 존재이고 두루 가득 차 있으며 영원불멸한 것이
니 마음의 본체인 양지는 마찬가지로 절대적이면서 시간·공간을 초월
한 것이 아니어서는 안 된다. 그는 양지를 천리라고도, 성인이라고도,
진오(眞吾)라고도 하고 혹은 미발(未發)의 중(中), 태허(太虛)라고도
했다. 일본의 大鹽中齋의 대허설(大虛說)은 여기에 의거한 것이다.
또 양지는 절대적 존재이고 만물은 모두 거기로부터 발전하는 것이기
때문에 사람이 양지를 구유할 뿐만 아니라 초목와석(草木瓦石)도 마찬
가지로 양지를 구유하고 있다. 다만 사람과 만물의 상위는 기품의
편정(偏正, 치우침과 바름)에 기인하는 것이다. 그런데 우리는 양지를
가지고 있기는 하지만 기품의 치우침과 사욕에 덮여서 천리에 순연하
지를 못해 양지를 개방하여 찾을 줄을 모르는 것이다. 그래서 치량지
의 필요성이 생기는 것이다.

2. 치지(致知)

사욕으로 덮이고 망념이 일어나기 때문에 본심인 양지가 어둡게
되어도 양지는 소멸되는 일은 없다. 그렇기 때문에 학문의 요체는
사욕을 멀리하여 본연의 양지를 드러내는 데 있다. 「대학」에서의 이른
바 치지(致知)는 이런 양지를 이루는 일이다. 이 지(知)를 이룬다〔致〕

는 것을 주자는 지식을 궁구한다는 뜻으로 풀이하지만 왕양명은 완전히 체득한다는 뜻으로 사용한다. 구체적으로 예를 들어 설명한다면, 어떻게 하여 부모를 섬길 것인가를 아는 것은 지(知)이다. 그러나 치지는 아니다. 치지란 부모를 섬기는 방법을 알고 반드시 그것을 실행한 뒤에야 비로소 치지라고 할 수가 있는 것이다. 즉 치지는 사물에 대해 반드시 그 좋은 결과가 나오게 하는 일이다. 다시 말하면 치지는 격물(格物)에 있다고 하지 않을 수가 없는 것이다.

3. 격물(格物)

격물에 대해서는 예로부터 제가(諸家)의 설이 있지만 양명의 설에 의하면 격(格)은 정(正)이다. 맹자의 이른바 군심(君心)의 비(非)를 바로잡는다[格]는 의미의 격이다. 물(物)이란 의식[意]이 가 있는 곳(일)을 말한다. 예를 들면, 만약 의식이 부모를 섬기는 일에 있다면 부모를 섬기는 일이 즉 하나의 물이다. 인군을 섬기는 일에 있으면 인군을 섬기는 일이 즉 하나의 물이다. 의식이 시청언동(視聽言動)에 있으면 시청언동이 즉 하나의 물이다. 그래서 그는 항상 "심외(心外)에 이(理) 없고 심외에 물 없다"고 했다. 원래 심은 지선한 것이고 천리인데 그 물에 감응, 발동하여 의식이 이루어질 때에는 기품의 편정(偏正) 때문에 선악의 차별이 생기니 그것은 어쩔 수 없는 일인 것이다. 격물이란 즉, 그 의식이 있는 곳에 있는 물의 바람직하지 못함을 바로잡는 일이다. 다시 말하면 「대학」의 이른바 성의이다. 그래서 양명학에서는 격물즉성의(格物即誠意)가 된다.

4. 성의(誠意)

마음은 천리이면서 지선(至善)이다. 설령 물(物)에 감응하여 발동이 될지라도 역시 지선하지 않아서는 안 된다. 그러나 기품의 편정 때문에 과불급(過不及)이 되는 것은 어쩔 수 없는 일이기 때문에 의식이 움직일 때에 선악의 차별이 생긴다. 성의가 필요한 것은 이 때문이다. 그가 성의를 일컬어 「대학」의 귀문관(鬼門關)이라고 하고, 성문

(聖門)에서 사람을 가르치는 제일의(第一義)라고 하는 것은 이 때문이다. 의식이 움직일 때에는 반드시 의식이 소재하는 곳에 물이 있다. 그렇기 때문에 의식을 성실한 것이 되게 하려면 그 의식이 있는 곳에 있는 물의 옳지 않음을 바로잡지 않으면 안 된다. 이른바 격물이다.

지금 하나의 예를 가지고 격물·치지와 성의의 관계를 설명한다면, 부모를 봉양하려고 생각하는 것은 의식〔意〕이다. 봉양 자체는 물이다. 어떻게 봉양할 것인가를 아는 것은 지(知)이다. 우리는 기품이 치우쳐 있기 때문에, 봉양하려고 생각을 하고 봉양하는 방법을 알고 있을지라도 봉양의 올바름을 잃는 일이 있을 것이다. 그것은 의식이 정성스럽지 않기 때문이다. 반드시 봉양의 의식을 실행하되 스스로 반성하여 조금도 부끄러운 일이 없이 만족하게 되어야 그것이 성의이다. 봉양하는 방법을 알고 반드시 그것을 실행한 뒤에라야 치지이다. 봉양이라는 것은 물이다. 실제로 봉양을 하되 정성을 다하는 것이라야 격물이다. 지(知)를 가져오려면〔致〕 반드시 실행을 하되 그 옳지 않음까지도 바로잡아야 하는 것이다. 그래서 격물을 치지의 알맹이라고 한다. 지를 이루면 반드시 의식이 정성스럽다. 그래서 치지를 성의의 근본이라고 한다. 치지·격물·성의의 관계는 이상 이야기한 대로인데, 요약하면 유일불이(唯一不二)라고 하지 않을 수가 없다.

5. 사상마련(事上磨練)

의식을 정성스럽게 하려면 우리 마음의 양지를 사물과 접촉시키지 않으면 안 된다. 그래서 그는 사상마련을 주장하는 것이다. 원래 송유(宋儒)가 정좌(靜坐)를 주창한 이래 학자는 모두 정좌를 가지고 학문의 공부(수양)로 삼는 양상이었다. 진백사 같은 사람도 그런 사람이다. 왕양명은 이렇게 마음을 수렴하는 데 있어서 정좌가 유효하다는 것은 인정하고 있었지만 정좌를 유일한 방법으로 여기는 데에는 단호히 반대했다. 원래 마음은 동정(動靜)을 겸비하고 있는 것이다. 마음은 명도(明道)가 말하는 이른바 동(動)도 정(定), 정(靜)도 정(定)이어야 하는 것이다. 만약 세상과의 교섭을 끊고 정좌하여 무념무상하게 될

것을 힘쓴다면 그 마음을 수렴하는 성과도 올릴 수야 있겠지만 일단
어떤 사태와 만나면 다시 그 마음이 동요되는 것을 피할 수가 없다.
오히려 실제의 사물과 접촉하면서 정신을 연마하는 일이 도리어 유효
하다. 그의 이른바 격물치지는 바로 이것을 말하는 것이지 다른 것이
아니다. 그가 사상마련을 주장한 것은 당시의 폐해에 대한 대증적인
양약(良藥)이었으며 그의 학풍이 송유와 같이 정지적(靜止的)이 아니라
활동적이라는 이유가 여기에 있다고 생각한다.

제5절 지행합일

그의 생각에 의하면 치지란 그저 그 하는 법을 아는 것뿐만 아니라
반드시 그것을 실행한 뒤에야 비로소 치지가 되는 것이다. 즉 그는
「대학」의 이른바 치지의 지(知)를 양지(良知)라고 하고, 우리 마음의
양지를 의식이 있는 곳의 사물에다가 실현〔致〕해야 한다는 것이다.
그 결과는 당연하게도 지행합일이 된다. 주자처럼 치지의 지를 경험적
지식이라고 하고, 널리 사물의 이치를 궁구하여 지를 이루어내야〔致〕
한다고 하면 당연히 선지후행설이 되지 않을 수가 없다. 이것이 주왕
이자(朱王二子)의 주된 상위점의 하나이다. 그는 그 의미를 다음과
같이 말했다. "물리(物理)는 나의 마음과 다른 것이 아니며, 나의 마음
을 제쳐놓고 물리를 찾으면 물리는 없다. 물리를 제쳐놓고 나의 마음
을 찾는다면 나의 마음은 무엇이란 말인가?" 마음을 제쳐놓고 이(理)
를 찾기 때문에 지(知)와 행(行)이 분리되어 둘이 되는 것이다. 이를
나의 마음 안에서 찾는 것이 성문지행합일(聖門知行合一)의 가르침이라
는 것이다.

그는 또 실례를 들어서 이것을 설명한다. 호색을 좋아하고, 악취를
싫어하는 것이 그 예이다. 호색을 보는 일은 지이다. 호색을 좋아하는
일은 행이다. 다만 그 호색을 볼 때에는 이미 스스로 좋아하기 때문에
좋은 것이지 보고 나서야 좋아하는 마음을 일으키는 것은 아니다.

악취를 맡는 일은 지이다. 악취를 싫어하는 것은 행이다. 다만 그 악취를 맡을 때에 이미 스스로 싫어하기 때문에 싫어하는 것이지 냄새를 맡고 나서야 싫어하는 마음을 일으키는 것은 아니다. 또 예를 든다면 어느 누구가 효제(孝弟)를 안다고 하려면 반드시 효제를 실행한 뒤에야 그것을 보고 알게 된다. 다만 효제의 이야기를 알고 들을 줄을 안다는 의미가 아니다. 또 아프다는 것을 아는 것은 반드시 아프다는 생각을 했기 때문이다. 이 예를 든 이야기는 내용에 다소 차이가 있어서 뜻이 명료하지 않은 흠이 있으나 그가 말하려는 참뜻은 "지(知)는 행(行)의 단서이고 행은 지의 실현이다" 혹은 "지의 진절독실(眞切篤實)한 것이 즉 행이고 행의 명각정찰(明覺精擦)한 것이 즉 지"라는 몇 마디로 귀결된다. 이 지행합일설은 그저 고상한 철리를 논하면서 실행을 수반하지 않았던 당시의 학계에 대하여 유익한 약이 되었던 것은 의심할 여지가 없는 것이다.

이 지행합일설은 소크라테스의 지덕합일론(知德合一論)과 유사하다. 소크라테스가 궤변학자들이 일체의 지를 부정한 뒤에 등장해서 지를 중시한 일은 마치 왕양명이 송유궁리(宋儒窮理)의 설이 있은 뒤에 등장해서 행을 중시한 일과 거의 비슷하다. 또 지덕합일과 지행합일, 그 말도 비슷하다. 그러나 소크라테스와 왕양명의 지는 의미가 다르다. 소크라테스는 지식이란 우리가 무지의 상태에서 학문을 닦아 점차로 유지(有知)의 상태로 옮겨 가는 일, 덕이라고 한 것이다. 즉, 사람은 진리를 가지고 있지는 않지만 그것을 찾아낼 만한 능력이 있기 때문에 그 진리를 찾아내는 일이 학자들의 처음이나 마지막 의무라는 것이다. 소크라테스는 진리를 자기의 외부에다 두어 왕양명의 이른바 마음과 이(理)를 분리하여 둘로 생각했던 것이다. 또 소크라테스는 사람은 원래 무지하다고 하여서 왕양명의 이른바 양지를 인정하지 않은 것이다.

제6절 주자만년정론(朱子晩年定論)

원래 명나라의 학자는 각기 문호를 열어놓고 서로 남을 공격하는 일을 유달리 잘 하는 일로 했다. 그래서 왕양명이 치량지(致良知)·지행합일설을 창창(創唱)했을 때에 그것을 신봉하는 사람들은 혹독하게 주자학을 비난했는데, 주자학파의 사람들도 극심하게 왕양명을 공격한 것이다. 그래서 왕양명은「주자만년정론」을 저술한 것이다. 그 설에 의하면 세상에 전해지는「집주(集註)」「혹문(或問)」등에서 볼 수 있는 "널리 사물의 이치를 연구해야 한다"는 설은 주자의 중년미정(中年未定)의 설이고, 주자는 만년에 이르러 비로소 깨달았기 때문에 구본(舊本)의 잘못을 정정하기에 여념이 없었던 것이다. 주자만년의 정론은 참으로 주자의 신념이라고 하는 만큼 왕양명은「주자문집(朱子文集)」속에서 내성적인 의견을 개진한 34조를 선정하고 거기에다 오초려(吳草廬)의 말 1조를 부록으로 하여서 이름지어「주자만년정론(朱子晩年定論)」이라고 한 것이다. 이 저서는 주자의 설이 당시의 전거(典據)였기 때문에 자가의 학설을 고취하기 위해서 편의상 지었다고 해도 거의 변명할 말이 없을 것 같다. 그 당시에 나정암(羅整庵)이 책을 왕양명에게 보냈는데,「만년정론」속에 인용된 글은 반드시 주자만년의 글이라고 할 수 없다는 점을 분명히 하고 왕양명의 주장을 반박했다. 왕양명은 이에 답하여 확실히 중년에 집필된 글도 있을 것이며 그 연대에 관해서는 충분히 연구하지 않았으나 어쨌든 만년에 쓰여진 것이 많다고 대답했다. 이런 왕양명의 답변은 궁색한 변명이라고 하지 않을 수가 없다. 이 점에 있어서 왕양명은 괜한 짓을 했다고 생각되는 면이 없지 않다.

제7절 천천증도문답(天泉證道問答)

왕양명이 만년에 광서(廣西)의 묘족(猺族)을 토벌하러 떠날 때에 전서산(錢緒山)과 왕룡계(王龍溪) 두 사람이 천천교(天泉橋) 위에 서서 각각 그 보는 바를 예거하면서 왕양명의 가르침을 구했다. 전서산(錢緒山)은,

> 선도 없고 악도 없는 것이 마음의 본래의 모습이다(無善無惡是心之體)
> 선이 있고 악이 있는 것은 의식의 움직임이다(有善有惡是意之動)
> 선을 알고 악을 아는 것이 양지이다(知善知惡是良知)
> 선을 행하고 악을 버리는 것이 격물이다(爲善去惡是格物)

라고 했다. 이것이 바로 사언교(四言敎)니, 사구결(四句訣)이라고도 불리는 것이다. 그때 왕룡계(王龍溪)가 이것은 철저하지 못한 설명이라고 하면서,

> 만약 사람의 본래 모습을 무선무악한 것이라고 본다면 의식(의욕)도 무선무악, 지식도 무선무악, 이 세계의 모든 사물도 무선무악하다(若說心體是無善無惡, 意亦是無善無惡的意, 知亦是無善無惡的知, 物是無善無惡的物)

라고 했다. 왕양명은 이것을 평하여, 두 사람의 설은 서로 보완되어야만 하는 것이라고 했다. 우리가 사람을 접할 때에는 원래 두 종류의 사람이 있다. 영리한 사람은 곧바로 본원상(本源上)으로 오입(悟入)하는 것이다. 용계(龍溪)가 하는 말이 즉 이런 것이다. 그 다음에는 버릇이 어쩔 수 없이 작용한다. 선을 행하고 악을 버리는 수양이 익은 뒤에야 본체도 밝게 드러나는 것이다. 서산(緖山)이 하는 말이 즉 그 말이다. 영리한 사람이 적은 것이 사실이니만큼 서산이 하는 말을 버려서는 안 된다는 것이다. 이것이 유명한 천천증도문답(天泉證道問答)이다. 이 에피소드는 가섭(迦葉)이 석가모니의 교외별전(敎外別傳)을 전수받은 이야기와 유사하기 때문에 의심을 갖는 사람도 있으나 양명문하(陽明門下)에서 가장 온건하다고 일컬어지는 추동곽(鄒東廓)도 이 일을 기록하고 있고, 이른바 사언교는 왕양명의 평소 언설과 대조해 보아도 일치되니 사실을 의심할 필요는 없으리라고 생각된다.

다만 용계의 설은 왕양명이 그때까지 말한 일이 없는 언설이기는 하지만 "선도 없고 악도 없는 것이 마음의 본래의 모습"이라고 하는 사상으로 미루어 보면 그 귀결되는 것은 용계의 설과 일치되어야 하는 것이다.

제8절 결론

왕양명은 대체로 총명절륜(聰明絶倫), 대담한 행동을 잘하는 사람이다. 그리고 그는 고생을 많이 해보았고 왕왕 생사의 문턱을 넘나들었기 때문에 그의 학설은 자연히 대단한 광채를 띠었고 생기 넘치게 되었던 것이다. 그의 학설의 특색은 그 직각적인 점에 있다. 그는 자기의 양지를 믿는 결과 조금도 머뭇거리는 일이 없었고 과단한 기풍이 있었다. 이런 것이 그의 학파 가운데에서 사공파(事功派)를 탄생시킨 원인이 된 것이지 왕양명이 도적을 소탕한 공이 혁혁했기 때문인 것만은 아닌 것이다. 주자학파에서는 순수성 있는 학자를 배출하는 일이 많지만 그 폐단은 고루함이다. 양명학파에서는 달견을 가진 인재를 배출하는 일이 많지만 그 폐단은 방종함이다. 장점과 단점은 항상 상대적인 것이다. 그리고 주왕이자(朱王二子)를 비교해 본다면 주자는 주지론자(朱知論者)이고 왕양명은 주의론자(主意論者)라고도 할 수가 있을 것이다. 주자는 과학적, 실증적인 경향이 풍부하고 왕양명은 이상적인 경향이 있다고도 할 수가 있을 것이다.

제14장 왕양명 이후의 학계

　양명문하(陽明門下)의 거벽인 왕룡계(王龍溪)와 전서산(錢緖山) 두 사람이 주로 각지에 양명학(陽明學)을 보급하고부터 양명학은 한때 천하를 풍미하게 되었다. 원래 왕양명이 일어난 것은 송유의 궁리(窮理)의 설이 헛된 공론이 되어 버려 거기에 대항하기 위해서였고, 유독 지행합일을 주장하고 실천궁행을 중시했으나 그 문류에 이르러서는 이른바 구두선(口頭禪)으로 화하여 그저 공리만 논할 뿐 실행에는 힘을 쓰지 않게 되었다. 그저 양지(良知)만 이루면 설령 주색잡기에 빠지고 제멋대로 광태를 부려도 성인이라는 명성에 손상을 입지 않는다는 데에까지 이르게 되어 이른바 왕학횡류(王學橫流)의 폐단을 초래했는데 이탁오(李卓吾)에 이르러 그 폐해는 극에 이르렀다. 이탁오는 왕룡계의 문인인 하심은(何心隱)의 문하로 이른바 양명삼전(陽明三傳)의 제자인데 만년에는 삭발하고 승려의 몸이 되어서 기생을 옆에 끼고 다니기도 하고 혹은 사대부의 처첩을 유혹하기도 하면서 그야말로 난폭함을 극했기 때문에 결국은 죄를 받아 죽은(옥중에서 자살) 사나이다. 명나라 말의 양명학자로서는 홀로 유즙선(劉蕺仙)이 신독(愼獨, 남이 보지 않는 곳에서도 마음가짐을 바로하고 행동을 삼감)이라는 수양의 덕복을 주장했다. 신독의 수양을 할 줄도 모르면서 덮어놓고 치량지(致良知)를 말하는 것은 오류라는 것을 밝혀 타락한 양명학을 개선했다.

　명나라 말엽에는 또 동림(東林)의 당화(黨禍)가 있었다. 그 주창자는 고헌성(顧憲成)과 고반룡(高攀龍) 두 사람인데 사방에서 학자들이 모여서 왕왕 시정(時政)을 논의하고 인물을 평했으며, 기개와 절의가 있는 청의(淸議) 지사임을 자처하면서 정부에 대항했다. 희종(熹宗) 즉위초에 동림의 일파는 한때 세력을 얻었으나 환관 위충현(魏忠賢)이 권력을 잡게 되자 동림당(東林黨)의 명사들은 대다수가 사형을 당하였다. 이것을 동림의 당화라고 한다. 천계(天啓) 5년의 일이었다. 이것은 마치 동한말(東漢末)에 있었던 당고(黨錮)와 흡사하여 명나라는 그 이후에 다시 일어서지 못했다. 당시에는 안으로 재정궁핍이 극에 달해 세금을 모질게 거두어들였기 때문에 국민의 피폐도 극에 달했었다. 그래서 민심이 크게 이반되었으며 밖으로는 만주의 세력이 더욱더 강성하게 되어 국가는 누란의 위기를 맞게 되었다. 그런데도 당시의 학자들이 국가의 백년대계는 생각해 보지도 않고 헛된 말다툼이나 하는 것을 능사로 삼으면서 나라를 망치게 한 것은 참으로 애석한 일이다.

동림당화 다음에 이자성(李自成)의 난이 있었고 청나라의 순치제(順治帝)가 북경에 입성하여 제위에 오르자 복왕(福王)·당왕(唐王)과 영명왕(永明王)은 남쪽으로 도망하여 잠시 동안 명나라의 제사를 모시기는 하였지만 후에 청나라가 명나라를 통일할 때까지 천하는 어수선하기가 이를 데 없었다. 그러나 유력한 학자가 그 사이에 배출되어서 청나라에서의 유학 발흥의 문을 열었다.

제15장 청조철학(淸朝哲學) 개설

　청나라의 학문은 명나라의 유신(遺臣)들에 의해 그 문이 열렸다.
그 주된 인물들은 손기봉(孫奇逢)·황종희(黃宗羲)·고염무(顧炎武)·이옹
(李顒)·왕부지(王夫之) 다섯 사람인데 손기봉·황종희·이옹은 양명학을
주로 하였고, 고염무·왕부지는 송학(宋學)을 주로 하면서 함께 한당훈
고학(漢唐訓詁學)을 겸해서 했다. 특히 황종희·고염무 두 사람은 청조
고증학(淸朝考證學)의 시조라고 할 만한 인물들이다. 이들에 이어서
염약거(閻若璩)·호위(胡渭) 두 사람이 청조고증학의 선구자가 되었는데
강희시대(康熙時代)까지는 일반의 학풍은 오히려 송학을 숭상하며 고학
(古學)을 절충시킨다는 양상이었다. 건륭시대(乾隆時代)에 들어와 혜동
(惠棟)이 출현하여 오파(吳派, 蘇州)의 시조가 되었고 그 문하에 여숙객
(余蕭客)·강성(江聲)·왕명성(王鳴盛)·전대흔(錢大昕)·왕창(王昶)이 있었
으며, 또 같은 문하에서 나온 대진(戴震)이 완파(皖派, 安徽)의 시조가
되어 그 문하에 왕념손(王念孫)·단옥재(段玉裁) 등이 있어 함께 한학
(漢學)을 고취하고부터는 천하는 모두 이 일파를 따르게 되었다. 청조
의 학술이 정밀성을 극한 것은 참으로 이런 한학이 발흥한 선물이었
다. 당시 사람들은 송명공소(宋明空疎)한 설에 반대하면서 한당훈고학
을 중심으로 하여 고증을 통해서 「경서」의 진정한 의미를 이해하고
공맹(孔孟)의 진의를 밝히는 것을 학술적 임무로 한 것이다. 당시 정현
(鄭玄)은 거의 신과 같이 존경을 받았다. 그리고 고증의 결과 한걸음
한걸음 정밀함을 극하다 보니 점차로 여러 학파로 나뉘어 훈고파(訓詁
派)·음운파(音韻派)·금석파(金石派)·교감파(校勘派)·집일파(輯佚派)가
일어났는데 결국 고증은 성인의 도를 밝히는 수단이라는 사실을 잊고

도리어 고증 자체를 목적으로 하면서 도가 무엇인지를 망각하는 양상이 되었다. 그리고 같은 한학(漢學)이라고는 해도 마융(馬融)·정현(鄭玄)의 학은 동한고문(東漢古文)의 학이다. 그리고 더 거슬러 올라가서 서한금문(西漢今文)의 학이 아니어서는 안 된다는 사상이 일어나서, 정현의 설은 하잘것없으며 동중서의 설이 아니어서는 안 된다고 하면서 서한금문의 학으로부터 선진(先秦)까지도 거슬러 올라가서 논하기에 이르른 것이다. 지금까지의 이야기를 요약하면 청나라 고증학은 「경서」의 해석에 있어서는 체계를 갖추었지만 철학적으로는 따로 일가의 설을 이룬 사람이 한 사람도 없다는 이야기가 된다.

제16장 춘추공양학파(春秋公羊學派)

제1절 공양학 발흥의 원인

청나라의 고증학(考證學)이 점차로 체계를 갖추어 감에 따라서 동한 고문학(東漢古文學)에서 시작되어 서한금문학(西漢今文學)이 발흥하게 되었는데 그 단서가 된 것이 춘추공양학이다. 원래 춘추에는 「좌전」, 「공양전(公羊傳)」, 「곡량전(穀梁傳)」 삼전(三傳)이 있다는 것은 누구나 알고 있는 사실이거니와, 「좌전」은 고문(古文)으로 씌어진 것이며 유흠 (劉歆)이 그것을 처음 제창한 뒤에 동한(東漢)의 학자들이 받들었던 것이다. 그리고 「공양전」과 「곡량전」은 금문(今文)으로 씌어진 것이며 서한의 학자들이 받들었던 것이다. 공양학자의 주된 인물은 동중서인 데 그의 저서 「춘추번로(春秋繁露)」에 그의 견해가 설명되어 있다. 동한의 하휴(何休)는 주로 「춘추번로」를 바탕으로 하면서 거기에다가 자기의 해석을 첨부하여 「공양전」의 주(註)를 썼다. 서한금문학은 춘추 에 대해서뿐만 아니라 「시경」, 「서경」 등에 대해서도 각각 학설이 있었지만 동한고문학, 특히 정현의 학이 천하를 풍미하고부터는 여타 의 서한금문학은 잔궐(殘闕)이 되어 버렸고, 완전히 남아 있는 것은 단지 「공양전」뿐이다. 그리고 「공양전」과 「곡량전」은 같은 금문학(今文 學)일지라도 공양학은 공자가 춘추를 저술한 정신을 설명하는 내용이 자세하기 때문에 서한금문학의 중심으로서 최초에 공양학이 주장된 것이다. 그래서 당시의 학풍이 훈고(訓詁)의 지엽말단으로만 흐르는 데 대하여 일찍부터 불만스럽게 생각하고 있던 학자들은 공양학파가 공자의 정신을 밝히려는 기개가 있는 것을 기뻐하여 서로 이끌어 주면서 공양학을 구가하기에 이른 것이다.

제2절 공양학파의 제자(諸子)

공양학을 처음 제창한 사람은 장존여(莊存與)이다. 문인인 유봉록(劉逢祿)에 이르러 그 설이 대성되었고, 이어서 공자진(龔自珍)·위원(魏源) 두 사람이 서로 그 설을 고취했다. 장존여는 전적으로 공양학만 해설했으나 유봉록은 공양(公羊)의 정신에 따라서 「논어」까지도 논급했으며 공자진은 공양학을 가지고 「오경(五經)」을 해석해야 한다고 주장했고 위원은 「시고미(詩古微)」, 「서고미(書古微)」를 저술하여 공양학을 가지고 「시(詩)」, 「서(書)」를 설명했다. 이것을 전후하여 송상봉(宋翔鳳)은 「논어설의(論語說義)」, 소의진(邵懿辰)은 「예경통론(禮經通論)」, 능서(凌曙)는 「춘추번로주(春秋繁露註)」, 진수기(陳壽祺)는 「상서대전주(尙書大傳註)」를 저술하여 함께 서한금문학을 주장하였고, 이어서 대망(戴望)·진교종(陳喬樅)·진립(陳立)·왕개운(王闓運)과 그의 문인인 요평(廖平) 등이 등장했는데 그들은 모두 공양학파의 쟁쟁한 인물들이다. 그리고 강유위(康有爲)는 요평의 설을 조술하여 춘추공양학파의 대성자가 되었다.

제3절 공양학파의 주장

원래 「공양전」의 해석은 공자가 「춘추」를 저술한 취지를 밝힌 것이어서 본래는 아무것도 비난할 만한 점이 없는 것이다. 「공양전」의 주(註)를 쓴 하휴의 설에 이르러서는 한나라의 동중서의 설에 바탕을 두고 있기는 하지만 「공양전」의 진의를 드러낸 것이 못 되고 오히려 왜곡시킨 점이 많아서 공자를 해설하려던 것이 공자에게 누가 되고 있다. 이 점에 관해서는 미리 독자들의 주의를 환기시켜 두고 싶다.

청나라의 공양학자는 하휴의 설을 조술하고 있는 것이지 공자의 참뜻을 얻고 있는 것은 아니다. 지금 일일이 그것들을 설명할 겨를은 없지만 사상상으로 큰 영향을 가져다 준 주요 문제점에 관한 공양학파의 주장을 설명하지 않을 수는 없다. 원래 공양학에는 삼과구지(三科九旨)라는 것이 있다. 신주(新周)·고송(故宋)·이춘추당신왕(以春秋當新王) 이것이 일과삼지(一科三旨)이며, 소견이사(所見異辭)·소문이사(所聞異辭)·소전문이사(所傳聞異辭) 이것이 이과육지(二科六旨)이고, 내기국이외제하(內其國而外諸夏)·내제하이외이적(內諸夏而外夷狄) 이것이 삼과구지(三科九旨)이다. 또 장삼세(張三世)·존삼통(存三統)·이외내(異外內) 이것이 삼과이고 시(時)·월(月)·일(日)·왕(王)·천왕(天王)·천자(天子)·기(譏)·폄(貶)·절(絶) 이것이 구지라고 하는 두 가지 설이 유통되고 있는데 그 가운데에서 가장 중요한 것은 춘추삼세(春秋三世)의 의(義)라는 것이다. 그 밖에도 후세에 크게 관계가 있는 것은 구세(九世)의 원수〔仇〕를 중시한다고 하는 점이다.

춘추삼세의 의란, 춘추는 노나라의 은공(隱公)에서 애공(哀公)까지 12대, 242년의 일을 기록한 것인데, 그것을 3세(世)로 나누어서 은공(隱公)·환공(桓公)·장공(莊公)·민공(閔公)·희공(僖公) 오대(五代)는 거란(據亂)의 세이다. 문공(文公)·선공(宣公)·성공(成公)·양공(讓公) 4대는 승평(升平)의 세이다. 소공(昭公)·정공(定公)·애공(哀公) 3대는 태평(太平)의 세(世)이다. 거란은 난세이다. 승평의 세는「예기」예운편(禮運篇)에 보이는 이른바 소강(小康)의 세이다. 태평의 세는 이른바 대동(大同)의 세이다. 세상은 처음에는 난세였다가도 점차로 진보되어서 승평의 세로 되고 마침내 공자가 출현하여「춘추」를 씀에 이르러서 태평·대동의 세가 되었다고 하는 것이 이 춘추삼세설의 요지이다. 그들의 설에 의하면 소강의 세에는 국가주의·군주주의·가족주의가 시행되니 옛날의 우(禹)·탕(湯)·문(文)·무(武)·성왕(成王)·주공(周公)의 치세가 그때이다. 대동의 세에 이르러서는 세계주의·자유평등주의·사회주의가 유감없이 시행된다는 것이다.

"구세(九世)의 원수를 중시한다"고 하는 것은 노나라의 장공(莊公)

4년에 제(齊)나라의 양공(襄公)이 기(紀)를 멸망시킨 일을 기록하여 「춘추」에는 "기후(紀侯) 그 나라를 대거(大去)하다"라고 했다. 공양의 해석에 의하면 제나라의 양공 구세의 조상인 애공이 기후(紀侯) 선조의 모함을 받아서 주나라 조정으로부터 문책을 당한 일이 있다. 그래서 양공이 기(紀)를 멸망시킨 것은 구세의 원수를 갚은 일이 되기 때문에 「춘추」는 그것을 아름답다 하여 양공이 기를 멸망시켰다고 쓰지를 않고 기후가 대거했다고 쓴 것이다. 「춘추」의 취지에 의하면 구세뿐만 아니라 백세(百世)의 원수를 갚아도 좋은 일인 것이다. 다만 국(國)과 군(君)은 일체이니 군국(君國)의 원수라면 백세에도 좋은 일이지만 집안의 원수는 그렇지 않다는 것이다. 이런 사상은 한민족(漢民族)으로 하여금 만인에 대한 적개심을 고취하는 데 큰 힘이 되었다. 즉, 무창(武昌)에서 혁명군이 봉기했을 때에 그 격문의 첫 구절에 "춘추구세(春秋九世)의 원수를 중시한다"고 쓴 것은 이 때문이다.

제4절 강유위(康有爲)

강유위, 자(字)는 광하(廣廈), 장소(長素)라는 호(號)를 썼으며 광동 남해(廣東南海) 출신이다. 춘추공양학은 참으로 그에 의해 대성된 것이다. 그의 학설의 대요는 「공자개제고(孔子改制考)」, 「신학위경고(新學僞經考)」, 「대동서(大同書)」와 여러 가지 잡다한 저서를 통해서 엿볼 수가 있다. 공자가 스스로 소왕(素王)을 자임하면서 제도를 개혁했다고 하는 잘못된 설은 유봉록이 이미 지적한 것인데, 그는 「공자개제고」를 저술하고 여러 가지 증거를 들어서 공자가 세상의 어지러움을 안타깝게 여겨서 그것을 혁신하기 위해 법률을 제정하여 후세에 남겼으며 「춘추」는 그 입법안(立法案)이라고 했다. 그의 생각에 의하면 물론 공자뿐만 아니라 전국의 제자백가는 각기 그 보는 바에 따라서 관제 개혁안을 내놓았는데 그 가운데서도 공자의 것이 가장 존중할 만한 것이다. 다음으로 「신학위경고」에서는 「사기」, 「한서」에 의해 대다수의 동한고문의 학, 즉 「주관(周官)」, 「좌전」, 「모시」 등은 모두 왕망(王莽)을 섬긴 유흠의 위작이니 하나도 믿을 것이 못 된다고 주장했다. 춘추삼세설은 말할 것도 없이 그가 금과옥조(金科玉條)로 삼고 있는 것이다. 따라서 그의 사상에 비추어 보면 덕이 있는 사람이기만 하면 미천한 사람일지라도 입신하여 소왕이 될 수가 있고, 또 태평·대동의 시대에는 만인이 자유평등하게 되기 때문에 군주의 위세는 깎이고 백성의 권세는 신장되며 계급제도는 타파되고 자유평등은 고취되는 것이다. 그리고 한걸음 더 나아갔다면 민주주의·사회주의·세계주의를 이상으로 주장했어야 했다. 그러나 이상은 하루 아침에 실현되지는 못한다. 태평·대동의 세상에 이르는 단계로서 우리는 종종 승평·소강의 시대를 거쳐야 한다. 그래서 그는 곧바로 민주주의를 고취하지 않고 먼저 보황주의(保皇主義)를 주장한 것이다. 그가 광서제(光緒帝)를 도와서 변법자강(變法自彊)의 정책을 펴보려고 한 것도, 혁명 후에도 보황주의를 여전히 버리지 않은 것도 사실은 이 때문이었다. 즉, 그는 점진적 민주론자인 것이다.

제5절 담사동(譚嗣同)

담사동, 자(字)는 복생(復生), 호(號)는 장비(壯飛)이며 호남유양(湖南瀏陽) 출신이다. 강유위와 함께 광서제를 보좌하여 크게 신정(新政)을 일으키려고 하였으나 일이 실패로 돌아가게 되자 그 주의(主義)의 회생으로서 피살되었다. 때는 광서 24년, 1899년이었다. 그는 처음에는 유불이교(儒佛二教)를 좋아하지 않고 그리스도교를 존숭했었다. 그래서 그의 사상은 그리스도교의 교의(教義)를 가지고 일관했던 것이다. 후에 춘추공양학을 통해 태평·대동의 설을 궁구하고, 또 「화엄경(華嚴經)」의 설을 궁구하게 되어 삼교합일(三教合一)의 사상을 품고 「인학(仁學)」이라는 책을 저술하여 그 주장을 펼쳤다. 원래 인(仁)은 통(通)이라는 말이다. 통에는 네 가지 의미가 있다. ① 중외(中外)가

통하고 ② 상하(上下)가 통하고 ③ 남녀(男女)가 통하고, ④ 피아(彼我)가 통하는 것이다. 중외가 통한다는 것은 「춘추」의 이른바 태평의 세에는 원근대소(遠近大小) 없이 모두가 일체이기 때문에 나라의 내외의 구별이 없어지는 것을 말하는 것이다. 상하가 통한다는 것은 사회상으로 귀천존비(貴賤尊卑)의 구별이 없어지는 것을 말하며, 남녀가 통한다는 것은 즉, 남녀동등권을 말하는 것인데 「역(易)」에 보이는 사상이다. 피아가 통한다는 것은 불교의 이른바 아상(我相)이 없는 것을 말하는 것이니, 남과 나의 차별이 없는 것이다. 요컨대 인 즉 통은 일체평등이라는 말이다. 즉, 그의 생각에 의하면 지구상에서는 인종의 차별도 없고 국가의 차별도 없으며 만민은 모두 자유평등하여 군신·부자·부부·형제 등의 관계도 모두 소멸되며 인간 상호간은 모두 붕우의 관계에 있게 되는 것이다. 요컨대 그는 그리스도교의 평등박애주의를 극단까지 밀고나가 본 것이다. 즉, 그는 순수한 이상가여서 실제로 인류에게는 천부능력의 차별이 있다는 것도, 거의가 약육강식이라고 할 만한 현세계의 상황 속에서 국가주의가 어찌하여 필요한가 하는 문제도 조금도 고려의 대상으로 삼지 않은 것이다. 그렇지만 이것은 중국에서의 신인의 급선봉이라고 해야 할 것이다.

결론

　나는 지금까지 중국사상의 대요를 이야기해 왔는데, 시대에 따라서 각기 특징이 있기는 하지만 중국에 나타난 사상을 대별하면 유교적 정신(儒敎的 精神)·도가적 정신(道家的 精神)·묵자적 정신(墨子的 精神)·양주적 정신(楊朱的 精神) 넷이 된다고 할 수 있다. 이것들은 제각기 근거도 있고 이유도 있으며 중국 국민들 내부에서 발생한 것이기 때문에 현대에도 여전히 생명을 가지고 있는 것이다. 중류 이상 사람들에게는 유교의 정신이 보급되어 있어 일반적으로 공자는 우리가 우러러 전거로 삼을 만한 유일한 성인으로 추앙되고 있다. 중류 이하의 사람들에게는 도교가 가장 세력이 있다. 중국에서 일반인의 신앙을 지배하고 있는 종교는 도교라고 해도 과언이 아니다. 실제 사회에서는 묵자의 사회주의가 충분히 실행되어서 중국에서는 거의 사회학자가 말하는 이상적 사회가 실현되어 있다고도 할 수가 있는 것이다. 그리고 상하를 통해 양주의 이기주의는 가장 유감없이 행해지고 있다. 그리고 중국은 이미 청나라를 무너뜨리고 춘추공양파가 주장한 민주공화국이 되었는데 공자의 존왕사상(尊王思想)과 민주공화주의를 어떻게 조화시킬 것인가 하는 것이 중국사상계의 큰 문제이다. 공자가 존왕(尊王)의 대의를 밝혀서 말한 것은 의심할 나위없이 중심점과 같은 것이다. 그렇기 때문에 민주론자는 공자를 어떻게 공화국에 적합하게 만들 것인가, 공자의 사상과 공화제를 어떻게 융합시킬 것인가 하고 생각한 나머지 공자의 묘(廟)를 훼손시키기도 하고 혹은 맹렬하게 비판하기도 하였으나 중국 국민을 사상상으로 통일시키려면 중국 국민 속에 자리잡고 있는 심도와 역사적 관계로 볼 때에 공자의 사상을 가지고 통일하는 일 이상 가는 것이 없을 것이다. 그래서 어떤 사람은 춘추공양학파의 이른바 태평·대동의 사상을 역설하면서 공자는 공화주의자였다고 하는 것이다. 어떤 사람은 묵자를 추존하면서 그 사회주의·공산주의·평등주의를 고취한다. 현재는 잡다한 사상이 혼돈을 이루면서 역사의 흐름에 따라 부침을 거듭하고 있어서 어떻게 귀착될 것인지 아무도 예측할 수 없는 어려운 상황에 있는 것으로 보인다. 그렇다고는 해도 공자가 존왕의 대의를 밝혀서 설명한 「춘추」가 해석하기 나름으로 민주주의의 경전으로도 보일 수 있는 지금의 세상이다. 사상계는 참으로 눈에 띄지 않는 은밀한 동안에 시시각각 변화되고 옮겨 가는 것이다. 학식은 항상 활안(活眼)을 가지고 그것을 주시하고 지도하기를 잊어서는 안 된다.

지은이/우노 데쓰도(宇野哲人)

1875년(명치 8년) 日本 熊本縣에서 출생.
1900년 동경제국대학 문과대학을 졸업했다.
동경고등사범학교 교수와 동경제국대학 교수를 거쳐
1936년에 정년퇴임했다. 그후 북경대학 교수,
동방문화학원장, 실천여자대학 초대 학장을 역임했으며
1974년 2월 향년 100세로 세상을 떠났다.
주요 저서로는「支那哲學史講話」,「儒學史」,
「論語新釋」,「一筋 道百年」등이 있다.

옮긴이/박희준(朴熙俊)

서라벌예술대학에서 소설을 전공했고, 현재 번역과
저술 활동에 종사중이다.
저서로는「백서도덕경 – 노자를 읽는다」가 있고, 기(氣)를
과학적으로 추구하는 논문을 여러 편 발표했다.
역서로는「카사노바 콤플렉스」,「스트레스의 과학」,
「氣란 무엇인가」,「불교경전산책」,「氣·修行·身體」,
「禪과 깨달음」,「동양의 명상과 서양의 심리학」,
「사랑은 의사」,「마음의 의학」,「달과 인간의 생활」등
50 ~ 60권이 있다.

대원동서문화총서 14
중국의 사상

첫판 1쇄 발행/1991년 11월 25일
첫판 2쇄 발행/1997년 2월 25일

지은이/宇野哲人
옮긴이/박희준
펴낸이/장세우
펴낸곳/(주)대원사

140-190 서울시 용산구 후암동 358-17
전화(02)757-6717~9 · 팩시밀리(02)775-8043
등록 제3-191호
은행지로 6700320

＊ 책값은 뒷표지에 적혀 있습니다.
＊ 잘못된 책은 구입하신 책방에서 바꾸어 드립니다.

ISBN 89-369-0514-7 03140